KB037044

빵 터지는
라이브
커머스

“

이 책은 나의 상품을 알리고 싶고
판매하고 싶어 하는 소상공인 대표님들과
라이브커머스로 브랜드를 알리고 싶어 하는 분들을 위해 썼습니다.

가족경영소상공인, 청년소상공인, 직접 상품을 생산해서 판매하는 귀농인,
나만의 브랜드 상품을 라이브커머스에서 팔기 위해 준비하는 분,
상품을 소싱해서 라이브커머스를 하려는 분,
새로운 판매채널인 라이브커머스가 궁금한 분,
라이브커머스 쇼호스트가 되기 위해 준비하는 분,
경단녀로서 라이브커머스 쇼호스트가 되기 위해 공부하는 분들께도
도움이 되었으면 합니다.

”

셀프헬프
self·help
시리즈 ㉑

"나다움을 찾아가는 힘"

사람들은 흔히, 지금의 내가 어제의 나와 같은 사람이라고 생각한다. 이것만큼 큰 착각이 또 있을까? 사람들은 매 순간 달라진다. 1분이 지나면 1분의 변화가, 1시간이 지나면 1시간의 변화가 쌓이는 게 사람이다. 보고 듣고 냄새 맡고 말하고 만지고 느끼면서 사람의 몸과 마음은 수시로 변한다. 그러니까 오늘의 나는 어제의 나와는 전혀 다른 사람이다. 셀프헬프self·help 시리즈를 통해 매 순간 새로워지는 나 자신을 발견하길 바란다.

빵 터지는 라이브커머스
나는 1시간에 1억도 팔아봤다

초판 1쇄 인쇄 2022년 3월 21일
초판 1쇄 발행 2022년 3월 25일

지은이. 이솜귤(솜귤탱귤)
펴낸이. 김태영

씽크스마트 미디어 그룹
서울특별시 마포구 토정로 222(신수동) 한국출판콘텐츠센터 401호
전화. 02-323-5609
웹사이트. thinksmart.media
인스타그램. @thinksmart.media
이메일. contact@thinkmart.media

• 씽크스마트 - 더 큰 세상으로 통하는 길
'더 큰 생각으로 통하는 길' 위에서 삶의 지혜를 모아 '인문교양, 자기계발, 자녀교육, 어린이 교양·학습, 정치사회, 취미생활' 등 다양한 분야의 도서를 출간합니다. 바람직한 교육관을 세우고 나다움의 힘을 기르며, 세상에서 소외된 부분을 바라봅니다. 첫원고부터 책의 완성까지 늘 시대를 읽는 기획으로 책을 만들고, 넓고 깊은 생각으로 세상을 살아 갈 수 있는 힘을 드리고자 합니다.

• 도서출판 사이다 - 사람과 사람을 이어주는 다리
사이다는 '사람과 사람을 이어주는 다리'의 줄임말로, 서로가 서로의 삶을 채워주고, 세워주는 세상을 만드는데 기여하고자 하는 씽크스마트의 임프린트입니다.

• 진담 - 진심을 담다
진담은 씽크스마트 미디어 그룹의 인터뷰형 홍보 영상 채널로 '진심을 담다'의 줄임말입니다. 책과 함께 본인의 일, 철학, 직업, 가치관, 가게 등 알리고 싶은 내용을 영상으로 만들어 사람들에게 제공하는 미디어입니다.

ISBN 978-89-6529-314-9 (13320)

빵빵 터지는 라이브 커머스

나는 1시간에 1억도 팔아봤다

쇼호스트 **이솜귤**(솜귤탱귤) 지음

추천사

발전하는 라이브커머스를 위한 안내서

전 세계적으로 라이브커머스 시장의 열기가 뜨겁습니다. 특히 팬데믹 상황은 라이브커머스 시장의 확대에 직접적인 영향을 주었습니다. 코비드-19가 시작된 이후 글로벌 라이브커머스 시장의 규모는 76%나 성장하였습니다.

그 중에서도 중국, 한국을 비롯한 아시아 태평양 지역이 성장세를 주도하고 있습니다. 2021년 12월 현재 중국의 라이브커머스 시장규모는 2.3조 위안(한화 약 430조 원)에 이릅니다. 틱톡과 타오바오의 라이브커머스 총 거래액은 각각 8000억, 5000억 위안이나 되고요.

우리나라의 시장규모만 봐도 2020년 4000억 원대에서 작년엔 3조 원대에 접근했고, 2023년엔 10조 원대 규모까지 급성장할 것으로 예상됩니다. 배달의민족과 같은 플랫폼 기업을 비롯해서 네이버 카카오 등이 벌써부터 시장의 활발한 반응을 얻고 있습니다. 미국의 경우는 아직 시장 규모가 110억 달러(13조 원)밖에 되지 않지만, 유튜브 등의 소셜 미디어를 기반으로 역시 성장세가 가파릅니다.

라이브커머스는 알리바바의 전자상거래 플랫폼 타오바오에서 2016년에 처음 시작되었습니다. 채 10년도 되지 않은 라이브커머스가 이렇게 각광받고 있는 이유는 비대면으로 상품의 판매와 구입이 가능하고, 이동성이 높은 모바일 플랫폼 기반이며, 라이브 스트리밍을 통해 소비자와 실시간으로 소통하고 판매할 수 있기 때문입니다. 또한 '쇼퍼테인먼트(Shoppertainment)'라 불리는 오락성의 가미, 생산 현장의 리얼타임 연결, 그리고 무엇보다도 높은 구매전환율(Conversion Rate)도 중요한 이유가 되고 있습니다. 세계적인 컨설팅 회사인 맥킨지에 따르면, 라이브커머스의 구매전환율은 전통적인 e-커머스보다 10배나 높은 30%에 육박한다고 합니다.

유통경로가 짧고 소셜 커머스처럼 진입 장벽이 낮다는 장점도 신규 사업자들을 끌어당기고 있습니다. 홈쇼핑은 방송을 위한 설비 및 장비에 높은 비용이 소요되기 때문에 쉽게 시작할 수 없습니다. 하지만 라이브커머스는 최소의 비용으로 누구나 팔고 싶은 것을 판매할 수 있습니다.

이 책의 저자 솜귤탱귤은 라이브커머스를 꿈꾸거나 막 시작한 사람들이 지금 당장 활용할 수 있는 실용적이고 실전적인 노하우와 솔루션을 제시합니다. 쇼핑 호스트와 유튜버로 활약하며 쌓아온 실전 경험을 바탕으로 홈쇼핑의 판매비법을 라이브커머스에 응용하는 법, 라이브방송을 준비하는 법, 콘텐츠를 제작하고 활용하는 법, 고객과 소통하고 채널을 키우는 법까지도 상세히 안내하고 있습니다.

이 책을 읽는 내내 저자의 열정적인 목소리가 귓가에 들리는 듯했습니다. 이 책의 내용과 주제, 문체와 서술 방식, 사례와 경험담

등등, 모든 것이 쇼호스트로서 높은 판매율을 달성해온 저자의 톡톡 튀는 라이브 방송과 너무나도 닮아 있었습니다. 저자의 라이브 방송이 열정과 긍정의 에너지로 모두를 행복하게 만들어 주었듯이, 이 책이 라이브방송에 도전하는 모든 분들에게 큰 힘이 되어줄 거라고 믿어 의심치 않습니다.

(주)우아한청년들 부사장, (주)쿠팡 부사장(前) **변연배**

저자의 열정이 고스란히 녹아있습니다

3년 전, 솜귤 님을 처음 만났을 때의 기억이 생생합니다. 솜귤 님은 밝고 긍정적인 에너지로 주위를 환기시키며 회의를 진행했고, 함께 있는 이들에게 웃음과 열정을 불어넣어 모두를 즐겁게 해주셨어요. 그날 이후 지금까지 줄곧 저희 회사 제품을 판매하고 알리는 일에 앞장서 주셔서 더없이 기쁘고 감사합니다.

책을 먼저 받아서 읽어보니 현장감 있는 내용들이 우선 선명하게 와 닿았습니다. 라이브커머스에 관심이 있는 소상공인들에게 큰 도움이 될 거라고 확신합니다. 특히 글자와 글자, 행간과 행간마다 스며들어 있는 솜귤 님의 열정과 긍정 에너지가 이 책을 읽는 독자분들께 전해진다면, 독자분들이 고민하고 있는 모든 문제들이 술술 풀릴 것이라고 믿어 의심치 않습니다. 제가 솜귤님의 에너지도 직접 느껴보았고, 도움도 많이 받았기 때문에 자신 있게 말씀드릴 수 있습니다. 워킹맘으로서 항상 바쁜 와중에도 좋은 책까지 펴낸 솜귤 님! 당신의 열정에 아낌없이 박수를 보냅니다.

리빙아이콘 **정경연** 대표

고객과의 소통 노하우를 느껴보세요

2021년부터 수많은 사람들이 라이브커머스에 대한 책을 써 왔습니다. 하지만 저자가 라이브커머스를 제대로 경험하고 쓰는지를 따져봐야 한다고 생각합니다.

이런 면에서 이 책의 저자 "솜귤언니"는 자격이 충분하다고 생각합니다. 라이브커머스 1세대로 방송진행을 시작한 이후, 매일 다른 상품으로 고객과 소통해오고 있기 때문입니다.

저자는 상품마다 다른 셀링포인트를 끌어낼 수 있는 능력과, 고객의 입장에서 신뢰를 갖고 소통하는 법을 누구보다 잘 아는 몇 안 되는 쇼핑호스트 중 한 명입니다. 상품에 대한 진심과 명확한 정보 전달을 통해 고객에게 신뢰받고 있는 라이브커머스의 선두주자라고 할 수 있습니다.

저자는 급변하는 시대에 급부상하고 있는 라이브커머스 진행은 물론이고, 라이브 강의와 스피치 강의, 유튜브 채널 운영, 저서 집필까지 정말 다양한 커리어를 소화하고 있습니다. 라이브커머스와 관련된 다양한 트렌드를 직접 경험하며 선도하고 있는 것입니다.

저는 이 책이 라이브커머스 분야의 핵심지침서가 될 거라고 믿습니다. 저자의 다양한 경험과 노하우가 집약된 책이니만큼, 당연히 이 분야의 베스트셀러이자 스테디셀러가 될 것입니다!

(前)현대홈쇼핑, 신세계홈쇼핑 PD. (주)플랜엠 대표 **정주연** PD

처음 시작하는 분들에게 일독을 권합니다

소상공인에게 있어 라이브커머스는 더 이상 선택이 아닌 필수가 되었습니다. 이 책은 솜큘 대표님의 오랜 경험과 노하우를 소상공인의 눈높이에서 쉽게 설명하고 있습니다. 그러므로 라이브커머스를 처음 시작하는 분들에게 일독을 권합니다. 이 책에서 제시하는 방법과 가이드를 통해 라이브커머스에서의 시행착오를 최소화하시기 바랍니다.

소상공인희망재단 김혜정 매니저

라이브커머스의 본질을 다루다

인류가 문자를 개발한 이후 지난 5천 년간 쌓은 데이터의 양을 우리는 오늘날 단 하루 만에 생산해내고 있습니다. 정보가 홍수처럼 쏟아지는 시대인 것입니다. 특히 온라인은 고작 한 달 전도 '역사'라 불러야 할 만큼 변화 속도가 빠릅니다. 쇼핑도 마찬가지고요. 전자제품을 사러 용산으로, 옷을 사러 동대문으로 가던 시절은 이미 지났습니다.

한때는 인터넷으로 물건을 구매한다는 사실 자체가 신기하던 시절이 있었습니다. 어떻게 물건도 안 보고 결제를 요구하나 싶었죠. 오늘날 온라인 마켓 시장이 이렇게까지 활성화된 것은 거대한 변화의 흐름 덕분이기도 하지만, 판매자와 소비자 간에 오랫동안 쌓인 신뢰의 영향도 큽니다. 굳이 물건을 직접 안 보고 사도 괜찮더라는 경험의 누적 말입니다.

쇼핑 트렌드는 현재 라이브커머스라는 역에 도달해 있습니다. 이 시장도 이미 여러 플랫폼들이 합류하면서 변화에 가속도를 더해가고 있습니다. 한 달이면 이미 역사라고 불러야 할 만큼 시간을 접어서 달리는 중입니다.

태풍처럼 몰아치는 정보에 휩쓸리지 않으려면 중심을 볼 줄 알아야 합니다. 변화하는 모습에 눈길을 빼앗기면 휘둘리기 쉽습니다. 우리가 보아야 하는 것은 본질입니다. 아무리 세월이 흘러도 본질은 변하지 않으니까요. 판매자와 소비자와의 관계처럼 말이죠.

이 책은 라이브커머스의 본질을 제대로 다루고 있습니다. 라이브커머스를 막 준비하려는 분들뿐만 아니라, 다른 분야에 도전하는 분들에게도 좋은 지침서가 될 거라고 믿습니다. 대기업 회장님이 직원들에게 '미스터 초밥왕'이라는 만화를 권한 것처럼요.

〈마인드트리〉 대표, 브랜드 **최원대** 스토리텔러

살아 숨쉬는 소통, 진정한 소통

세상은 소통하기를 원합니다. 코로나 19로 인해 대면(對面) 관계가 단절된 후, 사람들은 새로운 연결망을 창조하여 그 안에서 살아 있는 인격체로서 의식주 문화를 누리기를 갈망해 왔습니다. 시대가 변하면서 사람들의 구매 확정 우선순위는 단순함과 편리함, 안전성이 되었습니다. 1인가구가 증가할수록 모바일을 통한 구매가 늘어났고, 다양한 라이브커머스 플랫폼들이 전성기를 맞이하게 되었습니다.

그립, 네이버, 쿠팡 등과 같은 다양한 채널에서 상품을 시연하고 마케팅을 하는 사람들에게 가장 중요한 것은 '진실을 담은 소통' 입니다. 대한민국의 라이브커머스가 시작될 때부터 함께한 쇼핑호스트, 저자 이솜귤이 전하는 메시지가 특별한 이유가 바로 여기에 있습니다. 유아부터 성인과 노인까지, 모든 연령대의 소비자가 먹고, 입고, 바르는 다양한 상품을 판매하는 그녀의 간절한 눈빛, 몸짓 그리고 언어 하나하나마다 그녀의 진실성이 오롯이 담겨있기 때문입니다. 살아 숨쉬는 소통, 진정한 소통을 알고 행하는 라이브 쇼핑호스트 이솝귤!

그녀의 삶과 철학이 담긴 이 귀한 책이 라이브커머스에 간절한 열망과 소망을 가진 분들에게 많은 도움을 줄 것입니다.

미디어 콘텐츠 브랜딩 그룹 iamscc **이지연** 대표

목차

04   추 천 사

14   프롤로그 "방송 한 번 해보실래요?"

1장 라이브커머스 절대로 하지 마라

29   라이브커머스란 무엇인가?

37   홈쇼핑의 시대에서 라이브커머스의 시대로

42   성공 라이브커머스 비법, 홈쇼핑에서 배우자

51   이보게 내가 라이브셀러가 될 관상인가?

2장 첫 방송 시작 전, 당신이 알아야 할 모든 것

59   롤모델이 되어줄 워너비 인플루언서를 찾아라

64   라이브셀러들과 친해져라

69   라이브셀러! 세 가지만 준비하자

71   소중한 내 상품, 언제 방송해야 좋을까?

76   백문이 불여일견: 보여주면 더 잘 팔린다

80   방송장비 단돈 5만원이면 충분하다

86   스튜디오, 있으면 좋지만 없어도 상관없다

93   어느 플랫폼에서 시작하는 게 좋을까?

3장 라이브방송, 이렇게 해야 팔린다

101   완벽한 시작은 없다

106   말솜씨보다 중요한 세 가지

113   상품의 콘셉트, 채널의 콘셉트, 진행자의 콘셉트
124   외모보다 개성이 더 중요하다
129   상품의 특징을 한 줄로 정리하라
135   매출을 두 배로 올려주는 셀링포인트
142   소구점 3의 법칙
148   클릭을 유도하는 썸네일 만들기
153   고객의 눈을 훔쳐라
158   오프닝의 중요성
163   방송 송출 시 주의사항
165   라이브커머스 기본 매너

4장 라이브방송, 하루 이틀 할 거 아니잖아요?

175   더도 말고 덜도 말고 1년만 버텨라
178   팔지 말고 사게 하라
186   신뢰를 키워야 매출이 커진다
193   고객이 설레는 포인트, 셀링포인트
198   30초 안에 사로잡아라
206   고객은 답을 알고 있다
215   선택지는 줄이고 프로모션은 늘려라
224   꾸준한 셀러가 마지막에 웃는다
230   채널이 커져야 매출이 늘어난다

5장 매출을 두 배로 늘려주는 말하기 비법

239   공감하고 간증하고 소통하라

244 말솜씨를 100% 올려주는 오감(五感)스피치

249 오픈스피치 (1) 말에 양념치기

254 오픈스피치 (2) 비유스피치

258 오픈스피치 (3) 상황스피치

265 내가 즐거워야 고객도 즐겁다

272 말은 쉽게 말투는 친근하게

277 실전! 매력적인 목소리 만들기

6장 절친과 손놈 사이에서 고객과 소통하기

287 라이브방송에서 고객들과 소통하는 법

292 FAMILY 법칙을 기억하라

296 정성스런 리뷰가 매출을 올려준다

299 라이브방송을 위한 고객만족 서비스

7장 고객들과 셀러들의 목소리

307 셀러 이야기

331 고객의 목소리

348 에필로그

352 부록 방송 규정, 참고 법률

프롤로그

"방송 한 번 해보실래요?"

누군가가 이렇게 묻는다면 당신은 뭐라고 대답하겠는가?

주눅 든 표정으로 말없이 고개를 가로젓거나, 시선을 피하며 우물쭈물하거나, 혹은 허탈한 웃음을 지으며 화제를 돌릴 분도 있을 것이다. "방송은 예쁘고 잘생긴 사람들만 하는 거 아니에요?" "전 나이가 많아서…" "키도 작고 통통한데 방송을 어떻게 해요?" "목소리가 작아서 안 들릴 거예요." "발음이 좋지 않아서 방송하기 힘들어요."라고 하면서 손사래를 칠 분도 계실 것이고.

나도 그랬다. 결혼하고 나서야 방송 리포터에 지원했다. "내 외모에, 내 몸매에, 내 나이에 과연 될까?" 하고 망설였다. 하지만 "되면 좋고, 안 되면 말고!" 하는 생각으로 눈 딱 감고 지원서류를 냈다. 그런 마음가짐 덕분에 크게 긴장하지 않을 수 있었고, 방송국 오디션에 당당히 합격할 수 있었다.

3년 정도 리포터를 하면서 방송에 욕심이 생겼다. 나이가 들어도 롱런할 수 있는 직종을 찾다가 쇼호스트가 되기로 했다. 그래서 우선 게스트 신분으로 홈쇼핑에 뛰어들었다. 서른두 살에 홈쇼핑 전문 게스트를 시작했고, 서른일곱이라는 늦은 나이에 SK B쇼핑 개국멤버로 오디션에 합격하면서 쇼호스트 활동을 정식으로 시작했다. 그리고 몇 년 뒤에 W쇼핑으로 이직한 다음, 라이브커머스 플랫폼 그립(Grip)에서 "그리퍼"라고 불리는 라이브방송 크리에이터로 활동하고 있다.

도전이 사람을 만든다

이와 같이 나는 리포터도 스물아홉 살 때 시작했고, 쇼호스트도 서른일곱이라는 늦은 나이에 시작했다. 라이브방송 크리에이터가 되었을 때는 자그마치(?) 마흔네 살이었다.

만약 내가 여러 가지 핑계를 대면서 도전을 멈추었다면 어땠을까? 나이가 많아서, 아이가 있어서, 안정된 직장을 벗어나기 싫어서 안주했다면 어떻게 되었을까? 지금의 '솜귤탱귤'이 과연 존재할 수 있었을까?

SK B쇼핑과 W쇼핑을 그만 두었을 때도 후회는 없었다. 그 때 그런 선택을 안했더라면 지금의 솜귤탱귤은 없었을 테니까. 하지만 그때는 모두가 제발 그만두지 말라고 성화였다. 세상물정 모르는 철부지, 멍충이, 나중에 꼭 후회할 거라는 말까지 들었다.

하지만 나는 그 결정을 한 번도 후회한 적이 없다. 잃은 것도 있었지만 얻은 것도 많다고 생각한다. 결정과 선택이라는 건 그런 거니까.

분명한 것은 도전하기 전에 고민하고 도전하고 나서 고뇌하는 과정을 통해서 조금은 성장했다는 점이다. 이 세상에는 직접 겪어보지 않으면 영원히 알 수 없는 것들이 많다. '그럴 것이다'라는 짐작과 '그런 것이다'라는 지식, 그리고 '그런 것이더라'라는 경험. 이 세 가지는 완전히 다른 것이더라.

그렇다. 사람은 도전하면서 마음도 몸도 변한다. 더 탄탄해지고, 쫀쫀해지고, 노련해진다.

물론 무턱대고 도전하라는 말은 아니다. 어떤 일에 도전하는 데에 돈이 많이 든다면, 시간을 어마무시하게 투자해야 한다면, 아무리 나라고 해도 도전해보라고 말하지 않는다. 실패의 대가가 너무 크기 때문이다.

하지만 라이브커머스는 그렇지 않다. 누구나 쉽게 시작할 수 있고 실패의 페널티가 크지 않다. 기존에 하던 일을 그만두지 않고 병행할 수도 있기 때문에 기회비용도 적다.

언제 어디서든 방송을 할 수 있다는 점! 상품과 스마트폰만 있으면 누구나 가능하다는 점!

이것이 바로 라이브커머스의 매력이다.

무엇이든 할 수 있고 무엇이든 팔 수 있다

사람들이 라이브커머스를 하고 싶어 하는 이유는 다양하다. 방송이 하고 싶어서, 상품을 홍보하고 팔고 싶어서, 쇼호스트가 되고 싶어서, 인기를 얻고 싶어서, 돈을 벌고 싶어서 등등.

이 책을 읽고 있는 당신! 당신은 왜 하고 싶은지 궁금하다. 한 번쯤은 깊이 생각해보기 바란다. 그 과정에서 몰랐던 것을 깨달을 수도 있고, 마음가짐을 새롭게 할 수도 있기 때문이다.

내가 방송을 시작한 이유는 사랑하는 딸 가은이를 위해서였다. 하루가 다르게 쑥쑥 자라는 딸에게 전집이나 장난감을 사주기 위해서 프리랜서 주부리포터를 시작했다. 천성적으로 말하는 걸 좋아하기 때문이기도 했다. 어찌 보면 방송 그 자체보다 방송에서 말하는 걸 더 좋아했던 것 같다.

지금 나는 라이브셀러 "솜귤탱귤"이다. 마흔네 살의 늦은 나이에 젊은이들만 한다는 라이브커머스 방송을 시작했지만, 그 누구보다 방송을 즐기면서 진짜 내가 하고 싶던 방송을 하고 있다.

때로는 화장을 안 해도, 말을 빨리 해도, 흥분을 해도 괜찮다. 홈쇼핑도 아니고 광고도 아니니까. 오직 나만이 할 수 있는 '내 방송'이니까. 나의 팬이자 고객이자 친구인 시청자들이 내 진짜 모습을 좋아해주고 공감해주니까.

덕분에 신이 날 땐 춤도 추고 눈물이 나올 땐 울기도 하면서, 누구의 눈치도 보지 않고 편하게, 오직 고객과 상품만 바라보며 방송을 계속하고 있다. 그 모든 순간에 나는 진정 살아 있음을 느낀다. 이런 감정과 경험은 오직 라이브커머스에서만 가능하다. 그러니 너무 고민하지 말고 일단 시작해보자. 라이브커머스 방송을 직접 해보면 많은 것을 느끼고 깨닫게 될 것이다. 내 안에 숨은 열정과 가능성을 느끼고, 더 나아가 내 안에 깊이 잠든 참된 나를 만날 수 있을 것이다. 때론 "이게 정말 나야?" 하고 깜짝 놀랄 정도로 새로운 모습을 발견할지도 모른다.

무엇이든 할 수 있는 '나'이니까.

무엇이든 할 수 있는 '나이'니까.

지속 가능한 라이브방송을 위하여

이 책은 나처럼 라이브방송을 직접 해보려는 분들을 위한 책이다. 그중에서도 진심으로, 실제로, 제대로 해보려는 분들을 생각하며 썼다. 라이브방송으로 상품을 판매하여 실질적인 수익을 얻고 싶은 분들, 오랫동안 꾸준히 하실 분들, 최고의 라이브셀러가 되기 위해 절치부심하는 분들을 위해서 말이다.

물론 셀러가 아닌 고객이나 단순히 흥미를 가진 분들, 직접 방송을 진행하지 않는 관계자 분들에게도 많은 도움이 될 것이다. 그러나 이 책이 진지한 라이브셀러들을 위한 실전 지침서임에는 변함이 없다. 그래서 어설픈 이론이나 시장분석, 수박 겉핥기식 내용은 이 책에 없다. 라이브커머스라는 전쟁터에 총 대신 스마트폰을, 전투식량 대신 이 책을 들려주는 심정으로 이 책을 썼다.

따라서 라이브커머스가 왜 좋은지, 라이브커머스 시장 동향이 어떤지와 같은 '라이브방송 외적인 요소들'에 대해서는 깊이 다루지 않았다. 그런 것은 경제연구소의 보고서나 경제신문의 기사를 찾아보면 알 수 있으니까. 그리고 직접 해보면 금세 알 수 있는 것들, 인터넷이나 유튜브에서 쉽게 찾을 수 있는 자료들도 생략하거나, 최소한으로 다루거나, 짧게 짚고 넘어갔다. 라이브방송을 잘 하기 위한 핵심과 '찐 경험'에서 우러나오는 노하우를 풀기에도 지면이 모자랐기 때문이다.

지금부터 실제 쇼호스트 경력과 10년차 세일즈스피치 강의경력을 토대로, 실제로 그립에서 솜귤탱귤 채널을 키우면서 쌓아온 노하우를 제대로 알려드릴 것이다. 라이브방송을 더 잘하는 방법, 고객과 소통하는 방법, 팔로우 늘리는 비법, 내 상품을 더울 빛나게 해주는 화법까지, 라이브방송을 더 잘하기 위한 노하우들을 최대한 많이, 꾹꾹 눌러 담았다. 그러므로 독자 여러분의 '지속 가능한 라이브방송'에 큰 도움이 될 거라고 감히 말씀드리고 싶다.

라이브방송이라는 벽을 넘어서

누구나 벽을 만난다. 쉽게 뛰어넘을 수 있는 작은 벽에서부터 절대로 못 넘을 것 같은 거대한 벽까지. 그 벽을 넘어설 수 없어도 좌절하지 말자. 벽을 타고 넘어갈 수 없다면 차라리 부숴버리자. 장대를 이용해서 넘어갈 수도 있고 빙 돌아가는 것도 좋은 방법이다. 방법은 얼마든지 있다.

라이브커머스라는 벽도 마찬가지다. 누군가에게는 난공불락의 벽일 것이고 누군가에게는 가볍게 넘을 수 있는 장애물에 불과할 것이다. 여러분이 만약 전자에 해당되더라도 실망할 필요는 없다. 오랫동안 방송을 해본 결과, 결국엔 오래 버티는 사람이 승자였기 때문이다. 지금 당장 잘하고 못하고는 큰 의미가 없더라. 잘할 때까지 하면 되니까. "강한 놈이 이기는 게 아니라 이기는 놈이 강한 것이다."라는 말은 라이브방송에도 해당된다.

다만 이 말은 조금 식상하니까 다음과 같이 바꾸고 싶다.

"잘하는 놈이 버티는 게 아니라 버티는 놈이 잘하게 되더라."

버티다 보면 잘하게 되고, 잘하게 되면 성공하게 된다. 이것은 진리다. 그 과정이 너무 힘들어서 버티기가 힘들 뿐.

그저 버티기만 해서도 안 된다. 그건 미련한 짓이니까. 중요한 것은 공부하고 연구하고 반성하고 실행하는 것이다. 매일매일 성장하고 발전하려는 향상심과 열정을 유지하는 것이다. 매일 0.1%만 나아져도 1년이면 36.5%나 발전할 수 있다.

겨우 36.5%냐고? 어떤 업계든지 경쟁자보다 10% 잘하면 반드시 성공할 수 있고, 20% 잘하면 평생 먹고 살 걱정이 없으며, 30% 잘하면 회장님 소리를 들을 수 있다. 사실 1%, 2% 차이만으로도 결과가 완전히 달라진다. 내 생각에는 성공하는 사람과 실패하는 사람의 차이는 생각보다 크지 않은 것 같다. 그러니까 36.5%는 실로 어마어마한 차이인 것이다.

딱 1년만 '존버'하라!

독자 여러분이 더 오래, 더 재미있게 라이브방송을 하는 데에 이 책이 도움이 되기를 진심으로 바란다. 상품이 매진되고, 완판되고, 매출이 빵빵 터지는 날만 있는 건 아니니까. 팔로워 수가 적고 경험이 부족한 방송 초기에는 특히 그렇다.

아무리 베테랑 셀러라도 매출이 안 나오면 힘이 빠지기 마련이다. 그런 순간을 버티기 위해서는 방송 자체를 즐길 수 있어야 한다. 매출도 중요하지만 방송하는 게 고역이라면 무슨 의미가 있겠는가?

세상에는 쉽고 재미있는 일, 힘들지만 재미있는 일, 쉽고 재미없는 일, 힘들고 재미없는 일의 네 가지 일이 있다고 한다. 나는 라이브방송이 '힘들지만 재미있는 일'이라고 생각한다. 그리고 사람은 '힘들지만 재미있는 일'을 잘해서 결과까지 좋을 때 가장 큰 보람과 만족을 얻는 법이다. 그러다 보면 라이브방송이 '쉽고 재미있는' 날도 늘어날 것이다.

비속어를 써서 죄송하지만 '존버'라는 말이 있다. '존나게 버로우'라는 말의 준말인데, 필사적으로 버티라는 뜻을 가지고 있다. 하지만 나는 '존버'가 '존나게 버는 사람'의 준말도 된다고 생각한다.

그렇다. '존버(존나게 버로우)' 하면 '존버(존나게 버는 사람)'가 될 수 있다!

그러니 끝까지 버티자. 딱 1년! 물건을 하나도 못 팔아도 1년만 버티자고 생각하자. 그래야 뭐가 보여도 보인다.

이 책의 내용과 구성

이 책은 여러분 앞에 놓인 라이브방송이라는 벽을 더 쉽게 넘을 수 있게 도와줄 것이다.

이것을 위해, 이 책은 다음과 같은 순서와 내용으로 구성되어 있다.

1장 라이브커머스 절대로 하지 마라

1장에서는 우선 "라이브커머스란 무엇인가?"를 짚어보았다. 특히 라이브쇼핑의 조상님(?)이라고 할 수 있는 홈쇼핑과 비교해 보았다. 나 자신이 홈쇼핑 쇼호스트로서 많은 경험을 갖고 있기 때문이다. 홈쇼핑의 노하우와 기법은 라이브쇼핑에도 유용하다.

또한 독자 여러분이 라이브셀러에 잘 맞는지 스스로 체크해볼 수 있는 체크리스트를 제공한다. 이 세상에는 재능이 중요한 직업이 셀 수 없이 많다. 그러나 라이브쇼핑은 재능보다 적합성과 지속가능성이 훨씬 더 중요하다. 1장의 체크리스트를 이용해서 스스로 점수를 매겨 보시되, 너무 심각하게 받아들이지 않기를 바란다.

2장 첫 방송 시작 전, 당신이 알아야 할 모든 것

2장에서는 라이브방송 시작 전에 준비해야 할 것들을 다루었다. 방송장비를 어떻게 세팅해야 하는지, 상품을 어떻게 진열해야 하는지와 같은 지엽적인 '요령'이 아니라 근본적인 '준비'에 대해 이야기했다. 롤모델을 찾고, 그 롤모델이 어떻게 방송하는지를 배우고, 라이브셀러로서의 마음가짐이 어떠해야 하는지 말이다.

조금은 추상적으로 보이는 이런 것들이 눈에 보이는 것보다 훨씬 중요하다. 라이브방송도 결국 사람을 상대하는 일이기 때문이다. 방송 자체는 대부분 혼자, 많아도 2~3명이 진행하지만 그것을 지켜보는 사람(고객)은 수천, 수만 명이다. 그래서 근본적인 부분을 준비하고 체크하는 것이 중요한 것이다.

조명이나 방송장비 같은 것은 몇 번만 해보면 금방 알 수 있다. 구글이나 네이버, 유튜브로 한 시간만 검색해도 필요한 정보를 모두 얻을 수 있다. 요즘에 IT기기나 장비들은 상향평준화되어 있기 때문에 '남들이 다 사는 제품'을 사면 실패할 일이 거의 없다.

판매할 상품도 마찬가지다. 사람들의 취향과 필요가 세분화된지 오래다. 대부분의 제품은 나름의 시장이 있다. 내 경험상 제품 그 자체보다 그걸 어떻게 포장하느냐가 더 중요했다. 잘 안 팔리던 제품의 콘셉트나 용도를 바꿔서 대박이 나는 경우는 결코 드물지 않다.

성공과 실패를 결정하는 것은 장비나 환경이 아니다. 우리 자신이다.

3장 라이브방송 이렇게 해야 팔린다

드디어 라이브방송이 시작되었다. 라이브방송을 어떻게 해야 (상품이) 잘 팔릴까? 이 장에서는 그것에 대해 집중적으로 이야기했다.

4장 라이브방송, 하루 이틀 할 거 아니잖아요?

라이브방송은 방송이 시작되기 전에 시작되고, 방송이 끝나고 나서도 끝나지 않는다. 물론 이것은 비유적인 표현이다. 내가 말하고 싶은 것은 방송이 시작되기 전에 방송을 준비하는 과정과, 방송이 끝난 후에 방송을 되짚어보는 과정이 방송 그 자체만큼이나 중요하다는 것이다. 시쳇말로 '방송 하루 이틀 할 거 아니기 때문'이다.

내일도, 모레도, 그리고 1년 뒤에도 우리는 방송을 해야 한다. 안 그러면 고객들이 우리를 신뢰하지 않는다. 방송한지 3일 된 방송과 3년 된 방송, 3개의 구매이력 또는 상품평이 있는 판매자와 300개의 구매이력이 있는 판매자, 여러분이라면 어느 판매자에게 구입하겠는가? 항상 고객의 눈으로 스스로를 볼 수 있어야 한다. 이러한 객관화와 메타인지가 여러분의 성공을 훨씬 앞당겨줄 것이다.

'방송 전과 방송 후가 방송 자체만큼이나 중요하다'라고 하는 이유는 또 있다. 오늘 내가 한 방송을 되돌아보며 반성하고, 그 깨달음과 개선점을 내일의 방송에 반영하는 것, 이를 통해 매일 0.1%씩 발전하는 것, 이것이 무엇보다 중요하기 때문이다. 1년 전과 1년 후의 방송은 달라야 한다는 말이다. 고객이 한 명, 아니 0명이라도 방송을 계속해야 하는 이유가 여기에 있다.

발전해야 계속할 수 있고 계속해야 발전할 수 있다. 지속 가능한 라이브방송! 이번 장에 그 해답이 있다.

5장 매출을 20% 높여주는 말하기 비법

라이브방송은 눈으로 보여주는 게 중요하다. 그러나 오디오, 그중에서도 특히 진행자의 말솜씨도 비주얼만큼이나 중요하다. 고객으로 하여금 '한 번 사볼까?' 하는 마음이 들게 하는 것은 제품의 겉모습보다 진행자의 설명과 설득이기 때문이다. 눈으로 보기에 좋아 보이는 것만으로는 부족하다. '왜 좋은지' 말로 설득해줘야 지갑을 연다. 라이브방송은 작은 스마트폰 화면으로 보는 경우가 많아서 더욱 그렇다.

그래서 말솜씨가 중요하다. 성우처럼 멋들어지게 말하라는 게 아니다. 정치가처럼 청산유수로 말하라는 게 아니다. 고객을 사로잡고 '팥으로 메주를 쑨다고 해도 믿게 만들' 말솜씨가 필요하다는 말이다. 물론 똑똑한 요즘 고객들에게 그랬다간 큰일 나지만, 적어도 그런 말솜씨를 목표로 노력해야 한다.

이를 위해서 라이브방송에 최적화된 말하기 방법과 훈련 방법을 알려드린다. 20년에 가까운 방송 진행 경험, "한 권으로 끝내는 스피치멘토링"이라는 책을 쓰고 강의했을 정도의 스피치 전문성, 그리고 직접 라이브방송을 진행해온 현장 경험까지!

다른 책에서는 한 개도 갖추기 힘든 세 개의 보석을 모두 갖춘 이 챕터를 통해, 여러분의 라이브방송을 한 단계 업그레이드하시기 바란다.

6장 절친과 손놈 사이에서 고객과 소통하기

이번 장에서는 라이브방송을 하기 전, 하는 도중, 그리고 하고 나서 고객과 소통하는 방법을 안내한다. 라이브방송을 하다 보면 참 다양한 고객들을 만나게 된다. 고객들 중에는 좋은 고객, 나쁜 고객, 이상한 고객이 있다. 베테랑 라이브셀러조차 스트레스를 받는 게 당연하다. 그걸 이기지 못하고 라이브방송을 중단하는 셀러들은 셀 수 없이 많다.

그래서 이 장에서는 고객들과 어떻게 소통해야 하는지에 대해 심도 있게 다루었다.

7장 스타 셀러들이 들려준다! 피가 되고 살이 되는 이야기

이번 장에서는 라이브쇼핑을 즐기는 고객과 현직 라이브셀러들의 인터뷰를 통해 피가 되고 살이 되고 돈이 되는 이야기를 들어보자.

사랑하면 알고 싶고 알고 나면 보이나니

중국에 비하면 우리나라의 라이브커머스는 성장할 여지가 많이 남아 있다. 그러니 너무 두려워하지 말고 도전해보시기를 권한다.

주식도 다 같이 오르는 상승장에서 돈을 버는 게 더 쉽지 않은가?

라이브커머스도 마찬가지다. 기왕이면 한창 뜨겁게 성장하는 업종, 성장 가능성이 많은 업종에서 활동하는 게 더 많은 기회와 부를 가져다줄 것이다. 그리고 성장 속도가 너무 빠르기 때문에 하루라도 빨리 시작하는 게 낫다.

이 책을 나침반 삼아서 열심히 달리다 보면, 예전에는 몰랐던 많은 것들을 자연스럽게 알게 될 것이다. 그리고 더 높은 곳에 서서 더 멀리, 더 자세히 볼 수 있게 될 것이다.

하이라이트 보기   하이라이트 수정

1장
라이브커머스
절대로
하지 마라

STORE

 1   2   24778

라이브커머스 절대로 하지 마라(라절하)!
이것은 '영어공부 절대로 하지 마라(영절하)'라는 베스트셀러의 이름을 패러디한
것이다.

'영절하'가 영어공부를 하지 말라는 게 아니라 제대로 하라는 뜻이었듯이,
'라절하'는 라이브커머스를 하지 말라는 게 아니라 제대로 하시라는 마음을 담은
제목이다.

지금부터 라이브커머스가 무엇인지, 내가 라이브커머스에 맞는지 차근차근
따져보자. 단지 라이브커머스가 핫해서, 뜨는 시장이라서, 나도 해보고 싶어서라는
이유만으로 시작하면 중간에 그만두기 쉽기 때문이다. 지금 이 순간에도 수많은
라이브셀러들이 높은 매출을 얻고 있지만, 그렇게 되기까지는 생각보다 많은 시간과
노력, 그리고 인내력이 필요하다.
그러므로 나는 감히 이렇게 말씀드리고 싶다.

라이브커머스 절대로 하지 마라!
이 책을 읽기 전에는.

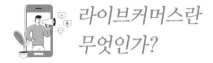

라이브커머스란 무엇인가?

발로 뛰는 시대는 지났다

집 밖으로 나가야지만 쇼핑이 가능했던 시대가 있었다. 그것도 특정 시간, 즉 매장 운영 시간 내에만 말이다. 하지만 이제는 24시간 언제, 어디서든 쇼핑을 할 수 있다.

1990년대까지만 해도 직접 발품을 팔아 백화점, 직영매장, 아울렛, 마트, 재래시장을 왔다 갔다 해야 했다. 양손에 쇼핑백, 장바구니를 한가득 들고 다니던 시절을 생각해보면 조선 시대 이야기처럼 느껴질 정도다. 라이브커머스와 비교하면 더욱 그렇고.

지금은 어디서나 편하게 쇼핑을 할 수 있다. 집이나 사무실에서도, 버스나 전철에서도 간편하게 물건을 살 수 있는 것이다. 클릭 한 번, 터치 한 번으로 원하는 상품을 원하는 장소에서 받을 수 있다.

이와 같이 PC로 상품을 구매하는 것을 온라인 커머스(online commerce), 스마트폰으로 구매하는 것을 모바일 커머스(mobile commerce)라고 하고, 이 두 가지를 합쳐서 디지털 커머스(digital commerce)라고 한다. 엄밀히 말해 디지털 커머스는 비교적 최근에 나온 개념으로서 메타버스나 SNS를 통한 쇼핑까지 포괄하는 개념이지만, 인터넷 보급률이 높아지던 1990년대에 포털 사이트를 중심으로 등장했던 온라인 쇼핑과 그 이후의 모바일 쇼핑이야말로 디지털 커머스의 핵심이라고 할 수 있다.

하지만 이 책에서는 '디지털 커머스'라는 말보다는 '온라인 쇼핑'이라는 말을 주로 사용할 것이다. 온라인 쇼핑이라는 말이 더 쉽고 익숙하기 때문이다. 따라서 이 책에서는 '온라인 쇼핑'이라는 말을, '온라인과 모바일, SNS, IoT, 메타버스, AR/VR 등에서 발생하는 모든 전자상거래를 포괄하는 개념'으로 사용하고자 한다.

어쨌든 온라인 쇼핑이 처음부터 환영받은 건 아니었다. 서비스 초기에는 소비자들이 결코 호의적이지 않았다.

"인터넷으로 물건을 산다고? 왜?"
"어떻게 물건을 보지도 않고 사?"
"믿고 결제 먼저 해? 물건 안 보주내면 어떡해?"
"사이즈가 안 맞으면 교환, 환불은 해주나?"

그 시대를 살았던 분들은 충분히 공감하실 것이다.
그랬던 온라인 쇼핑이 오늘날 이렇게 일상으로 자리 잡을 수 있었던 비결이 뭘까?

온라인 쇼핑의 진화

그것은 바로 '신뢰'였다. 판매자와 소비자 사이에 쌓인 신뢰가 온라인 쇼핑을 가능하게 해준 것이다. 소비자들은 "안 보고 사도 괜찮구나.", "빨리 보내주고, 교환 환불도 잘해주더라."라는 경험이 쌓였다. 보이지 않는 신뢰가 쌓이고 쌓여서 거대한 문화를 만든 것이다.

온라인 쇼핑은 시간, 장소에 구애받지 않는다는 점 외에도 장점이 많다. 상품의 사진과 상세설명, 그리고 리뷰까지 하나하나 확인할 수 있을 뿐만 아니라 가격 비교도 가능하다. 이 과정에서 판매자의 눈치를 볼 필요도 없다. 쇼핑하는 입장에서는 내가 원하는 상품을 가장 경제적으로 구매할 수 있는 매우 합리적이고 편리한 플랫폼인 것이다.

하지만 온라인 쇼핑의 발전은 여기에서 그치지 않았다. 판매자가 일방적으로 올려놓은 상세 페이지를 고객들이 보고 비교해서 구매하던 패턴에서 한발 더 나아갔다. 판매자와 고객이 서로 소통하며 궁금한 점을 바로 해소하고 재미있게 사고파는 온라인 쇼핑! 판매와 방송과 소통이 동시에 이루어지는 온라인 쇼핑! 라이브커머스가 등장한 것이다.

라이브커머스가 대세가 되자 대부분의 쇼핑몰들이 라이브커머스를 시작했다. 네이버와 쿠팡, 배달의 민족과 같은 대형 플랫폼들이 라이브커머스 사업을 시작한 것이다. TV홈쇼핑만 했던 대형 홈쇼핑들도 온라인과 라이브커머스로 눈길을 돌리고 있다.

상점에 직접 가야 했던 시절을 지나 PC로, 모바일로, SNS로, 이제는 라이브쇼핑까지!

쇼핑의 패턴은 나날이 진화하고 있다.

포털 사이트	쇼핑몰	TV 홈쇼핑
네이버, 다음카카오톡	티몬, 쿠팡, 배달의 민족, 11번가, 지마켓, 위메프, 롯데온라이브 등	GS홈쇼핑, 현대홈쇼핑, CJ온라이브, 롯데홈쇼핑, 신세계홈쇼핑, K쇼핑, SK Stoa, 홈앤쇼핑, 공영쇼핑 등

　쇼핑 패턴이 변하자 마케팅도 변했다. 한때는 전단지를 돌리거나 매체(신문, 잡지, TV) 광고, 혹은 텔레마케팅이 거의 유일했으나 지금은 광고할 수 있는 채널이 양 손에 꼽기도 어려울 정도로 많다. 특히 SNS와 블로그를 잘 활용하면 기존 광고 매체들에 못지않은 성과를 낼 수 있다. 게다가 큰 비용을 들이지 않아도 시간과 노하우만 있으면 얼마든지 가능하다. 여기에 라이브커머스까지 더해지자 자신의 브랜드와 상품을 방송을 통해 홍보하려는 판매자들이 급속도로 늘고 있다.

◇ 세대별 마켓의 변화

1세대	2세대	3세대
오프라인	온라인(PC)	모바일
백화점, 매장, 마트, 시장	쿠팡, 지마켓, 11번가, 옥션 등	오프라인 + 온라인 + 라이브커머스

마케팅과 판매, 쇼핑과 소통이 동시에!

라이브커머스는 쇼핑뿐만 아니라 마케팅과 판매까지 동시에 할 수 있는 플랫폼이다. 장소에 구애받지 않고, 구매가 편리하며, 배송이 편리하고 합리적인 가격 비교가 가능하다는 것이 강점이다.

서울시가 4,000명을 대상으로 조사한 〈모바일 쇼핑 이용실태 조사결과〉에 따르면, '라이브커머스를 이용하는 이유'로 '언제 어디서든 상품정보 확인 및 구입 가능(33.6%)', '모바일 구매 시 추가혜택 제공(22.4%)', '간편한 상품결제과정(13%)', '손쉬운 상품검색(12.3%)', '언제든 배송 및 자신의 정보 확인 가능(7.9%)' 등이 꼽혔다.

이러한 강점에 힘입어 라이브커머스 시장은 하루가 다르게 급속도로 성장하고 있다. 특히 2020년 이후에는 코로나 사태 장기화로 인해 비대면 온라인 쇼핑 거래가 더욱 늘어나는 추세다. 2021년 3월 5일 통계청 발표에 따르면 모바일 쇼핑 비중은 사상 처음 70%를 돌파했다고 한다. 전문가들은 앞으로도 계속 모바일쇼핑 시장이 커질 것이고, 거기에 라이브커머스가 합세할 것이라고 예측하고 있다.

라이브커머스 플랫폼, 무한경쟁이 시작되다

국내 최초의 라이브커머스 플랫폼은 'Grip'이라는 앱이었다. 이후 '소스'를 비롯해 다양한 쇼핑앱이 출시되고 있다. 네이버, 카카오, 쿠팡, 배달의 민족, 11번가 등도 자체 채널을 만들었고 TV홈쇼핑들도 앞 다투어 채널을 열고 있다. 지금 이 순간에도 수천 개의 방송이 매 시간마다 열리고 있다. 수많은 판매자들과 고객들이 실시간 영상을 매개로 소통하면서 쇼핑하고 있는 것이다.

우리나라뿐만이 아니다. 일찍이 라이브커머스를 시작한 중국만 보더라도 모바일 게임, TV, 음악을 능가해 시간당 가장 많은 수익을 올리고 있는 플랫폼이 되었다. 라이브커머스는 중국 전자상거래의 10%를 차지하고 있으며 라이브커머스 이용자 수는 3억8800만 명에 달하고 있다. 중국 전체 인구의 4분의 1에 육박하는 수준이다.

중국의 3대 라이브커머스 플랫폼은 알리바바 그룹이 운영하는 온라인 쇼핑몰 타오바오, 쇼트클립, 콰이쇼우, 더우인이다.(2020년 6월~12월 기준) 타오바오에서 4,000만 명에 육박하는 팔로워를 자랑하는 인기 쇼호스트 '웨이야'는 이 기간 동안 4조원의 매출을 올리기도 했다.

매출액 '톱5' 품목은 미용/스킨케어, 여생패션/잡화, 색조화장/향수, 간식/견과류/특산품, 세제/화장지/디퓨저 순이었다. 대부분이 화장품, 식품, 생필품 기업에 집중되어 있다.

우리나라의 라이브커머스는 중국에 비해 약 4년 정도 늦었다. 그러나 시간이 갈수록 폭발적인 성장세를 보이고 있다. 특히 코로나 시대 이후에 더욱 가속도가 붙었다. 안정적인 물류시스템과 모바일의 대중화도 큰 역할을 했다. 이러한 호재에 힘입어 지난해 4,000억 원 규모였던 라이브커머스 시장은 2023년에는 10조 원대로 성장할 전망이다.(교보증권, 2021)

한국인들은 평균 1주일에 약 4, 5회 쇼핑 앱에 접속하며, 그 중 약 2.6회가 실제 구매로 이어진다. 흥미로운 점은 단지 심심해서 쇼핑 앱에 접속하는 경우도 많다는 것이다. 필요한 상품이 없어도 습관적으로 쇼핑 앱을 이용한다는 비중이 적지 않다. 이 또한 과거의 쇼핑 패턴과 크게 달라진 점이다. '필요'에 '재미'가 더해진 것이다.

누구나 즐기는 라이브커머스

라이브커머스 시장이 이미 포화상태라고 보는 의견도 있다. 그러나 여전히 새로운 플랫폼들이 쏟아져 나오고 있는 것을 보면 아직도 걸음마 단계라고 생각된다.

상품을 제작하거나 판매하는 입장이라면 누구든 라이브커머스를 시작해야 하는 시대가 되었다. 매출을 발생시킬 수 있을 뿐만 아니라, 입소문을 내고 요즘 소비자들의 트렌드를 파악할 수도 있기 때문이다.

라이브커머스를 이용하는 고객들의 계층도 다양해지고 있다. 인터넷 쇼핑 초창기에는 소위 N세대(네트워크, 즉 인터넷에 익숙한 세대)에 국한되었으나, 지금은 MZ세대[1]는 물론 중장년층까지도 모바일 사용에 익숙하기 때문이다. 라이브커머스 시장의 비약적인 성장 가능성을 엿볼 수 있는 대목이다.

요즘 소비자들은 궁금한 것도 많고 적극적이다. 라이브커머스는 이러한 소비자들의 욕구를 직접적으로 충족시켜줄 수 있다. 소비자의 목소리를 실시간으로 전할 수 있고, 반응과 피드백을 바로 주고받을 수 있기 때문이다.

판매자 입장에서도 라이브커머스는 '신세계'다. 일단 상품을 팔고 싶으면 누구나 방송할 수 있기 때문이다. 정성껏 만든 나의 상품을 소비자에게 가장 쉽고 빠르게 알릴 수 있는 셈이다. 게다가 수수료도 홈쇼핑보다 훨씬 낮고 준비할 것도 적다.

---

[1] MZ세대 : 1980년대 초~2000년대 초반의 밀레니얼세대와 1990년대~2000년대 초반 Z세대를 합친 용어

IT기술을 이용하여 소비자와 판매자를 모두 만족시키는 신개념 쇼핑 플랫폼, 그것이 바로 라이브커머스다.

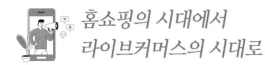

홈쇼핑의 시대에서
라이브커머스의 시대로

고객과 판매자가 서로 '라이브'로 소통이 가능하다는 점은 일방향 소통만 가능한 전통적인 플랫폼들을 긴장하게 만들었다. 그 결과 쇼핑업계 전체에 엄청난 변화를 불러일으키고 있다. '라이브'에는 그만큼 엄청난 힘이 있는 것이다.

대체 라이브커머스가 뭐길래?

라이브커머스란 "Live Streaming + E-commerce"의 합성어로서, 실시간 동영상 스트리밍으로 소비자와 채팅으로 소통하고 상품을 소개하는 스트리밍 방송을 뜻한다. 시간과 공간의 제약이 없고 고객들과 함께 실시간 생방송으로 진행된다는 점이 가장 큰 특징이다. 소비자에게는 재미를 주고, 제조업체나 판매자에게는 마케팅과 판매 플랫폼을 제공해주는 새로운 비즈니스 모델인 것이다.

네이버 "쇼핑라이브" 카카오 "톡 딜라이브" 티몬 "티비온" 롯데백화점의 "100라이브" 등이 국내의 대표적 라이브커머스 플랫폼이다. 쿠팡 "쿠팡라이브" 배달의 민족 "쇼핑라이브"도 합세했다. 라이브커머스 전문 플랫폼은 그립과 소스라이브가 대표적이다.

TV홈쇼핑 시장에 타격을 줬다고 해서 라이브커머스에 장점만 있는 것은 아니다. 두 매체에는 각각 장점과 단점이 있다. 라이브커머스가 새로이 부상하는 신흥 강자인 것은 맞지만, 개인이 방송과 판매까지 해야 하기 때문에 분명히 한계가 존재한다.

◇ TV홈쇼핑과 라이브커머스 장점과 단점 비교

	TV홈쇼핑	라이브커머스
장점	· TV방송으로 송출되니 대중적이다. · 상품의 인지도가 높아진다. · 신뢰도가 상대적으로 높다. · 매출 금액이 억 단위이다.	· 언제 어디서든지 방송(판매) 가능하다. (방송 시간 정해져 있지 않다) · 수수료가 싸다. · 기획전으로 방송할 경우 억 단위 매출이 가능하다. · 고객의 소리를 바로 들을 수 있다. · 상품만 있으면 방송이 가능하다. (심의가 까다롭지 않다) · 판매자가 직접 팔아 고객 신뢰도가 높다. · MD, PD, 쇼호스트가 특별히 필요 없다.
단점	· MD, PD, 쇼호스트의 도움이 필요하다. · 고객의 소리를 실시간으로 들을 수 없다. · 수수료가 비싸다. · 방송 시간이 정해져 있다. · 방송 준비와 심의 과정이 까다롭다.	· 방송 장비가 필요하다. · 방송 노하우가 필요하다. · 매출은 시작 시점에는 소소하다. · 브랜드, 상품의 인지도가 낮다. · 팔로워가 매출에 영향을 끼친다.

라이브커머스 시대는 이미 예고되어 있었다

대한민국에서는 1995년쯤에 홈쇼핑 시대가 열렸다. TV로 쇼핑이 가능해진 것이다. 주목적은 상품 판매였지만 일반 방송보다 더 재미있다며 빠져드는 주부들이 많았을 정도로 인기를 끌었다. 홈쇼핑 채널을 대표하는 쇼호스트들이 여간한 연예인보다 높은 인기를 누리기도 했다. 업체들은 자신의 상품을 홈쇼핑사 대표 쇼호스트가 맡아주길 원했었다.

그리하여 쇼핑과 엔터테인먼트를 합친 '쇼퍼테인먼트'라는 말이 생겨났고, 인지도 있는 연예인들이 쇼퍼테이너로서 홈쇼핑에 가세했다. 홈쇼핑의 황금시대를 책임지는 쇼퍼테이너가 무시무시한 매출 파워를 자랑하게 된 것이다.

나는 이러한 현상이 라이브커머스의 탄생을 이끌었다고 생각한다. 롯데홈쇼핑의 최유라를 비롯해서 왕영은, 최화정, 허수경, 박미선 등과 같이 자신의 인지도를 가지고 상품을 판매하는 연예인들이 늘어나자, 연예인이 아닌 일반인들도 "나도 저들처럼 상품을 팔고 싶다."는 생각을 품게 되었다고 보는 것이다. 나는 지금의 라이브커머스 붐이 홈쇼핑 시대에 이미 예견되어 있었다고 생각한다.

TV홈쇼핑은 한동안 어마어마한 매출을 자랑하며 성장했지만 많은 업체들이 높은 수수료와 까다로운 QA(Quality Assurance 품질보증: 홈쇼핑에 방영되기 전에 진행되는 출고 전 품질 보증 심사)의 장벽으로 진출에 대한 어려움도 겪었다. 그러면서 2020년에는 코로나로 인해 비대면이 강화되면서 많은 업체들이 마케팅 비용 절감을 염두에 두고 플랫폼을 찾기 시작했다. 굳이 홈쇼핑이 아니어도 좋았고, 낮은 수수료에 유명 쇼호스트가 아니더라도 괜찮았다. 낮은 송출 수수료만 내고 판매자가 직접 방송할 수 있는 라이브커머스는 이러한 상황에 딱 맞아떨어지는 매체였다.

헬로우 폰 쇼핑!

TV홈쇼핑의 하락과 비대면 쇼핑문화의 정착. 이러한 흐름은 '내 손안의 쇼핑'이라 불리는 "폰 쇼핑" 또는 "모바일 쇼핑"의 유행으로 자연스럽게 이어졌다. 라이브커머스와 같은 모바일 쇼핑은 예견된 트렌드였던 것이다.

라이브커머스는 지금도 계속해서 진화하고 있다. 티몬은 예능을 결합한 방송 "쇼트리트 파이터"를 선보였다. 매회 셀럽들이 나와 실시간 판매 경쟁을 벌이는 형식으로 실제 쇼프로처럼 MC(황광희와 이지혜)까지 있다. 네이버도 예능형 쇼핑콘텐츠 "리코의 도전"으로 응수했다. 문 닫은 백화점에서 홀로 5시간 동안 쇼핑하는 모습을 보여주는 방송이다. 층별로 맘껏 쇼핑하면서 네이버 법인카드로 결제하되, 한도를 알려주지 않는 것이 재미요소 중 하나다. 이 프로그램은 시청자에게 대리쇼핑의 만족감을 안겨주었고, 그 덕분에 27만 명 이상의 동시 접속자를 기록했다.

TV홈쇼핑에서도 라이브커머스 바람이 불고 있다. 바꾸고, 합치고, 강화하면서 TV에 머물지 않고 모바일 시장 진입에 사활을 걸고 있다. CJ오쇼핑도 CJ몰과 CJ오쇼핑플러스를 합쳐서 CJ온스타일로 이름을 바꾼 다음 유명 인플루언서를 대거 영입했다. GS샵도 샤피라이브(Shoppy Live)를 통해 TV홈쇼핑에서는 불가능했던 고객과의 상호소통을 강화하겠다고 선언했다. GS홈쇼핑과 GS리테일의 합병을 통해 온오프라인 커머스 플랫폼을 지향하겠다는 전략이다. 현대홈쇼핑도 현대홈쇼핑플러스샵과 쇼핑라이브를 통합하고 관련 인력을 늘리고 있다. TV에서 모바일로 무게 중심을 옮기는 것이 모든 쇼핑채널의 과제가 된 것이다.

희망을 주는 쇼핑 플랫폼, 라이브커머스

라이브커머스는 대기업뿐만 아니라 중소기업과 소상공인들을 위한 마케팅 채널로 급부상하고 있다. 물론 라이브커머스 채널은 홈쇼핑이나 유통채널과 달리 채널 자체의 힘은 작다. 그럼에도 불구하고 네이버 도전라이브나 그립, 소스라이브에 자신만의 채널을 개설하여 꾸준히 매출을 올리는 업체가 급격히 증가하고 있다. TV홈쇼핑의 장벽이 높아서, 마케팅이 쉽지 않아서 힘들어하던 중소기업과 소상공인을 위한 돌파구가 되고 있는 것이다.

앞에서도 말했지만 교보증권 리서치센터는 2020년에 4,000억 원대에 불과한 라이브커머스 시장이 2023년에는 10조원대로 성장할 것이라고 발표했다. 지금 추세라면 그보다 더 빠른 성장도 기대할 수 있다. 라이브커머스는 이제 막 시작되었을 뿐이다.

성공 라이브커머스 비법, 홈쇼핑에서 배우자

60분 방송을 위해 각 파트가 나뉘어 있는 TV홈쇼핑

TV홈쇼핑을 하기 위해서는 우선 MD와 PD, 쇼호스트가 필요하다. MD는 60분 동안 방송할 상품을 컨택하고, 그 상품의 셀링 포인트를 분석하여 상품이 잘 팔릴 수 있도록 판매의 판을 짜는 일을 한다.

상품의 장점이 방송에 잘 노출될 수 있도록 방송 장비와 방송 화면, 방송 무대 등을 세팅하고 전반적인 사항을 컨트롤하는 PD도 필수적이다. 그리고 쇼호스트는 방송의 주인공으로서 공감 가는 멘트와 리액션을 동원해서 매출을 발생시킨다. 그러므로 MD는 영화제작사, PD는 영화감독, 쇼호스트는 주연배우라고 할 수 있다.

그뿐만이 아니다. 상품을 카메라에 담아주는 촬영감독, 수많은 장비들을 책임지는 기술감독, 구매를 유도하거나 상품에 집중할 수 있게 해주는 음악을 연출하는 오디오감독, 상품에 맞는 분위기를 만들어주는 무대팀과 소품팀, 그리고 방송을 진행하는 쇼호스트의 비주얼을 담당하는 메이크업&헤어 팀과 의상팀도 빼놓을 수 없다.

MD	- 홈쇼핑의 "꽃" - 사람들이 원하는 상품이 무엇인지 소비자의 욕구를 평가 분석하고, 소비 유형과 구매 패턴을 파악하여 시장성 있는 신상품을 발굴함 - 생산, 개발, 구매, 판매, 마케팅, 재고 조절 등 상품 흐름 전 과정 총괄
PD	- 홈쇼핑 방송 전체적인 상황 통제 - 방송 기획안 작성, 방송 진행, 영상 구성, 녹화 영상 편집 - 방송 내내 기술 감독, 오디오 감독 등과 소통하면서 카메라 컷부터 배경음악, 자막까지 화면에 보이는 모든 것을 연출함
촬영감독	- 카메라의 위치와 움직임을 통제함 - 상품 이미지, 구도, 조명, 쇼호스트의 동선까지 체크
쇼호스트 (쇼핑 호스트)	- 방송에서 상품을 소개하고 판매하는 사람 - 상품의 특성을 잘 이해해야 함. 상품의 장점을 고객의 마음에 와 닿게, 설득력 있게 설명해야 하기 때문

이렇게 하나하나 나열하니 "하나의 상품을 판매하기 위해 정말 많은 사람들의 노력이 필요하구나!"라는 생각이 들지 않는가? "아니 이거, 준비할 게 너무 많은 거 아니야? 어떻게 방송을 준비해야 하지?"라는 걱정도 생길 것이다.

하지만 이것은 어디까지나 TV홈쇼핑의 이야기일 뿐이고, 대부분의 라이브커머스는 이렇게까지 복잡하지 않다. 대부분의 라이브커머스는 한 명의 셀러가 혼자 준비해서 방송과 판매까지 도맡는다.

라이브셀러들은 20대부터 60대까지 연령대도 다양하다. 돌도 안 된 아이를 키우면서 집에서 스스로 만든 머리핀을 판매하기도 하고, 직장을 다니면서 식품 먹방을 하기도 한다. 오프라인 샵을 운영하는 틈틈이 옷 판매 방송을 하는 셀러들도 있다. 이렇듯 정말 다양한 곳에서 다양한 셀러들이 라이브커머스에 도전하고 있다.

일인다역(一人多役), 멀티플레이어가 되어야 하는 라이브커머스

자, 그렇다면 어떻게 해야 나만의 라이브방송을 시작할 수 있을까? 지금부터 준비해야 할 것은 무엇일까? 장소는 어디에서 하는 게 좋을까? 스튜디오가 필요하지 않을까? 홈쇼핑에 비해 간단하고 쉽다고 해도 여러 가지 고민이 몰려올 것이다.

라이브커머스는 대부분 세로 방향으로 촬영과 송출이 이루어진다. 그래서 큰 스튜디오는 필요 없다. 사무실이나 집에서 방송을 진행해도 아무 문제가 없다. 실제로 수많은 라이브셀러들이 그렇게 하고 있다.

장소가 마련되면 홈쇼핑의 MD와 PD가 하는 업무를 해보자. 상품을 준비하고 제품과 방송의 콘셉트를 잡은 다음, 그에 맞게 방송 계획을 짜는 것이다. 이것도 복잡하게 생각할 필요 없다. 쉽고 간편하게! 고객이 관심을 가질 수 있게 방송 중에 소개할 프로모션을 잘 짜고 상품이 방송 중에 잘 보일 수 있게 방송 장비와 상품을 세팅하는 것! 이 두 가지만 확실하게 준비해도 충분하다.

◇ MD와 PD가 부럽지 않은 라이브방송 준비하기

상품 준비 → 프로모션 기획 → 장소 선택 →
장비 세팅 → 상품 세팅 → 썸네일 준비 → 방송

홈쇼핑 MD처럼 현명하게 기획하자

초보 라이브셀러는 자신이 잘 아는 상품, 자신이나 지인이 직접 생산하는 상품을 선정하는 게 안전하다. 상품이 정해지면 어떤 프로모션을 실시할 것인지, 그 프로모션을 방송 도중에 어떻게 소개하고 전개할 것인지를 미리 계획(기획)해야 한다.

구매 시 사은품 증정, 1+1(원 플러스 원), 세일 조건, 특정 금액 이상 구매 시 할인 쿠폰 증정, 한정수량판매, 댓글 이벤트, 삼행시 이벤트 등 고객과 소통하며 진행할 수 있는 다양한 프로모션을 생각해보자. 다른 채널들을 벤치마킹해보는 것도 좋다.

홈쇼핑 PD처럼 노련하게 조율하자

홈쇼핑 PD처럼 전반적인 사항을 체크하고 준비해보자. 방송 중 상품 세팅, 배경 세팅, 조명 세팅, 방송 판넬 준비, 카메라 각도 잡기, 라이브 중 카메라 이동 등이 PD의 역할이다. 라이브가 끝나면 모니터링을 통해서 동접자가 어느 정도였는지, 유입은 어느 정도 되었는지 확인해보고, 방송 중에 놓친 중요한 댓글 등을 체크하여 다음 방송 때 좀 더 유연하게 방송할 수 있도록 준비한다.

홈쇼핑 쇼호스트처럼 멋지게 방송하자

쇼호스트는 상품의 매력과 소구점을 잘 캐치해서 설득력 있게 설명하는 것이 가장 중요하다. 뿐만 아니라 고객을 맞이하고 반겨주고 호응해주면서 상품에 대한 신뢰감을 주고 방송에 대한 선호도를 높이는 것도 잊으면 안 된다.

라이브채널은 상품을 생산하는 사람이 방송하는 경우도 많다. 이 경우에는 상품 개발 스토리를 곁들여주면 좋다. 상품 개발 이유, 재배하면서 힘들었던 점 등을 '스토리텔링' 해주는 것이다.

상품을 직접 개발하지 않은 경우엔 상품을 사용해본 소감, 즉 '간증'을 위주로 이야기를 풀어가는 것이 좋다. 상품의 장점과 특징을 자연스럽게 전달할 수 있기 때문이다. 직접 겪은 것뿐만 아니라 시장의 평가나 상품 관련 정보를 전달하는 것도 필수적이다. 이러한 점들을 복합적으로 고려해서 멘트를 구상해보자.

실전 노하우가 필요하다

혼자서 방송 콘셉트를 잡고 진행까지 하는 것은 결코 쉽지 않다. 하지만 네이버 도전 라이브, 쿠팡 라이브, 그립 플랫폼에서는 지금도 많은 셀러들이 혼자 장비와 상품을 세팅하고 콘셉트를 잡으며, 의상과 헤어까지 스스로 준비한다.

모든 일이 다 그렇듯이 일단 시작하자. 자리에 앉아서 하나하나 생각하면 할수록 부담스럽고 겁이 나기 마련이다. 일단 시작하면 익숙해지고, 익숙해지면 요령과 노하우가 생긴다.

물론 이 과정에서 시행착오를 겪을 수도 있다. 그러나 시행착오 없이 꽃길만 걸으려는 건 도둑놈 심보가 아닐까? 실수나 실패를 하지 않는 사람은 없다. 중요한 것은 실패를 통해서 배우고 성장하는 것이다. 우리가 실패를 딛고 일어서는 순간, 실패는 성공으로 가는 발판이 되어준다.

최적의 상품 세팅을 찾아라

그립 방송을 처음 시작했을 때, 혼자 방송 준비를 하면서 제일 어려웠던 부분이 바로 상품 세팅이었다. 리허설 화면을 통해 상품과 배경과 쇼호스트의 구도를 확인하고 조명도 체크해야 했으니까.

상품 세팅의 목적은 상품을 화면에 잘 보이게 하는 것이다. 처음에는 조명과 카메라 세팅만 수십 번 수정해가며 방송을 준비했지만, 지금은 상품의 특징에 따라 나름의 노하우가 생겼다. 인기 라이브셀러의 방송을 보며 "저 상품을 나라면 어떻게 세팅했을까?"라고 생각해보자. 내가 방송 진행자가 된 것처럼 모든 것을 따라해 보자. 어떤 분야든 초보자의 실력이 가장 빨리 느는 비결은 '모방'이다.

뷰티 방송을 진행할 때는 정면 샷이나 정면에서 5도 정도 살짝 올라간 각도에서 진행한다. 음식을 판매할 때, 시연이 많이 들어가야 할 때, 팔아야 하는 상품이 많을 때는 정면에서 10도 정도 올라간 각도에서 카메라를 테이블 아래쪽으로 살짝 꺾어서 세팅한다. 그래야 테이블 위가 전체적으로 잘 보이기 때문이다. 상품 크기가 좀 작아 보일 때는 정면에서 5도~10도 정도 내려간 각도로, 상품이 잘 보이게 세팅한다.

상품 세팅은 '케이스 바이 케이스'다. 진행자의 얼굴, 상품의 강조점, 테이블 주변 환경 등에 따라 각도나 세팅은 얼마든지 달라질 수 있다. 그러므로 스스로 다양하게 시도해보면서 나에게 잘 어울리는 각도와 세팅을 찾아야 한다.

◇ 상품 세팅 예시

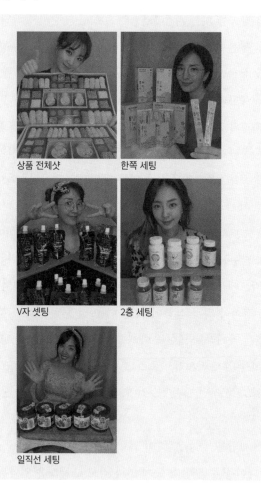

상품 전체샷   한쪽 세팅

V자 셋팅   2층 세팅

일직선 세팅

 상품이 무엇인지, 그 상품을 세워둘 것인지 눕혀둘 것인지, 세울 경우 중앙에 일직선으로 세을 것인지, V자 형태로 세울 것인지, 그 것도 아니면 한쪽으로만 세울 것인지, 직접 해보고 피드백을 받으면서 발전시켜 나가자.

정답은 없지만 원칙은 있다. 고객이 상품을 가장 잘 볼 수 있도록! 상품이 돋보일 수 있도록! 판매자나 진행자가 고객의 입장에서! 이것들만 기억해도 기본은 할 수 있다.

욕심은 금물! 라이브커머스는 알뜰하게 시작하자!

라이브커머스는 다양한 형태로 진행된다.

예산에 여유가 있는 경우 전용 스튜디오를 세팅하고 PD와 쇼호스트를 섭외하기도 한다. 물론 이 경우는 위험부담이 발생한다. 매출이 투자비용에 못 미칠 가능성이 있기 때문이다.

특히 초보 라이브셀러는 최소한의 비용으로 시작하는 게 좋다. 기존에 보유하고 있던 공간에 책상이나 배경 천 같은 간단한 소품만 놓고 시작해도 충분하다. 촬영은 스마트폰으로, 조명과 마이크도 몇천 원에서 몇만 원이면 충분하다. 고급 기기는 매출이 발생한 뒤에 마련해도 늦지 않다. PD와 쇼호스트의 역할도 본인이 직접 하면 된다. 중요한 것은 매출을 고려해서 예산을 책정하는 것이다.

처음에는 매출이 얼마나 나올지 알 수 없다. 그러므로 무리하게 투자하지 말고 최대한 간소하게 시작하자!

라이브방송의 8가지 형태

라이브방송은 아래와 같이 계획해볼 수 있다.

촬영장소		PD	쇼호스트	비용
방송 스튜디오	1	섭외	섭외	가장 많은 비용부담 (150~200만 원)
	2	섭외	업체 직원 또는 셀러 본인	촬영장소 및 PD 비용
	3	업체 직원 또는 셀러 본인	업체 직원 또는 셀러 본인	촬영장소만 비용부담
	4	업체 직원 또는 셀러 본인	섭외	촬영장소 및 쇼호스트 비용
사무실 또는 자체 공간	5	섭외	섭외	PD 및 쇼호스트 비용
	6	섭외	업체 직원 또는 셀러 본인	PD(촬영 장비 보유)
	7	업체 직원 또는 셀러 본인	업체 직원 또는 셀러 본인	가장 적은 비용
	8	업체 직원 또는 셀러 본인	섭외	쇼호스트 비용

1번의 경우 비용이 가장 많이 발생된다. 대기업 라이브커머스 담당 팀들이 선호하는 형식이다.

소상공인에게 적당한 것은 7번이다. 비용도 줄이고 방송 스킬도 체득할 수 있기 때문이다. 꾸준하게 방송하기도 좋다.

그러므로 중소기업과 소상공인, 개인들은 우선 사무실이나 집에서 스스로 방송하는 것을 추천한다.

이보게 내가
라이브셀러가 될 관상인가?

지금까지 홈쇼핑과의 비교를 통해 라이브커머스에 대해 알아보았다. 지금까지의 내용만 숙지해도 방송을 시작하기에 전혀 부족하지 않다.

하지만 단순히 방송을 하는 것만으로는 부족하다. 라이브셀러로서 살아남아서 돈을 벌고, 성공적인 라이브셀러가 되어 롱런해야 한다. 이것은 단지 방송을 잘 하는 것과는 다른 문제다. 방송을 잘하는 것은 라이브셀러가 갖춰야할 덕목 중에 하나일 뿐이기 때문이다.

막연하게 돈을 벌고 싶다는 이유로 라이브방송을 시작하면 안 된다. 라이브셀러로 성공하는 것은 결코 쉽지 않기 때문이다. 다른 분야들과 마찬가지로 성공하는 사람보다 실패해서 그만두는 사람이 더 많다. 따라서 심사숙고해야 한다.

지금부터 내가 라이브셀러가 될 수 있을지, 어떤 라이브셀러가 되는 게 좋을지 직접 확인해보자.

직접 해보자! 라이브셀러 적합도 체크리스트

	항목	점수					
1	나는 말을 조리있게 잘 하는 편이고 말하는 걸 싫어하지 않는다.	5	4	3	2	1	0
2	나는 낯가림이 없는 편이고 낯선 사람들과도 비교적 쉽게 친해진다.	5	4	3	2	1	0
3	나는 재치와 유머 감각이 있고 순발력이 좋은 편이다.	5	4	3	2	1	0
4	나는 분위기를 잘 리드하고 유쾌하며 텐션이 높은 편이다.	5	4	3	2	1	0
5	나는 멘탈이 강한 편이고 악플이나 비난에 쉽게 상처받지 않는다.	5	4	3	2	1	0
6	나는 한 번 시작한 일은 끝장을 보는 편이다.	5	4	3	2	1	0
7	나는 평소에 라이브쇼핑을 즐겨 보며, 꽤 많이 구매하고 있다.	5	4	3	2	1	0
8	나는 유튜브나 트위치, 아프리카 등에서 개인방송을 해본 적이 있다. 또는 내가 기존 진행자들보다 더 잘 할 수 있다고 생각한 적이 있다.	5	4	3	2	1	0
9	나는 판매와 관련된 일을 해본 적이 있다. 기회가 주어진다면 판매와 관련된 일을 해보고 싶을 정도로 물건 파는 일을 좋아한다.	5	4	3	2	1	0

10	나는 트렌드에 민감하고 사람들이 무엇을 좋아하는지 빨리 캐치하는 편이다.	5	4	3	2	1	0
11	나는 '오지라퍼'라는 말을 들을 정도로 다른 사람들에게 관심이 많고, 정보나 물건을 나누는 것을 좋아한다.	5	4	3	2	1	0
12	나는 블로그나 개인 SNS를 자주 하는 편이고 비교적 많은 팔로워를 보유하고 있다.	5	4	3	2	1	0
13	나는 판매할 상품을 갖고 있다. (또는 아이템이 있다)	5	4	3	2	1	0
14	내가 판매하는 상품의 장점을 다른 사람에게 설명할 때 열정이 생긴다.	5	4	3	2	1	0
15	내가 판매할 상품의 마케팅 수단으로 라이브커머스를 생각하고 있다	5	4	3	2	1	0
16	내가 판매할 상품과 비슷한 상품군의 방송모니터링을 매일 1시간 진행한다.(모니터링은 거창한 게 아니라 그냥 보는 것도 포함된다.)	5	4	3	2	1	0
17	나는 말을 할 때 얼굴표정과 제스처를 풍부하게 사용하는 편이다.	5	4	3	2	1	0
18	거울을 보면서 웃는 연습, 포즈 연습을 자주 한다.	5	4	3	2	1	0
19	상대방의 이야기를 잘 들어주는 자세가 되어 있다.	5	4	3	2	1	0
20	나는 스스로가 진솔하고 신뢰감 가는 사람이라고 생각한다.	5	4	3	2	1	0

81~100점	당신은 라이브셀러가 되기 위해 태어났다. 무엇을 망설이는가? 지금 당장 시작하라!
61~80점	라이브셀러가 되기 위한 재능과 소양이 충분하다. 이 책을 통해 부족한 부분을 채운 다음 자신 있게 도전해보자!
41~60점	라이브셀러로 성공하고 싶다면 더 큰 노력과 분발이 요구된다. 이 책이 당신을 위한 길잡이가 되어줄 것이다. 파이팅!
21~40점	라이브셀러가 되기 위해 팔방미인이 될 필요는 없다. 라이브셀러에게 요구되는 모든 조건을 갖출 필요는 없는 것이다. 하지만 내가 무엇이 부족한지는 냉정하게 파악할 필요가 있다. 자신의 강점을 극대화하고 단점을 보완하기 위해 노력하자.
0~20점	세상에는 다양하고 매력적인 직업이 많이 있다. 라이브셀러가 아니라도 할 수 있는 일은 많다. 그 일을 찾아서 해보면 어떨까?

당신의 점수가 몹시 궁금하다. 점수가 낮게 나온다고 실망할 필요는 없다. 다음의 두 가지 중에서 하나를 선택하면 되니까.

첫째, 소비자로 남는다.

점수가 현저히 낮은 경우엔 좋은 소비자로 남는 것도 좋은 방법이다. 냉정히 말해서 성공확률보다 실패확률이 더 높기 때문이다.

대한민국은 경쟁의 강도가 세기로 유명하다. 그렇다고 중국처럼 시장이나 인구가 큰 것도 아니다. 성공은 둘째 치고 살아남는 것만으로도 막대한 에너지를 쏟아부어야 한다. 라이브커머스도 마찬가지다.

　그러므로 만약 점수가 너무 너무 낮다면, 라이브커머스는 한 사람의 고객으로 남고 자신에게 맞는 다른 일을 찾아보시라고 감히 말씀드리고 싶다. 경쟁은 심한데 수익 내기는 어렵고, 방송 자체도 많은 준비와 인내심이 필요하기 때문이다. 라이브커머스 방송을 하는 것은 유튜브나 아프리카, 트위치 같은 데서 게임방송을 하는 것과 다르다. 어디까지나 판매를 해서 돈을 버는 게 목적이기 때문이다. 물론 어느 업종이나 애로사항과 고충이 있겠지만 라이브커머스 방송의 어려움은 매우 복합적이다. 재미와 매출을 동시에 잡아야하기 때문이다.

　다시 말씀드리지만 라이브커머스가 돈이 된다고 해서, 의욕과 열정만 가지고 무작정 시작하면 아까운 시간만 날릴 수 있다. 내가 오늘 방송으로 매출 000원을 달성하지 못하면 죽는다는 비장한 각오와, 고객들과 함께 웃고 떠들며 즐겁게 방송할 수 있는 여유를 동시에 가져야 한다. 어떻게든 물건만 팔려고 해서도 안 되고, 친구와 잡담하듯이 편하게만 해서도 안 된다는 말이다. 명확한 목적의식과 열정, 친근한 태도와 프로페셔널한 모습이 동시에 요구된다는 뜻이다.

　이렇게까지 해도 성공한다는 보장은 없다. 성공의 필요조건이 충족되었을 뿐이고, 성공의 가능성이 좀 더 높아졌다는 말일 뿐이기 때문이다. 성공의 출발선에 섰다고 보면 된다. 게다가 경쟁자들은 이미 몇 년 동안 라이브커머스를 해온 베테랑들에, 이름만 대면 누구나 아는 연예인들이다. 라이브커머스 시장, 절대 쉽게 생각해선 안 되는 이유는 한두 가지가 아니다.

　둘째, 이 책을 보고 보완해서 다시 도전한다.

　점수가 너무 낮지 않을 경우, 또는 점수는 낮지만 내가 정말로 라이브커머스에 승부를 걸어보고 싶다고 생각하는 경우, 이 책을 보고 단점을 줄이고 장점을 늘려서 도전할 수 있다.

　중요한 것은 포기하지 않는 것이다. 매일 조금씩 성장하는 것이다. 자신을 객관적으로 보는 것이다. 진실한 태도로 상품과 고객을 대하는 것이다. 어제의 방송을 반성하고 오늘의 방송에 최선을 다하자. 다른 셀러의 방송을 뜯고 씹고 맛보고 즐겨서 얻은 지식을 내일의 방송에 적용해보자. 그리고 이 모든 것을 몇 년 동안 꾸준히 계속하자.

　이렇게 하다 보면 어느 순간 여러분은 성공자의 대열에 당당히 서 있을 것이다.

하이라이트 보기   하이라이트 수정

2장
첫 방송 시작 전, 당신이 알아야 할 모든것

온가족 목건강 지킴이 목편한 세상이죠 🍫

미세먼지도 심하고,환절기 감기철에도 정말 목건강에 도움되는 제품입니다

국산 더덕,도라지,모과,대추,자일리톨이 들어있어서 좋아요

솜귤탱귤💜팔로우 💜감사해요 ^^

1   1   2   11930

체크리스트를 통해서 내가 될 수 있을지 확인하고,
부족한 부분을 채웠다면,
이제 라이브방송을 하기 위한 구체적인 준비를 시작해 보자.

방송 장비를 어떻게 세팅해야 하는지, 어떤 마이크를 사야 하는지,
조명은 어떻게 세팅해야 하는지… 그런 건 사소한 부분에 불과하다.
유튜브나 구글링, 네이버 검색으로도 얼마든지 알 수 있기 때문이다.
IT기기들이 하루가 다르게 발전하기 때문에 실패할 확률도 적다.

그렇다면 진짜 중요한 것,
라이브커머스를 하기 전에 반드시 준비해야 할 것들은 과연 무엇일까?
지금부터 그것을 말씀드리겠다.

롤모델이 되어줄
워너비 인플루언서를 찾아라

1. 일주일에 몇 번 라이브커머스 방송을 접하시나요? (몇 회, 몇 시간)

2. 평상시에 즐겨보는 라이브방송 채널이 있습니까?

3. 내가 판매할 상품과 비슷한 채널에 자주 방문하시나요?

4. 라이브커머스 방송에서 상품 구매를 한 적 있으신가요?

5. 방송 중 상품 구매를 했다면 어떤 이유에서였나요?

6. 라이브커머스에서 어떤 스타일의 방송을 하기 원하시나요?

7. 혹시 닮고 싶거나 따라하고 싶은 채널이 있으신가요?

위의 일곱 가지 질문 중에 답변하기 힘든 것이 있는가? 만약 있다면 지금 당장 휴대폰을 들자. 그리고 라이브커머스 앱을 켜자. 네이버에서 쇼핑라이브를 뒤지고, 카카오커머스에서 방송 메시지가 뜰 때마다 챙겨보고, 쿠팡 라이브, 배달의민족 쇼핑라이브까지 섭렵해야 한다.

나는 2021년 2월부터 라이브커머스 강의를 진행해 왔다. 강의 도중에 위와 같은 질문을 하면 보통은 선뜻 대답을 못 한다. 라이브셀러가 되고 싶다는 분들이 기본적인 플랫폼 분석이나 인기 라이브방송 벤치마킹조차 하지 않고 막연히 꿈만 꾸고 있는 것이다.

자, 생각해보자!

우리가 누룽지 하나를 판매하려면 경쟁사의 누룽지를 다 먹어보며 가격을 비교해보고, 어느 채널에서 판매되고 있는지, 누룽지에 들어가는 쌀은 어느 지역 쌀인지, 포장 상태와 라벨 디자인은 어떤지 등을 분석해서 우리만의 누룽지를 기획해야 한다. 경쟁사의 누룽지 모니터링이 없었다면 차별화된 누룽지가 나오지 못할 것이다.

라이브커머스도 마찬가지다! 먼저 라이브커머스 플랫폼들을 뒤져서 경쟁상품을 판매하는 채널을 찾아야 한다. 그리고 경쟁상품의 가격, 프로모션, 방송시간은 물론이고 상품세팅 방식, 쇼호스트의 의상, 더 나아가 상품을 보여줄 때의 핸들링과 상품을 돋보이게 해주는 소도구들까지도 눈여겨봐야 한다.

라이브커머스에서 팔로워와 스토어찜의 수는 그 채널의 재산이다. 그 수가 클수록 인기가 있고 매출이 크다는 것을 의미한다. 그러므로 우선 그런 채널부터 모니터링을 하는 것이 좋다. 이런 채널들은 고객들이 클릭해서 들어오게 만드는 썸네일과 타이틀 소개글까지 전문적으로 세팅하는 경우가 많기 때문이다. 그러므로 그런 부분을 체크해서 내 방송에 활용하는 것도 좋은 방법이다.

내가 누룽지를 팔고 있다고 해서 누룽지 업체들만 모니터링하면 안 된다. 눈에 불을 켜고 다양한 채널들을 돌아다녀야 한다. 고등어나 김치를 파는 채널에 들어가서 요리를 활용하는 모습이나 컬러감 좋은 그릇들을 눈에 담아두자! 식품에 국한된 모니터링을 할 필요도 없다. 이·미용, 생활가전 등등 다양한 모니터링을 하게 되면 방송할 때 훨씬 스토리가 많아질 수 있다.

◇ 모니터링 체크리스트

1. 가격 비교
2. 프로모션 비교
3. 방송 시간
4. 상품 스펙 비교
5. 상품 세팅 & 분위기
6. 쇼호스트 의상
7. 쇼호스트 멘트
8. 상품 핸들링 & 시연
9. 방송 진행 순서
10. 썸네일 & 방송타이틀

일단 흉내부터 내보자!

스피치 강의를 하면서 아나운서 지망생, 쇼호스트 지망생들을 여러 번 만났다. 그들은 오디션을 보기 위해 열심히 준비하고 있는, 어리지만 꿈이 있는 친구들이었다. 이들은 나에게 "어떻게 하면 아나운서가 될 수 있을까요?", "어떻게 하면 쇼호스트처럼 말을 잘 할 수 있을까요?"라고 묻곤 했다. 그럴 때마다 나는, "넌 지금부터 아나운서라고 생각해! 자세도 말투도 표정도, 평상시 행동도 아나운서처럼 정갈하게 해! 목소리는 단호하지만 따뜻함이 넘쳐나게!"라고 대답했다. 지금 그 질문을 다시 받는다 해도 내 답변은 똑같을 것이다.

나는 아나운서 아카데미를 다니지 않고 리포터가 됐다. 내가 그럴 수 있었던 비결도 바로 거기에 있었다. 평상시 뉴스를 보면서 아나운서를 따라 하는 게 나의 취미였던 것이다.

나는 쇼호스트가 되기 위해 쇼호스트 아카데미를 고급반으로 3개월 정도 다니고, 전문 게스트반을 1~2개월 정도 다녔다. 하지만 그건 홈쇼핑 라이브용이 아니라 오디션용이었다. 실제 방송이 아니라 오디션에 붙기 위한 여러 사항을 숙지하기 위해서였을 뿐이다.

그래서 나는 자신 있게 말할 수 있다. 나를 쇼호스트로 만들어준 것은 오직 하나뿐이었다고.

그것은 바로 모니터링! 즉 '무조건 따라하기'였다.

좋아하는 아나운서의 멘트를 녹음하고, 그걸 받아 적고, 받아 적은 멘트를 계속 연습해서 녹음했다. 그리고 녹음한 내용을 다시 듣고, 부족한 부분을 고친 다음 다시 녹음해서 들었다. 이것을 수없이 많이 반복했다.

이것은 목소리를 변화시킬 수 있는 가장 좋은 방법이다. 이런 식으로 집중해서 연습하면 확실히 목소리가 달라지고, 발음이 정확해진다.

라이브커머스 방송도 마찬가지다. 내가 좋아하고 닮고 싶은 셀러나 크리에이터 방송을 보면서 열심히 따라해야 한다. 그러다 보면 여러분만의 개성이 생겨날 것이다.

인간관계에서도 적당한 시기와 질투는 나를 성장시킬 수 있는 원

동력이 되어준다. 잘나가는 셀러, 인기있는 셀러, 좋아하는 셀러나 크리에이터를 정하라. 그리고 그 사람을 질투하고 부러워하라. 그러한 시기와 질투가 방송의 원동력이 되어줄 것이다.

　물론 단지 부러워하기만 하면 안 된다. 그 셀러의 모든 것을 따라 하라! 그 셀러에 빙의한 것처럼 일거수일투족을 모방하라! 말투와 행동, 판매방식과 상품세팅과 고객응대방식을 따라하라! 썸네일과 판넬과 타이틀을 따라하라!

　그렇게 하는 것이 자기 생각대로 '맨땅에 헤딩하듯이' 시행착오를 겪는 것보다 훨씬 낫다.

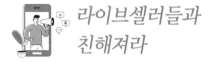

라이브셀러들과 친해져라

명함을 돌리듯이 부지런히 홍보하자

오프라인에서 처음 보는 사람들에게 나를 알리는 가장 쉬운 방법은 명함을 주는 것이다. 누구나 한 번쯤은 명함을 돌려봤을 것이다. 그렇다면 인스타나 페이스북, 블로그 등에서는 어떨까?

내 채널에 나의 프로필을 입력한 다음 비슷한 채널부터 팔로우하라. 관심 가는 사람이나 관심 가는 분야 종사자들을 팔로우하고, 좋아요를 누르고, 피드에 댓글을 달면서 친해져라. 내 지인들도 페이스북이나 인스타로 알게 되어 친구나 사업 파트너가 되는 경우가 드물지 않았다.

그렇다면 라이브커머스에서 나와 나의 상품을 알리려면 어떻게 해야 할까?

꾸준한 방송을 통해 새로운 고객을 끌어들이는 것은 기본이다. 여기서 한발짝 더 나가야 한다. 나와 비슷한 상품을 판매하는 채널이나 관심 가는 분야의 채널에 들어가 먼저 인사를 하고, 때로는 구매도 하면서 내 채널을 홍보해야 한다. 실제로 그립에서도 셀러들끼리 뭉쳐서 그룹을 형성하는 일이 많다. 서로 힘을 합쳐 상품과 채널을 홍보하고 팔로워도 늘리는 것이다.

셀러들은 경쟁자가 아니라 든든한 '빽'이다

방송을 하다 보면 고객들이 다 나가고 혼자서 방송을 끌고 가는 경우도 있다. 방송 중간에 하트가 보이지 않고 채팅이 없으면 내 채널을 보는 이가 아무도 없다고 생각해도 지나치지 않다. 같은 시간대에 많은 채널이 방송을 해서 고객이 분산되는 경우도 많다. 그러나 대부분의 고객은 '채널 유목민'이다. 이벤트를 진행하지 않으면 하나의 채널에 오래 머무르지 않는다.

그래서 처음 시작할 때는 나를 도와줄 지인이나 주변 셀러들의 도움이 필요하다. 지인보다 셀러의 도움을 얻으면 좋은 이유는 같은 상황을 이미 겪어봤기 때문이다. 브랜드가 많이 알려진 상품의 경우는 굳이 홍보를 따로 하지 않고 라이브 예고만 해도 된다. 고객들이 브랜드를 보고 알아서 찾아오기 때문이다. 하지만 생소한 상품이나 소수의 사람들에게만 관심 있는 상품의 경우, 고객 유입이 확실히 떨어진다.

나도 저당(低糖) 밥솥을 판매한 적이 있다. 특수한 밥솥이다 보니 가격이 비싼 편이었고, 혈당을 낮추거나 다이어트 하는 이들에게 좋은 상품이다 보니 타깃층이 그리 넓지 않았다. 방송을 하다 보니 채팅이 줄어들고 하트도 올라가지 않아서 방송을 그만해야 하나 싶었다. 그런데 그 순간, 같이 그리퍼로 활동하는 그리퍼 써나정(정선아)이 들어와 채팅을 남겨주었다. 덕분에 '멘붕(멘탈붕괴)'도 '마상(마음의 상처)'도 없이 방송을 마무리할 수 있었다.

방송을 처음 시작하면 이런 일이 종종 있을 것이다. 하지만 나와 비슷한 처지에 있는 셀러들을 많이 알면 안다면 서로를 위로하며 치유 받을 수 있다. 어떤 상황에서도 내 편이 되어주는 든든한 '빽'이 생긴 기분도 느낄 수 있다.

셀러들과 친해져야 하는 이유

셀러들과 친해지면 서로의 채널을 홍보해주고 상품 리뷰도 같이 해주면서 고객을 공유할 수 있다. 특히 처음에는 채널 홍보가 너무나도 중요하다. 따라서 되도록 많은 채널에 들어가서 인사도 하고, 상품도 사고, 방송 중에 후기도 남겨주면서 친해질 필요가 있다. 그립에서 셀러들이 뭉치는 이유도 바로 그 때문이다.

셀러들과 친해지면 팔로워 수도 늘어난다. 고객들에게 익숙함은 너무나 중요한 판매 포인트이기 때문이다. 다른 채널에서도 나의 채널 이름이 자주 노출되게 하는 것! 이것이 포인트다. 그러다 보면 자연스레 채널 홍보가 된다.

나도 그립이나 네이버 쇼핑라이브, 쿠팡에서 항상 "솜귤탱귤"로 채팅에 참여한다. 이유는 단 하나다. 솜귤탱귤을 알리는 것! 방송하는 셀러들이 솜귤탱귤을 언급하고 채팅을 읽어줄 때마다 그 효과는 엄청나다.

나는 평소에 그립에서 옷 쇼핑을 많이 한다. 이때 여러 채널에 들어가서 옷도 구매하고 상품 후기도 방송 중에 이야기한다. 솜귤탱귤 방송도 놀러 오시라며 메시지를 던지는 것이다. 이런 식으로 자연스럽게 상품을 노출할 경우, 내 상품에 관심이 있는 고객들은 십

중팔구 솜귤탱귤을 팔로우한다. 이렇게 팔로워를 늘리는 작업은 아직도 계속하고 있다.

맞팔에 인색하지 말자

가끔 다른 채널을 들어가면 맞팔(=맞팔로우 : 함께 팔로우하는 것)을 안 하는 셀러들이 많다. 하지만 나는 솜귤탱귤을 팔로우해 준 채널은 무조건 맞팔하려고 한다. 관심 분야 채널이든 아니든 상관없다. 맞팔을 하고 방송에 참여하다 보면 어느 순간 서로 힘이 되어주는 관계가 되어 있을 테니까.

행사 MC와 라이브커머스 진행으로 정신없이 바쁜 나날을 보내고 있는 "MC배"가 인스타에 찍힌 '팔로워 7,500명, 팔로잉7,500

명'을 캡처해서 피드에 올려주었다. 그 피드를 보면서 MC배의 인성도 좋아 보였다. 마음이 따뜻하고 뭔가 퍼줄 것 같은 느낌이랄까.

인스타처럼 그립도 '팔로워'와 '팔로잉'을 모두 검색할 수 있다. 셀러들에게 인기 있는 채널 검색도 가능하다. 고객들도, 셀러들도 모두 이를 검색할 수 있다. 이 점을 잘 활용해야 한다.

노출은 많이 될수록 좋다. 필자는 돈 들지 않는 일에 굳이 인색하지 않으려 한다. 주위 채널들을 무조건 경쟁자로 보지 말고 동반자로 보자. 그래야 그 채널도 나에 대해 좋은 이미지를 갖게 될 것이고, 그런 이미지가 그 채널의 고객들에게도 영향을 미치기 때문이다. 그러다 보면 어느새 그 채널의 고객들이 내 채널을 팔로우하는 고객이 되어 있을 것이다. 이렇게 나와 함께 성장하는 채널들이 많아지면 나에게도 분명 도움이 된다.

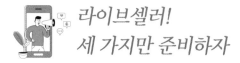

라이브셀러!
세 가지만 준비하자

방송이라는 두 글자를 부담스럽게 느끼는 사람들이 많다. 몇 년 전만 해도 방송이라고 하면 큰 카메라가 수십 대에, 천장에 조명을 주르륵 달아 놓고, 마이크까지 차고 북적거리며 하는 방송을 생각했기 때문이다. 솔직히 이런 방송은 방송 17년 차인 나조차도 부담스럽다.

하지만 라이브커머스는 그렇게 규모가 큰 방송이 아니다. 이 부분이 내가 라이브커머스를 하면서 가장 마음이 드는 부분이다. 여러분은 MD 눈치도, PD 눈치도 볼 필요가 없다. 내가 MD! 내가 PD! 내가 쇼호스트이기 때문이다. 심지어 스마트폰 성능이 너무 좋아져서 언제나 깔끔한 방송을 할 수 있고, 어플까지 다양해서 예쁘게 보정도 해주고, SNS를 통해 어디서든 방송을 할 수 있다.

누구나 라이브방송을 할 수 있는 최적화된 환경이 되어가고 있다고 해도 과언이 아닌 셈이다. 여러분은 정말 딱! 세 가지만 준비하면 된다!

> 첫째는 판매할 상품!
> 둘째는 스마트폰!
> 셋째는 판매하는 사람!

지하철에서 팔아도 되고, 시장에서 팔아도 되고, 집에서 팔아도 되고, 공원에서 팔아도 되고, 심지어 학교에서 팔아도 된다. 조명이 없어도 그 장소의 기본 조명만으로도 방송이 가능하다. 물론 조명이 있을 때보다 화면의 '때깔'은 죽겠지만.

그리고 요즘엔 누구나 스마트폰을 가지고 있다. 그러므로 앱만 연결하면 고객들을 만날 수 있다.

하지만 상품이 없다면 어떨까? 당연히 방송이 안 되겠지 싶겠지만, 필자가 활동하는 그립에서는 그것도 가능하다. 상품 없이 고객들과 소통 방송을 하며 팔로우를 쌓을 수 있는 것이다. 그리고 그 팔로우가 결국에는 내 채널의 매출과 연결이 된다.

하지만 상품이 있어야 셀러도 있는 법! 소통 방송 중에도 내 상품을 소개하는 센스를 잊지 말자.

라이브커머스의 기본은 라이브로 진행되는 고객과의 소통이다. 따라서 판매하는 사람, 즉 말하는 판매자가 없다면 고객은 흥미를 잃고 그 채널에서 나가버린다. 가끔 조건과 가격이 적힌 판넬과 상품만 진열해둔 채로 잔잔한 음악을 깔아놓고 방송하는 채널이 있다. 그러나 이런 경우는 많이 알려진 상품을 많이 할인해서 팔거나, 고객들이 너무 기다렸던 상품이 아니라면 팔로워를 늘리지도 못하고 매출도 올리기 힘들다.

소중한 내 상품, 언제 방송해야 좋을까?

방송 시간도 전략이다

상품이 아무리 좋아도, 브랜드가 아무리 유명해도 새벽 2시에 방송하면 판매하기 힘들다. 라이브방송은 판매도 중요하지만 홍보의 목적도 크다. 매출이 좋지 않아도 보는 사람이 많고 채팅 참여자가 많을 수 있기 때문이다. 이것은 상품과 채널에 대한 관심이 많다는 뜻이다.

식당을 운영하는 업체에게 황금시간은 11시~1시, 17시~20시일 것이다. 보통 3시~5시까지 브레이크 타임을 갖기도 한다. 홈쇼핑에서도 황금시간대가 존재한다. 그래서 시간대별로 방송 정액 비율이 다르고 매출 목표도 다르다. 보통 7시~11시, 21시~24시 정도가 가장 비싼 정액 비율을 갖고 있고 매출목표도 가장 높다.

아침 7시~11시는 아침을 먹고 남편을 출근시키고 아이들을 학교에 보낸 뒤 살짝 쉬는 타임이다. 21시~24시는 퇴근 후 쉬면서 텔레비전을 보는 '황금시간대'이다. 그래서 이때는 가장 좋은 조건의 프로모션을 준비하고, 구매가 활발히 이루어지는 상품 위주로 방송한다.

라이브커머스에도 황금시간대가 존재할까? 채널의 특성에 따라

차이가 있다. 홈쇼핑과 달리 아침 7시~11시에는 유입이 많지 않다. 그립의 경우 보통 저녁 8시부터 11시 사이에 가장 많은 채널이 열린다. 라이브커머스 중에서 가장 많은 유입을 자랑하는 네이버쇼핑 라이브의 경우 11시부터 9시까지, 비교적 폭넓은 시간대에 다양한 고객들이 유입되고 있다.

얼마 전에 현대홈쇼핑 라이브커머스를 낮 12시에 진행해보았다. 60분 방송에 유입만 1만이 넘고 매출도 2천만 원 넘게 올렸다. 상품력이 뒷받침된다면 이와 같이 다양한 시간대를 노려보는 것도 좋다. 모바일의 특성상 언제 어디서나 볼 수 있다는 강점이 있기 때문이다.

요일에 따라서도 다르다. 많은 업체들이 가장 피하는 요일이 금요일 4시~9시이다. 일주일의 피로도 풀고 불금을 즐기기 때문에 유입이 확실히 떨어진다. 토요일 낮이나 일요일 낮도 피하는 게 좋다. 날이 좋으면 밖으로 나들이를 많이 나가기 때문이다. 나들이 나가기 전인 오전 11시~13시에 방송하거나, 나들이를 하고 귀가한 다음인 오후 8시 이후에 방송하는 것이 좋다.

올림픽 같은 중요한 스포츠 경기나 인기 드라마가 방송되는 시간대, 트로트 방송을 비롯한 인기 예능이 방영되는 시간대도 피하는 게 좋다.

여러 시간대를 실험해보자

물론 방송 시간에 정답은 없다. 따라서 다양한 요일, 다양한 시간대에 다양한 프로모션으로 방송을 해보는 것도 방법이다.

네이버를 비롯해 라이브커머스 플랫폼에서는 내가 진행한 방송별로 분석자료를 제공한다. 어느 시간대에서 유입이 늘었는지 데이터 분석을 제공하는 것이다. 이 자료를 적극 활용해서 고객을 늘리고 매출을 늘려보자.

고정 프로그램으로 자리 잡고 싶다면 방송 채널이 많지 않은 요일과 시간대를 공략해서 내 방송이 상위에 뜰 수 있게 해서 유입을 늘리는 방법도 있다. 예를 들어 '매주 금요일 저녁 8시에 만나요'라는 이름의 금요기획코너를 매주 꾸준히 진행하는 것이다. 그러면 내 상품과 방송을 보러오는 고정고객들이 늘어날 것이다. 이러한 시도 후에는 반드시 요일과 시간, 유입 수, 매출에 대해 메모해두자.

우선 다양하게 시도해보고, 나에게 맞는 시간과 요일을 찾자. 내가 직접 체감해야 진짜 노하우가 된다. 다양한 시도를 통해 나만의 노하우를 늘려보자.

내 상품에 맞는 황금시간대를 찾아라

홈쇼핑의 경우 정액 비용이 가장 비싼 시간대에 매출이 가장 좋다. 실제로 프라임 시간대는 각 홈쇼핑사의 메인 고정프로그램이 꽉 잡고 있다. 롯데홈쇼핑 최유라쇼, 현대홈쇼핑 왕영은쇼, CJ온스타일 최화정쇼 등 유명한 연예인과 쇼호스트가 콜라보로 나오는 시간대! 이 시간대가 가장 잘나가는 시간대다.

홈쇼핑의 주 고객은 40~60대 주부들이다. 이들이 아침에 일어나서 뉴스나 아침드라마를 보는 07시~10시, 저녁 식사 후에 드라마나 예능을 보는 20시~23시에 홈쇼핑사의 메인 프로그램들이 방송

된다.

다시 한 번 시간대별로 살펴보자

커피 배달 주문의 경우 11시~14시, 17시~20시가 피크타임이다. 점심시간과 저녁시간 전후에 배달이 몰리는 것이다.

SNS에 콘텐츠를 업로드하기 가장 좋은 시간대는 평일 11시경이다. 직장인들이 점심 먹으러 가기 직전이기 때문이다. 유튜브에 동영상을 업로드하기 적당한 시간대는 오후 시간대라고 알려져 있다. 대부분의 사람들이 평일이나 주말 저녁에 마음 놓고 영상을 시청하기 때문이다.

그렇다면 라이브커머스에도 황금시간대가 존재할까?

존재한다. 방송 채널이 많이 열리는 때가 가장 황금 시간대다.

보통 11시~13시, 7시~10시 사이를 황금시간대로 본다. 직장에서 점심 먹으러 가기 전과 점심 먹은 직후, 퇴근하고 저녁 식사를 하는 시간이나, 혹은 그 후!

그래서 목, 금, 토요일 오후 12시에서 오후 5시 이전 사이에 라이브방송을 하는 것을 추천한다.

회사원뿐만 아니라 주부들의 입장도 고려해봐야 한다. 라이브커머스의 주 고객층은 30~40대 남녀이기 때문이다. 30~40대 주부들이 아이들을 유치원과 학교에 보내고 자신만의 시간을 가질 때, 혹은 저녁 식사를 마치고 아이들 케어가 끝난 후가 좋다.

그런데 잊지 말아야 할 것이 있다. 매출이 좋은 요일과 시간대가 모든 상품에 적용되지 않는다는 점이다. 따라서 내 상품에 꼭 맞는 시간대와 요일을 찾아야 한다.

배고픈 시간대에 생활용품이나 화장품 방송을 하면 고객을 유입시키기 힘들 것이다. 배고픈 시간대에는 식품이나 요리와 관련 있는 주방용품에 집중하자.

화장품 방송은 하루일과를 마친 후, 씻고 나서 편안할 때가 좋다. 아이들이 집에 없는 낮 1시~3시 사이도 좋다.

주방용품은 주부의 관심사이기에 11시~15시가 좋다. 가족의 건강을 지키는 건강식품도 7시~9시가 좋다.

다시 말하지만 정답은 없다. 꾸준히 시간대를 옮겨 보고 스스로 감을 잡는 수밖에.

백문이 불여일견:
보여주면 더 잘 팔린다

천 마디 말보다 한 장의 그림이 낫다

사람들의 뇌 속에 무언가를 빠르게 각인시키기 위해서는 청각이 아니라 시각을 공략하는 것이 좋다. 백문이 불여일견이라는 말도 있지 않은가?

성공적인 라이브방송을 위해서 이 사실을 꼭 기억하자.

더 잘 보이게! 더 임팩트 있게!

아무리 말을 잘해도 실제로 눈에 보이는 것이 있어야 한다. 그렇지 않으면 매출은 떨어지고 고객들의 신뢰도 얻을 수 없다.

나도 그런 경험이 많이 있다. 업체에서 사은품 샘플을 보내지 못해서 본상품만 가지고 프로모션을 강조할 때와, 사은품 샘플을 뜯어서 시연도 하고 직접 보여주면서 프로모션을 강조할 때는 차이가 크다. 고객들의 반응도 다르고 매출도 다르다. 실제로 사용하는 모습을 보여주는 것! 이것만큼 효과적인 방법이 없다. 고객들도 눈으로 직접 보고 싶어서 라이브쇼핑을 이용하는 게 아니겠는가?

라이브셀러는 고객이 올린 채팅밖에 볼 수 없다. 그러나 고객은 셀러의 말과 제스처, 행동과 몸짓과 태도와 눈빛까지 볼 수 있다. 스마트폰 카메라 안에서 벌어지는 모든 것을 '보고'있는 것이다.

이때 우리가 잊지 말아야 할 것이 있다. 방송을 시청하는 고객들의 상황이 매우 다양하다는 점이다.

고객들이 라이브커머스를 시청하는 상황은 각양각색이다. 전철 안일 수도 있고, 사무실일 수도 있고, 반신욕을 하면서 시청할 수도 있고, 산책하면서 시청할 수도 있다. 실제로 방송을 하다 보면 고객이 이어폰이 없어서 셀러의 말을 듣지 못하는 경우가 드물지 않다. 셀러의 말은 듣지 못하고 몸짓과 액션, 올라가는 채팅만 보는 것이다. 반대로 진행자의 목소리만 듣고 화면을 못(안) 보기도 한다. 목소리도 듣고 시청도 하지만 채팅은 못하는 경우도 있다.

이렇듯 다양한 상황이 존재하지만, 어떤 경우에도 듣는 것보다 보는 게 더 효과적이다. 물론 예외는 있다. 셀러의 목소리가 너무 좋아서, 입담이 너무 구수해서, 설명이 귀에 쏙쏙 들어와서 구입하는 경우도 많다.

그러나 실제 구매로 이어지는 것은 눈으로 직접 보았을 경우가 더 많다. 고객 입장에서는 상품의 퀄리티를 스스로 '확인'하는 것이기 때문이다. 설명이 아무리 좋아도 상품 그 자체는 아니니까.

눈과 귀를 동시에 만족시키자

물론 고객의 눈과 귀를 함께 만족시키는 게 최선이다.

홈쇼핑 채널이 시연에 집착하는 이유가 여기에 있다. 프라이팬을 방송할 때는 계란지단을 직접 부쳐서 눌어붙지 않는 모습을 눈으로 확인시켜주고, 청소기를 팔 때는 과자부스러기, 머리카락 등이 흡입되는 모습을 직접 보여준다. 갈치나 고등어 같은 식품을 보여줄 때도 생물과 요리의 모습을 보여주며 신선함을 강조한다. 건강기능식품의 경우는 시연이 힘들다. 건강기능식품을 먹자마자 개선되는 경우는 거의 없기 때문이다. 그래서 여러 가지 임상자료를 그래프로 만들어서 보여줌으로써 신뢰감을 주려 노력한다.

라이브커머스도 마찬가지다. 화장품 방송을 하면 손등이나 얼굴에 바르는 모습을 보여줘야 한다. 믹서기 방송을 하면 사과나 당근을 갈아서 보여줘야 한다. 간장 방송을 하면 그 간장으로 음식을 만들어서 보여줘야 한다. 그런 수고를 하지 않고 말로만 설명하는 채널과 셀러를 고객들은 신뢰하지 않는다.

내 상품과 비슷한 상품 방송을 보면서 모니터링을 많이 해보자. 그러다 보면 어떻게 해야 할지가 보일 것이다. 이런 부분은 책으로 설명할 수 없는 '노하우'이지만, 간단히 키워드만 정리하면 아래와 같다.

식품 - 원물/중량/크기/신선함/다양한 요리 시연/요리 활용 모습

주방 - 상품(안과 밖, 컬러감)/활용 모습

생활 - 상품/기능/특징

건강식품 - 상품/판넬로 기능, 특징, 니즈 강조

패션 - 상품/컬러/코디

이·미용 - 상품/텍스처(손등과 얼굴 시연)/판넬로 기능, 특징, 니즈 강조

가장 중요한 포인트에 집중하자

식품의 경우 어떤 것과 비교하면 더 크게, 더 많이 보일지 고민하면 좋다. 예를 들어 양념꼬막 300g 한 통을 만들기 위해서는 꼬막 원물 1.5kg이 필요하다. 이것을 아무리 말로 설명해줘도 고객들에게 와 닿지 않는다. 이럴 땐 꼬막 원물 1.5kg을 소쿠리에 담아서 보여주는 게 최고다.

과일의 경우에도 과육이 꽉 차 있는 모습을 보여주자. 감귤을 반으로 잘라서 보여주고, 사과를 반으로 갈라서 과육에 꿀이 차 있는 모습을 보여주자. 사과의 중량을 강조하기 위해 150g 사과와 300g 사과를 비교해서 보여주는 것도 좋다.

이렇게 상품의 특징을 라이브 중에 보여주면 고객들의 이해도를 높일 수 있다. 중요한 것은 가장 중요한 포인트를 시각적으로 보여주는 것이다. 예를 들어 사과의 색이 예쁘다거나 감귤의 껍질이 오돌토돌하다는 것을 굳이 보여줄 필요는 없다. 고객이 원하는 건 상큼하고 달콤한 과육과 신선도이기 때문이다. 이런 '포인트'가 무엇인지 정확히 파악해야 한다.

이러한 시연을 할 때는 미리 연습하는 것도 중요하다. 실제 방송에서 버벅거리는 모습을 보여주면 상품에 대한 신뢰가 확 떨어지기 때문이다. "예전에 다 해본 건데 뭐." "간단한 건데 굳이…"라고 생각하지 말고 방송 전에 반드시 연습해두자. 이런 작은 차이가 채널의 성패를 좌우한다.

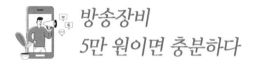

방송장비
5만 원이면 충분하다

라이브커머스도 장비빨!

장비도 실력이다! 라는 말이 있다.

청소도 장비빨, 운동도 장비빨, 살림도 장비빨, 고기 굽기도 장비빨, 캠핑도 장비빨, 심지어 육아도 장비빨!

장비빨이란 단어 자체가 실력보다는 외적으로 멋있어 보이고 싶을 때, 나에게 특별한 재주가 없지만 장비에 힘을 빌려 잘하고 싶을 때, 짧은 시간에 편하게 결과를 얻어 내고 싶을 때, 장비를 사용해서 목적을 이룬다는 뜻을 갖고 있다.

청소나 살림의 경우 물걸레 청소기나 식기세척기 등이 대세 아이템이다. 육아의 경우에도 7초 분유 제조기, 엄마 품을 대신해주는 바운서 등과 같은 장비들이 대세가 되고 있다. 장비로 아이를 기른다는 말이 있을 정도다.

등산, 골프, 테니스 등의 운동을 시작할 때 의상부터 운동장비까지 모두 구비하고 시작하는 사람들이 많다. 운동장비와 운동복을 갖춰 입으면 운동에 임하는 자세도 달라지기 때문이다.

그런데 이런 장비빨이 방송에서도 통할까?

결론부터 말하면 통한다. 하지만 처음부터 방송 장비에 욕심을 낼 필요는 없다. 왜냐하면 시작하는 시기가 중요하기 때문이다.

운동을 시작할 때 장비를 고르다가 운동이 늦어진 경험이 있을 것이다. 라이브방송도 마찬가지다. 방송 장비에 시간과 에너지를 쏟다가 방송을 시작하기도 전에 지쳐버리는 경우가 적지 않다. 게다가 장비의 홍수 시대가 아닌가? 가격과 성능과 구매조건까지 완벽하게 일치하는 장비를 찾다 보면 며칠은 순식간에 지나간다.

이래선 안 된다. 우리의 목표는 하루라도 빨리 라이브커머스를 시작하는 것이다. 라이브방송을 위한 준비물은 다음의 다섯 가지로 충분하다.

첫째! 상품
둘째! 스마트폰
셋째! 삼각대
넷째! 조명
다섯째! 마이크

첫 번째와 두 번째는 당연히 준비되어 있을 것이다. 남은 것은 삼각대, 조명, 마이크뿐! 이 세 가지도 얼마든지 쉽고 빠르고 저렴하게 구입할 수 있다.

삼각대는 무조건 필요하다

스마트폰을 거치하기 위해서도, 조명을 거치하기 위해서도 삼각대는 꼭 필요하다.

삼각대의 종류는 크게 다음과 같다.

삼각대(탁상용/스탠드형/셀카용/미니)

기본형 삼각대. 너무 저렴한 제품은 피하는 게 좋지만 값비싼 제품도 필요 없다.

수직 촬영 거치대(탁상용/스탠드형)

제품 언박싱, 요리 등을 촬영할 때 쓴다. 상품의 바로 위에서 촬영할 수 있다.

코끼리 거치대(탁상용/스탠드형)

높이 조절이 자유롭다. 관절이 자유롭게 움직인다.

#유튜브촬영장비 #촬영장비 #촬영거치대 #촬영삼각대 등의 키워드로 검색해보자.

방송의 분위기를 결정하는 조명의 힘

조명은 방송의 완성도와 상품의 분위기를 결정하는 데에 큰 역할을 한다.

조명은 그늘진 얼굴을 밝고 부드러운 얼굴로 바꿔준다. 부드럽고 신뢰감을 주는 얼굴로 바꿔주는 것이다. 또한 진행자와 게스트의 피부톤과 촬영장 분위기를 전반적으로 좌우한다. 그러므로 조명은 꼭 하는 게 좋다.

보통 조명의 경우 화이트톤(제품 촬영), 화이트웜톤(인물 촬영), 웜톤(따뜻한 분위기)의 3가지 종류가 있다. 물론 상당수의 제품이 이 세 가지를 모두 표현할 수 있으며, 빛의 색과 양을 미세하게 조절할 수 있는 조명도 있다.

주로 LED 링라이트, 라이트탭, 소프트박스형 조명이 대부분이다. 나도 처음에는 삼각대와 링라이트 정도만으로 시작했다. 당시에는 링라이트와 삼각대의 가격이 10만 원 남짓이었으나, 지금은 가격이 많이 내려간 상태다. LED 링라이트와 삼각대를 합쳐서 3만 원 이하로 충분히 구입할 수 있다. 제품의 성능도 떨어지지 않는다.

요즘에는 조명과 스마트폰을 동시에 컨트롤할 수 있는 삼각대도 있다. 조명을 삼각대에 거치할 수 있는 어댑터도 있기 때문에 굳이 별도의 조명 거치대를 사지 않아도 된다. 바퀴가 달린 이동형 스탠드도 저렴하게 구입할 수 있다. 혼자서 방송하기 위한 환경이 많이 좋아진 셈이다.

일단 10만 원 이내의 금액으로 방송 장비를 준비하자. 특수한 상품이 아니라면 전문적인 장비는 필요 없다. 적어도 초기에는 그렇다. 고가의 장비는 방송을 여러 번 해보고 구입해도 절대 늦지 않다. 방송 후에 지인이나 동료 셀러들, 고객들의 피드백을 받아서 하나씩 고쳐나가자.

조명은 #유튜브촬영조명 #촬영조명 #링라이트 등으로 검색하면 된다.

만 원짜리 핀마이크면 OK!

마이크는 목소리가 작거나 음식 방송을 진행할 때, 또는 현장 소음이 많은 경우에 효과적이다.

최근에는 스마트폰 마이크 성능이 좋기 때문에 마이크 없이 방송을 진행할 수도 있다. 그러나 역시 마이크가 있는 편이 좋다. 목소리가 작거나 웅웅거리는 방송을 끝까지 봐주는 고객은 많지 않기 때문이다. ASMR라는 말이 있을 정도로 사람들은 소리에 민감하니까.

특히 음식 방송을 할 때는 지글거리는 소리가 마이크를 통해 생생하게 전달되는 것이 필수적이다.

대형마트의 가전코너에 가면 가슴에 달 수 있는 마이크를 쉽게 구할 수 있다. 물론 온라인에도 수많은 마이크들이 있다. 가격대와 기능의 다양함은 상상을 초월할 정도다. 판매지수가 높고 상품평이 많은 마이크를 사면 실패할 가능성이 거의 없다. IT기술의 발달로 대부분의 장비들이 상향평준화되었기 때문이다. 내 경험상 1만 원 이하의 핀마이크도 아무 문제없이 사용할 수 있었다.

배경과 테이블

지금까지 라이브방송을 위한 기본 장비들에 대해 알아보았다. 그 밖에 배경천과 테이블도 필요하다. 고객들은 촬영장의 배경이나 테이블 위의 상품 세팅에도 관심을 가지기 때문이다.

촬영시의 배경은 흰색 벽이 가장 무난하다. 뒤에 아무것도 없으니까 진행자와 상품에 집중할 수 있기 때문이다. 하지만 방송을 오래 하다 보면 고객도 셀러도 흰색 벽에 싫증이 날 수 있다.

그럴 때는 우드 컬러나 화이트 컬러의 책장을 활용해보자. 배경지 또는 배경 천을 활용해서 다양한 색감을 주는 것도 좋다. 촬영 분위기가 확 바뀌기 때문이다. 제품 로고나 채널 이름, 셀러의 캐리커쳐나 제품 이미지를 현수막에 프린트해서 벽에 거는 것도 좋다.

테이블 세팅의 경우도 방대하기 때문에 찾다가 시간을 다 보낼 위험이 있다. 그러므로 최대한 심플하고 저렴한 제품으로 선택하도록 하자. '촬영 소품'으로 검색하면 조화부터 테이블 매트, 디스플레이 박스까지 다양하게 선택할 수 있다.

#촬영소품 #인테리어소품 #배경지 #배경천 #디스플레이박스 등으로 검색해보자.

스튜디오, 있으면 좋지만
없어도 상관없다

스튜디오는 일단 패스~

라이브방송, 스튜디오가 있어야 가능한가요?

누가 물어본다면 내 대답은 "NO"이다.

조명과 카메라가 딸린 분위기 좋은 스튜디오를 빌리기 위해서는 시간당 15만 원 이상이 필요하다. 한 시간 방송에 어느 정도 매출이 나올지도 모르는 상황에서 스튜디오 렌탈료까지 지불한다? 현명한 판단이라고 보기 어렵다. 또한 스튜디오를 빌리면 상품부터 부수적인 장비와 시연 도구들까지 방송할 때마다 함께 움직여야 한다. 이렇게 많은 장비와 소품을 옮기고 세팅하다보면 방송을 시작하기도 전에 지칠 수밖에 없다.

그래서 나는 개인 셀러에게 스튜디오를 추천하지 않는다. 하지만 특집이나 특별한 프로모션이 있을 경우에는 투자를 하는 것도 나쁘지 않다.

스튜디오는 채널의 성격과 상품, 그날의 콘셉트에 따라 달라진다. 그렇게 콘셉트에 따라 달라지는 스튜디오를 섭외하는 것도 보통 일이 아니다. 그래서 나는 90% 이상의 방송을 우리 집 거실에서 촬영한다.

언제 어디서든 가능한 라이브방송!

스튜디오가 아니라도 언제 어디서든 할 수 있다. 그러나 라이브 방송도 엄연한 방송이다. 고객과 셀러와 상품이 만나는 신성한(?) 장소이기도 하다. 따라서 성의 있게 세팅하고 깔끔하게 정돈하는 게 좋다.

스튜디오 없이 방송하는 꿀팁

첫째, 배경에 신경 쓰자

상품에 집중이 가장 잘되는 배경은 깔끔한 화이트 벽면이나 아이보리 컬러 벽지다. 만약 화이트 벽면이 없다면 온라인에서 배경 시트지나 배경 천을 구매하는 것도 방법이다. 요즘은 배경 시트지도 다양한 컬러들이 많이 나와 있다. 이것저것 사서 분의기를 바꿔보는 것도 좋지만, 일단은 간소하게 한두 가지 컬러로 시작하자.

화이트나 아이보리 컬러가 밋밋하다고 느껴질 경우, 배경에 책꽂이를 놓아서 상품 DP 장소로 활용하는 것도 좋은 방법이다. 따뜻한 분위기를 위해 화병을 두거나 인형을 두는 것도 좋다.

　내 브랜드를 방송 중에 계속 노출하고 싶다면 로고를 박은 현수막이나 시트지를 제작해 걸어두는 것도 좋은 방법이다.

　패션의 경우 자신의 매장에서 방송하는 경우가 많고, 날씬해 보이는 모습을 보여주기 위해서 전신이 나오는 날씬 거울을 준비하는 경우도 많다.

　둘째, 진열과 세팅은 상품에 따라 다르게

　식품의 경우, 주방을 배경으로 아일랜드 식탁에서 하거나 거실 탁자를 활용하거나 가족들이 식사하는 식탁에서 방송하는 것도 좋은 방법이다. 예를 들어 '동태탕 밀키트'를 판매할 경우, 해산물은 미리 씻어 두고 인덕션이나 미니 가스레인지를 준비해서 직접 요리를 하면서 방송하면 더 효과적이다. 요리할 때 쓸 국자와 집게, 시식할 때 쓸 접시, 숟가락, 젓가락 등을 미리 세팅해놓자.

변기 클리너는 변기가 세척되는 모습을 보여줘야 한다. 그러므로 1시간 내내 화장실에서 방송을 진행한다. 친환경 수세미 방송은 부엌에서 촬영한다. 상품을 활용해서 주방에서 설거지하는 모습을 보여주어야 하기 때문이다. 귀찮다고 생각하지 말고 그 상품을 직접 사용하는 모습을 보여주자. 그래야 고객들의 마음을 움직일 수 있다.

방송할 때 시연이 많이 필요한 제품은 쇼호스트가 계속 움직이다 보니 테이블에 진열하기 힘든 경우도 있다. 그럴 때는 상품이나 케이스를 손에 들고 카메라에 계속 노출시키는 방법도 있다.

액세서리나 잡화의 경우 제품의 디자인과 컬러에 따라 테이블에 진열한다. 작은 제품은 고객들이 한눈에 볼 수 있게 진열해야 한다.

코끼리 옷걸이나 다양한 행거를 활용하는 것도 방법이다.

패션의 경우 행거에 그날 팔 옷을 진열한 다음 하나씩 보여주면서 방송한다. 고객들이 원하는 옷을 이야기하면 그때그때 꺼내서 보여주는 것도 좋다.

셋째, 테이블은 무조건 필요하다

상품을 진열하거나 시연할 공간이 필요하다. 작은 테이블이든 큰 테이블이든 상관없다.

테이블은 지저분한 부분을 가려주는 용도로도 쓰일 수 있다. 테이블을 활용하면 확실히 고객들이 상품에 더 집중할 수 있고, 방송 세팅이 단정해질 수 있다.

화장실에서 상품 시연을 하는 경우도 판매 상품이나 포장 상태를 보여줄 테이블은 필요하다. 이동성이 좋고 너무 크지 않은 테이블로 준비해보자.

넷째, 조명을 준비하자!

조명은 방송하는 사람의 외모뿐만 아니라 상품도 돋보이게 해준다. 방송을 해보면 조명이 생각보다 중요하다는 사실을 금세 알게 된다.

너무 어두운 상태에서 방송을 하면 상품도 잘 보이지 않고, 그 채널의 신뢰도마저 떨어질 수 있다. 조명을 환하게 비춰서 판매자와 상품의 신뢰도도 높이고, 고객들도 좀 더 편안하게 방송을 볼 수 있도록 신경 써야 한다.

특히 이·미용 상품은 더더욱 신경을 써야 한다. 은은한 조명과 아이보리색 배경을 세팅한 다음 판매자의 얼굴을 중심으로 방송하는 것이 좋다. 고객들이 판매자의 피부와 사용감을 더 잘 볼 수 있기 때문이다. 이런 세팅을 하지 않았을 때보다 매출이 좋은 것은 물론이다.

앞에서도 말했듯이 처음부터 비싼 조명을 구입할 필요는 없다. 찾아보면 몇만 원짜리 알짜상품도 많다. 방송할 때는 집안의 조명을 모두 켠 다음 조명기기를 사용하자. 방송이 끝난 후에 모니터링을 해서 조명 상태를 체크한 뒤, 부족한 부분을 하나씩 고쳐나가면 된다.

	배경 (배경천/시트지/현수막/ 촬영용 배경스크린 등)	DP(진열)	조명
식품/건식	흰색 또는 아이보리색 추천	테이블	링 라이트 LED 라이트 소프트 박스 라이트
이·미용	흰색 또는 아이보리색 추천		
패션/잡화	오프라인 매장 (의류의 경우 매직거울 비치)	행거 & 테이블	
생활/주방	실제 주방 또는 가정 내부	테이블	

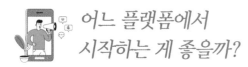

어느 플랫폼에서 시작하는 게 좋을까?

그립(Grip)에서 시작하세요

라이브커머스 강의 후에 다양한 질문을 받곤 한다. 그중에서 가장 많이 받는 질문은 "쉽게 접근할 수 있는 방송 채널이 어디냐?"라는 것이다. 이런 질문을 받을 때마다 나는 "그립에서 시작하세요."라고 대답한다.

방송을 처음 해보는 분들, 매출을 신경 쓰지 않고 일단 고객 반응을 보고 싶은 분들에게 대한민국 라이브커머스의 개척자, 그립을 추천한다.

그립(Grip)은 국내 최초 모바일 라이브커머스 플랫폼이다. 2018년 8월에 설립된 이후 2년 만에 거래액이 30배로 성장했다. 한 달에 30만 명이 방문하고 하루 평균 800~900개의 라이브 방송이 열린다. 지금도 이 기록들은 계속해서 갱신되고 있다.

그립은 우리나라 최초로 세로 화면으로 영상을 보면서 쇼핑할 수 있는 모바일 라이브커머스였다. 방송 중에 게임으로 재미있게 판매를 할 수 있는 유일한 플랫폼이기도 하다.

그립은 진입장벽이 낮다. 스마트폰에 그립 앱을 깔고 입점 신청을 하면 며칠 뒤에 승인 메시지가 뜬다. 매출 금액에 상관없이 적당한 조건만 유지가 되면 그때부터 방송을 시작할 수 있다.

그립을 추천하는 첫 번째 이유는 접근성이다.

네이버, 카카오, 쿠팡이 브랜드 중심이라면 그립은 방송자와 채널 중심의 플랫폼이다. 그래서 누구나, 재미있게 방송할 수 있다.

판매 매출에 대한 커트라인이 없고 승인만 떨어지면 방송을 켤 수 있다. 방송 장소에 대한 제한도 없어 어디서든 방송을 할 수 있다.

둘째, 날짜와 시간에 제약이 없다.

셀러(Seller)는 제약 없이 하루에 여러 번 방송을 켤 수 있고, 방송 시간도 내가 원하는 시간에 할 수 있다. 단, 그리퍼(Griper)는 하루에 한 번만 방송이 가능하다.

셋째, 방송 진행자 이미지 필터 기능이 최고다!

이미지 필터링이 그 어떤 라이브커머스 앱보다 뛰어나다. 그립은 SNOW, BAND, 카카오스토리에 몸담고 있던 개발자들이 나와서 만든 플랫폼이다. 그래서 라이브셀러나 방송 진행자의 모습이 잘 보이도록 하는 데 탁월하다. 네이버나 쿠팡의 라이브쇼핑 앱은 그립의 여러 기능들을 벤치마킹했다고 생각해도 된다.

넷째, 방송 중 다양한 게임 이벤트가 존재해서 지루하지 않다.

방송 도중에 구매자나 팔로워를 위한 이벤트를 할 수 있다. 여러

명의 지원자 중에 한 명을 뽑는 추첨 게임, 0에서 1000까지 주사위를 돌려서 가장 높은 숫자가 나온 지원자를 뽑는 주사위 게임, 가장 먼저 클릭을 누르는 사람이 당첨되는 선착순 게임, 경매 게임, 초성 게임 등 고객들과 진행자가 지루할 틈 없이 다양한 게임들을 할 수 있다.

이런 게임을 통해서 고객과 셀러가 더욱 친해질 수 있고, 이는 매출 향상에도 도움이 된다.

다섯째, 충성 고객이 만들어진다.

그립은 소통이 첫 번째인 채널이다. 그러다 보니 고객들의 닉네임과 채팅을 언급하면서 팔로워를 늘릴 수 있다. 나를 팔로우한 고객들에겐 방송 때마다 알림이 간다. 그러다 보면 고정적으로 내 채널을 찾는 고객들이 생긴다.

특정 상품을 좋아해서 그 방송을 할 때마다 들어오는 고객도 있고, 상품이 아니라 내 채널이 좋아서 들어오는 고객들도 생긴다. 그러다 보면 자연스럽게 고객과 친해지고 소통이 더욱 깊어진다. 셀러는 얼굴을 모르는 고객들에게 친밀감이 생기고, 고객들은 그런 셀러를 더욱 신뢰하게 된다.

그뿐이 아니다. 다른 플랫폼에서 방송할 때도 그립 고객들이 우르르 들어와서 분위기를 띄워주는 경우도 종종 있다. 그런 고객들은 나와 내 상품, 그리고 내 채널을 좋아해 주시는 고마운 분들이다.

때로는 방송에 대한 구성과 가격도 체크해주고, 내가 채팅을 못 읽고 지나칠 때면 대신 답변도 해준다. 거기다 상품에 대한 특장점도 같이 소구해주면서 방송이 더 자연스럽게 흘러갈 수 있도록 도와준다.

실제로 내 채널에서 매니저를 해주시는 "아딸아" 님, "궁금하면 오백억" 님을 비롯해서 "세인킴" 님, "환민맘" 님, "nicesun" 님, "미란블리" 님, "꾹우민" 님, "슈팅스타" 님, "잔가지" 님, "규리지완맘" 님, "용욱" 님 등등 너무 많은 고객 분들이 구매를 하지 않더라도 응원을 하러 와주신다.

그립을 통해서 친해진 고객분들은 나에겐 가족과도 같다. 우리는 이런 고객들에게 고마운 마음을 갖고 진심을 다해야 한다.

오늘도 다양한 채널에서 방송이 열린다. 방송 경험이 있는 전문가도 많지만, 방송을 처음 해보는 셀러들도 굉장히 많다.

방송을 처음 하면 부끄럽고 어려움도 많은 법이다. 하지만 찬찬히 살펴보면 상품에 대한 자신감 하나로 방송을 시작하는 분들이 꽤 많다. 그런 분들의 방송을 모니터링하자. 닮고 싶은 부분은 닮고 나에게 맞지 않는 부분은 버리자. 말하는 스타일이나 의상, 메이크업 등도 차근차근 고쳐나가자.

라이브방송을 망설일 필요도, 이유도 없다. 30분도 좋고 1시간도 좋으니 일단 시작하자!

네이버와 그립이 답이다

지금까지 나와 있는 플랫폼 중에서 소상공인이 방송하기 가장 좋은 채널은 네이버와 그립이라고 생각한다. 하지만 이 책이 출간된

시점에는 또 다른 플랫폼이 나와 있을 것이고, 그 후로도 더 늘어날 것이다.

혼자 방송하기 좋은 플랫폼, 고객과 소통하면서 내 상품과 내 채널을 알릴 수 있는 가장 편한 플랫폼이 바로 네이버와 그립이다. 네이버와 그립은 소상공인을 두 팔 벌려 환영한다.

네이버 쇼핑라이브도 이제는 새싹 등급부터 방송할 수 있게 되었다. 방송 스타일의 경우 혼자보다 둘이 진행하는 경우가 많고, 예능처럼 버라이어티하게 진행되는 경우도 많이 있다.

네이버 쇼핑라이브는 고객이 많다. 방송에 유입되는 고객이 타 플랫폼에 비해 많다. 상품과 채널의 홍보를 원한다면 네이버만큼 좋은 플랫폼도 없다. 참고로 월 200만 원 이상의 매출액과 100건 이상의 주문 건수를 충족하면 매월 2일에 자동으로 등급이 올라간다.

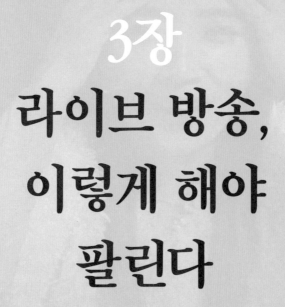

3장
라이브 방송, 이렇게 해야 팔린다

하이라이트 보기   하이라이트 수정

어서오세요👻반갑습니다👻
王술炎Forty_아 딸 아 라쿠니님..ㅋㅋ
王술炎Forty_아 딸 아 네~ㅋㅋㅋ..임인년이요
무화과 타르티네 안녕하세요 솜귤님~~새해 복 많이 받으세요💕
v유터네 라쿠니v 아딸아님~
❀솜귤탱귤 ❀팔로우 ❀감사합니다 🤍
2022.1.8 20시 4000팔로우이벤트 선물...   더보기

STORE

1   2   2012

이제 라이브방송을 시작할 때가 왔다.
라이브방송을 해보기 전에 이 책을 읽어보고, 직접 해본 다음 다시 이 책을 읽어보자.
그러면 같은 단어, 같은 문장이라도 완전히 새롭게 다가올 것이다.
직접 해봐야 알 수 있고, 알아야 보이기 때문이다.

아무리 운전을 잘하는 사람에게도 초보운전 시절이 있었다.
한 번 방송 때마다 수십, 수백만 원씩 판매하는 유명 셀러들도 첫 방송부터 잘한
경우는 거의 없다.
방송을 못 해도 좋다. 못 팔아도 좋다. 하다 보면 늘게 되어 있으니까.
중요한 건 좌절하지 않고 계속하는 것이다.
방송을 하다 보면 어느 순간 내가 성장했다는 것을 느낄 것이다.
그러면 팔로워 수도, 매출도 자연스럽게 성장하게 된다.
그러니 조급해하지 말고 다른 라이브방송들을 열심히 모니터링하자.

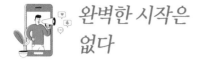

완벽한 시작은 없다

모든 시작엔 두려움이 따른다. 학창 시절, 학년이 바뀔 때마다 '무서운 선생님이 담임이 되면 어쩌지?', '반 친구들과는 잘 어울릴 수 있을까?', '공부는 잘 쫓아갈 수 있을까?' 등등의 고민을 하지 않았던가? 회사에 입사했을 때도 고민은 계속되었다. 소개팅을 나갈 때도, 연애를 시작할 때도 마찬가지였다. 걱정과 두려움은 늘 우리와 함께였다.

누구나 시작은 두렵다. 나도 마찬가지였다. 가족들을 비롯해서 주변 지인들까지, 아무도 내가 방송을 할 거라고는 생각하지 못했다. 심지어 나조차도!

결혼 전에는 공연 기획자로 이벤트 기획사에서 일했다. 결혼하고 아이를 낳은 후에 소소한 용돈 벌이를 위해 드림씨티방송(지역 케이블)에서 주부 리포터로 방송을 시작한 것이 지금의 나를 만들었다. 이후 "GS홈쇼핑 똑소리 살림법" 1기에 합격했고, 평범한 아줌마였던 나는 상품과 살림에 대해서만큼은 똑소리 나는 주부 게스트로 활동했다.

그 후 NS홈쇼핑에서 식품 전문 게스트로 활동하면서 생활과 주방 쪽 상품을 맡아 홈쇼핑 방송을 진행하는 전문 게스트가 되었다. 좀 더 전문적인 쇼호스트가 되기 위해 계속 오디션을 보았다. 오디션에 떨어지고 좌절하다가 다시 공부해서 오디션을 보고, 이것을 반복하다가 마침내 서른일곱에 SK B쇼핑(지금은 SK Stoa) 개국 멤버가 되면서 쇼호스트로서의 삶을 시작했다.

아직도 첫 번째 방송이 어제 일처럼 생생하다. 기존의 TV홈쇼핑이 라이브였다면 SK B쇼핑은 녹화 방송을 하는 홈쇼핑 채널이었다. 그때만 해도 스튜디오가 제대로 갖춰지지 않아 서강대학교 안에 있는 작은 스튜디오에서 촬영을 진행했다.

대망의 나의 첫 방송 상품은 바로 리빙박스!

처음 스타트한 날이라 앞 녹화가 생각보다 길어지면서 오후 5시로 예정됐던 방송이 자정이 다 되어서야 시작됐다. 쇼호스트 초짜인 내가 대선배와 함께 호흡을 맞춰야 하는 상황이었는데, 녹화 시간이 딜레이 되면서 나의 긴장감은 점점 더 커져만 갔다. 방송을 위해 상품을 분석하고 셀링 포인트를 찾고 경쟁사 방송 모니터링에 방송 상품 모니터링까지 해야 했다. 쇼호스트로서의 첫 방송이다 보니 상품에 대한 준비만 일주일을 넘게 한 같다. 숱한 방송 경험이 있었는데도 긴장한 탓에 오프닝부터 더듬고 시연 실수를 연발했다. 스텝들과 선배에게 미안한 마음이 가득했다.

녹화는 새벽 3시 30분쯤 끝났고 집으로 돌아오는 길에 차 안에서 펑펑 울었던 기억이 난다. 쇼호스트로서의 첫 번째 방송인데다 잘 해야 한다는 부담감에 두려움까지 더해졌고, 그러다 보니 나도 모르게 눈물이 터졌던 것이다.

고객과 소통으로 두려움을 즐기자!

홈쇼핑 방송은 혼자하는 방송이 아니다보니 주변에 신경을 쓸 수밖에 없었다. 특히나 경력이 오래된 선배 메인 쇼호스트와 함께 방송을 할 때는 눈치를 보지 않을 수 없었다. (내가 예민한 편이라서 더 그랬다.) 또한 PD와 MD의 평가에도 예민하게 신경 쓸 수 밖에 없었다. 홈쇼핑은 항상 실적과 연결되기 때문이다.

말을 더듬거나 가격구성 판넬을 비뚤게 들었을 때, 치즈 돈가스 방송을 할 때 치즈가 쭉 늘어지게 못했을 때, 그밖에 핸들링 실수를 할 때마다 녹화가 중지되었다. 그럴 때마다 선배의 따가운 시선을 받아야 했다. 넘겨준 멘트 이외에 다른 멘트를 하면 "방송에 자질이 없다!", "방송 공부는 했냐?"라고 대놓고 질책하는 선배도 있었다.

오프닝이 길면 너무 길다고 줄이라는 선배, 멘트가 겹치면 겹친다고 혼내는 선배… 별별 눈치를 다 봐야 했다. 그래서 선배 쇼호스트와 같이 방송을 할 때면 언제 치고 들어가야 할지, 던져주는 멘트만 받아쳐야 할지 항상 고민이었다. 간혹 멘트를 더듬거나 시연을 놓치면 기가 죽었고, 또다시 선배들의 눈치 보았고, 방송이 끝나면 고개를 떨군 채 PD, MD와 사후 미팅을 진행했었다. 늘 살얼음판을 걷는 기분이었다.

그래서 나의 공부량은 많을 수밖에 없었다. 상품 분석을 시작으로 머릿속으로 방송 시뮬레이션을 계속 그려보고 오프닝 준비만 수십 번씩 연습하고 준비했다.

예전에는 선배 쇼호스트가 어떤 오프닝을 할지 몰랐다. 그래서 오프닝이 길 경우, 멘트가 겹칠 경우 내가 멘트를 바꿔야 했다. 그래서 30초 정도 오프닝, 15초 정도 오프닝 두 개씩은 무조건 준비했고, 구성 오프닝, 가격 푸시 오프닝, 니즈 오프닝 등등 다양한 버전을 준비해갔다. 두려움을 이기기 위해 내가 택한 방법은 연습과 준비였던 것이다.

이러한 과정을 통해 두려움을 즐기는 방법과 자존심을 내려놓고 나의 부족함을 있는 그대로 받아들이고 노력하는 방법을 배웠다. 돌이켜보면 두려움이 있었기에 더 열심히 공부하고 노력했던 것 같다.

두려움 속에서 살아남기

라이브커머스 방송을 시작하는 데에도 여러 가지 두려움이 있을 것이다.

카메라는 잘 컨트롤할 수 있을지, 외모는 괜찮을지, 내 나이는 많지 않은지, 스토어 네임은 어떻게 할지, 어디서 촬영해야 할지, 고가의 방송 장비를 사야 할지, 방송을 하기 위해 스피치 학원을 다녀야 할지, 힘들여 준비한 방송에서 매출이 안 나오면 어쩌지 등등.

하지만 이 모든 걱정은 잠시 접어두자.

나도 마흔넷 아줌마였을 때, 방송 장비에 10만 원도 투자하지 않고 집에서 방송을 시작했다. 여러분도 할 수 있다. 내가 이 일을 처음 시작할 때는 판매할 상품조차 없었다. 그립에서 상품을 매칭해준 덕분에 시작할 수 있었다.

하지만 여러분에게는 '나만의 상품, 내가 팔 상품'이 존재한다. 없는 경우에는 지인찬스나 도매사이트 등을 이용하면 된다. 제조업체에 직접 찾아가서 소싱하고 사업자등록증을 낸 후, 네이버스토어에 입점해서 새싹등급까지 끌어올리는 방법도 있다. 그렇게 하면 직접 채널을 갖고 방송을 진행할 수 있다.

그러나 개인 셀러가 제조업체로부터 직접 물건을 받는 것이 생각보다 쉽지 않다. 개인 셀러가 판매할 수 있는 물량에는 한계가 있는데다 신뢰가 없기 때문이다. 물건을 받아도 가격이나 마진율의 문제가 남아 있다. 재고나 CS(고객서비스) 문제는 차치하고서라도 말이다. 이런 부분에 대해 깊이 있게 다루려면 책 한 권으로도 모자랄 것이다. 그래서 이 책에서는 상품 소싱에 대해서는 구체적으로 다루지 않는다.

상품이 없는데 라이브커머스 방송을 하고 싶다면 쇼호스트 학원을 다니거나 에이전시에 들어가는 것도 좋다. 인맥이나 검색을 통해 라이브커머스 쇼호스트를 뽑는 곳에 지원하는 것도 방법이 될 수 있다.

말솜씨보다
중요한 세 가지

초보 라이브셀러들은 '내가 많이 팔 수 있을까?' 보다 '내가 말을 잘 할 수 있을까?'를 더 많이 걱정한다. "어버버하면 어떡하지?", "말실수하면 어떡하지?"처럼.

미소를 지으며 때론 열정적으로, 때론 진지하게 라이브방송을 진행하는 선배 라이브셀러들을 보면 주눅이 들기도 한다.

그런데, 말을 꼭 잘해야 할까?

말을 잘한다고 해서 잘 팔 수 있는 건 아니다. 물론 청산유수와 같은 언변이 나쁠 건 없다. 그러나 그보다 훨씬 더 중요한 것들이 있다. 그것을 아래와 같이 세 가지로 정리해 보았다. 이 세 가지를 지킨다면 말도 훨씬 잘 하게 될 것이다.

첫째, 상품에 대해 공부하라

쇼호스트들은 쇼호스트가 되기 위해 적게는 1년, 많게는 5년까지 준비한다. 하루에도 두세 가지가 넘는 상품을 분석하고, 멘트를 짜고, 거의 모든 카테고리들을 다방면으로 공부한다. 쇼호스트 오디션을 볼 때 어떤 상품이 미션으로 던져져도 맛깔나게 팔기 위해서이다. 이것을 위해 열심히 공부하고 또 연습한다.

우리 라이브셀러들은 이렇게까지 할 필요는 없다. 내가 만들거나 전문적으로 판매하는 상품들만 잘 알아도 되기 때문이다. 상품에 대한 애정과 힘들게 만들어온 스토리, 기존에 그 상품을 경험해 본 고객들의 이야기를 스토리텔링으로 녹여내서 고객들과 소통하면 된다. 상품에 대한 설명을 맛깔스럽게 하는 방법은 5장에서 자세히 다룰 것이다.

"저는 말이 느려요.", "저는 사투리를 써요.", "저는 이상하게 콧소리가 나요.", "저는 허스키해요.", "무슨 말을 해야 할지 모르겠어요.", "설명을 어떻게 해야 할지 모르겠어요." 등등, 문제라고 생각했던 것들이 라이브커머스 안에서는 크게 문제가 되지 않는다. 오히려 그것들이 장점이 될 수도 있고, 내 채널만의 개성으로 인식될 수도 있다.

말이 느리다면 고객들이 더 집중해서 들을 수 있다. 상품에 대해 섬세하게 알려줄 수도 있을 것이다. 사투리를 쓴다면 그 지역의 느낌이 물씬 나서 더 친근하게 다가갈 수 있을 것이다. 또 콧소리가 난다면 애교 있게, 허스키하다면 카리스마 있게 들릴 것이다.

나는 말이 빠르고 목소리가 크다. 처음에는 놀라는 고객들도 있었지만, 이제는 하이텐션의 개성으로 인식되고 있다. 많은 고객들이 "기운 없었는데 솜귤탱귤 님 방송에 오니 기분이 업되네요."라든지, "상품에 대한 애착이 느껴져요", "텐션이 좋아서 지루하지 않아요."라고 칭찬을 해주시기도 한다.

말솜씨가 아니라 상품에 대한 진솔한 설명이 가장 중요하다. 그 다음은 분위기다. 말이 술술 나오지 않아도 괜찮다. 내 상품에 대한 장점들과 특징들을 설명하고 가격 조건이 얼마나 좋은지 등을 편하게 이야기하다 보면 한 시간이 금세 지나갈 것이다.

둘째, 고객의 채팅 읽기는 소통의 중심이다

라이브커머스의 장점은 채팅이 있다는 것이다. 말을 잘 못 하더라도 고객들이 올려준 채팅을 읽으며 웃고 공감하고 답변해주면서 진행하면 된다. 그래서 말주변이 좀 없는 사람도 무리 없이 방송을 진행할 수 있다. 채팅에 참여해주는 고객들은 나와 내 상품에 대한 호감이 있다고 생각해도 좋다. 그러니 고객들이 올려준 채팅은 고마운 마음으로 최대한 읽어주려고 노력하는 것이 좋다. 채팅은 고객의 마음이자 소리고, 고객과 나의 연결고리이다.

> 채팅은 고객의 마음이다.
> 채팅은 고객의 소리다.
> 채팅은 고객의 관심이다.
> 채팅은 고객과 나의 연결고리이다.

항상 상품과 채팅을 번갈아 보면서 진행하자. 그렇게 하면 바로바로 올라오는 채팅을 놓치지 않고 읽어줄 수 있다. 채팅을 정성껏 읽어주면 그 고객과 더 친해질 수 있고, 구매를 하지 않더라도 팔로워를 늘릴 수 있다.

셋째, 리액션 맛집이 되자

진정성 있는 리액션을 잊지 말자. 말을 잘하는 것보다 더 중요한 게 리액션이다.

말을 잘한다는 게 뭘까? 틀리지 않고 앵무새처럼 좔좔 말하는 것일까? 그렇지 않다.

TV홈쇼핑은 쇼호스트가 카메라를 보면서 상품에 대해 일방적으로 설명한다. 하지만 라이브커머스는 고객의 소리를 실시간으로 보며 방송하는 구조다. 그래서 쌍방향 소통이 이루어진다. 말을 잘하는 사람은 많다. 하지만 고객의 소리에 진심으로 리액션 해주는 셀러가 과연 몇이나 될까?

맛있는 밥상을 힘들게 차려놨는데 남편과 아이들이 건조하게 "맛있네."라고 하는 경우와, 웃는 얼굴로 박수까지 치며 "너무 맛있다!"라고 외치는 경우, 우리가 느끼는 감정은 다를 수밖에 없다.

라이브커머스도 똑같다. 말로만 "아~ 그러세요?"라고 하지 말고 표정과 감정, 그리고 제스처까지 함께하며 고객과 공감하고 있다는 것을 표현해줘야 한다. 라이브셀러 "마삐언니"가 잘하는 부분이 바로 '리액션'이다.

고객의 채팅을 하나하나 읽어주며 기쁜 글에는 내 일처럼 기뻐하고, 슬픈 내용에는 같이 슬퍼하며 함께 공감하고 있다는 마음을 표정과 제스처로 한껏 표현하자.

인사할 때도 "○○님 들어오셨어요. 안녕하세요?"라고 말만 하는 것이 아니라, 두 손을 흔들며 살갑게 인사 멘트를 던져보자. 그러면 고객이 나를 더욱 친근하게 생각할 것이다. 그 고객이 다음 날

라이브커머스 앱을 켰을 때, 그 기억을 떠올리고 내 방송을 찾을지
도 모른다.

◇ 초보자도 쉽게 따라할 수 있는 방송용 리액션 팁

- 채팅을 항상 주시하라
- 카메라에 눈을 맞춰라
- 닉네임을 먼저 언급해라
- 채팅을 읽을 땐 정성껏 천천히 읽어라
- 기쁜 내용은 기쁘게 슬픈 내용은 슬프게 감정을 담아 읽어라
- 제스처, 특히 손을 많이 사용하라
- 인사할 때는 확실하게 웃으며 반겨줘라

고객과 즐겁게 소통하자

판매 전문가인 쇼호스트의 경우 고객의 선택을 도와주는 역할을
한다. 하지만 직접 만들어서 판매하는 소상공인들처럼 디테일한 부
분까지 알기는 어렵다.

소상공인에게 상품은 자식과도 같다. 그래서 그 상품에 대한 정
보는 세상 그 누구보다 빠삭하다. 우리가 준비할 것은 나의 상품을
고객이 공감할 수 있는 스토리텔링으로 잘 표현하는 것! 그리고 고
객의 채팅을 소중히 생각하는 것! 진정성 있는 리액션으로 고객과
소통하는 것! 이런 부분들이다. 쇼호스트들처럼 전문적인 훈련을
받지 않았기에 더욱 놓쳐서는 안 될 부분이다.

말솜씨가 아니라 언변이 좋아야 한다

방송을 잘하려면 과연 무엇이 필요할까?

이렇게 물으면 많은 사람들이 이렇게 대답한다.

예쁘고 잘생겨야 해요!

스펙이 좋아야 해요!

몸매가 좋아야 해요!

인맥이 좋아야 해요!

언변이 좋아야 해요!

위의 요소들 중에서 한 가지만을 꼽을 수는 없다. 그러나 기본적으로 최소한의 언변이 필요하다. 언변은 말솜씨와 조금 다르다. 말을 술술 잘하지는 못해도 편안하고 조리 있게 전달하는 것, 이것이 바로 언변이다.

예쁘면서 말을 잘하거나, 스펙이 좋으면서 말을 잘하거나, 어느쪽이든 기본적인 언변이 있어야 한다. 단지 언변만 좋아도 곤란하지만 언변만 없어도 곤란하다. 언변은 라이브셀러가 되기 위한 최소한의 필요조건이다.

이에 비해 외모나 몸매는 언변보다 훨씬 덜 중요하다. 상대방에게 혐오감이나 위협감을 줄 만큼의 외모가 아니라면 누구든지 라이브방송을 할 수 있다. 고객들은 판매자의 외모와 스펙보다 그 상품의 스토리와 히스토리, 그리고 진정성을 더 중요하게 생각하기 때문이다. 이를 전달해주는 것이 바로 라이브셀러의 언변이다.

언변을 갖추기 위해서는 어떻게 해야 할까? 말을 잘하려고 하지 말고 편안하게, 스스로 즐기면서 이야기하는 것이 정말 중요하다. 평상시에는 술술 잘 나오던 말도 부담감과 두려움이 있을 때는 제대로 안 나온다. 부담감이나 두려움을 떨치고 편안하게 즐겨야 언변이 좋아지는 것이다. 이와 같이 언변이 좋다는 것은 말을 즐겁게, 편안하게, 자연스럽게 할 수 있다는 것을 의미한다. 같은 이유로 상품을 직접 제조했거나 애착을 가진 경우에도 언변 좋게 말할 수 있다.

그리고 한 가지 더! 방송에 익숙해지는 것도 중요하다. 상품을 잘 아는 사람이 방송까지 익숙해진다? 그러면 말하기 연습을 따로 하지 않아도 말이 술술 나올 것이다. 그래서 스피치 학원을 다니기 전에 방송을 먼저 해보라고 권하는 것이다.

상품의 콘셉트, 채널의 콘셉트, 진행자의 콘셉트

사람이 육안으로 구별하는 색 종류는 30만 가지가 넘는다고 한다. 하지만 그 많은 색 중에서 좋아하는 색은 대개 서너 가지뿐이다.

이와 같이 사람마다 좋아하는 컬러가 다르고 이유도 다르다. 라이브커머스도 마찬가지다. 수많은 플랫폼에서 다양한 방송이 매일, 매시간 온에어(On-air) 중이다. 이 안에서 고객들 눈에 띄고 고객들이 또 찾을 수 있게 하려면 다른 방송과 차별화하는 것이 중요하다. 하지만 무작정 '나만의 컬러를 만들어야지'하고 생각하면 너무 범위가 방대해서 어렵다. 그래서 나의 특징 또는 상품의 특징, 채널의 특징을 잘 고민해봐야 한다.

나만의 컬러는 곧 내 채널의 콘셉트가 될 수 있다.

콘셉트Concept이란? (=개념=관념)
'Con (=together)'과 'Cept(=take)'가 결합된 단어로서, 여러 요소를 일관되게 하나로 만든다는 의미.

이 예능 콘셉트가 뭐야?

이 카페 콘셉트 예쁘다~!

이 게임 콘셉트는 뭐야?

우리 주위의 대상에 관해서 공통된 것이 아닌 것!

나만이 가지고 있는 아이덴티티!

남들과 다른 나만의 특징!

내 상품만의 특징!

지금부터 내 채널만의 콘셉트를 만들어보자.

콘셉트를 잡으면 좋은 이유

1) 채널의 차별성

콘셉트는 수많은 채널 중에 내 채널만의 차별성을 만들어 준다. 일반적이지만 일반적이지 않은 채널만의 분위기를 만들 수 있다. 실제로 퍼스널브랜딩이나 SNS, 블로그를 운영할 때도 중요하고 TV 프로그램 제작, 유튜브 채널, 영화 기획, 상품 기획 등 다양한 곳에서 근본 뼈대를 만드는 역할을 한다.

2) 채널 운영의 기준점

콘셉트는 방송의 기준점이다. 프로모션이나 이벤트를 하더라도, 소품 하나를 준비하더라도 일관성 있게 할 수 있다.

예를 들어 식품 판매 채널이지만 단순히 식품만 판매하는 것이 아니라 요즘 유행하거나 신상인 주방 도구와 식기를 소개해주는 채널이라고 콘셉트를 잡았다고 생각해보자. 그렇다면 소품을 고를 때도, 방송 중 멘트를 준비할 때도, 채널의 기준점은 내가 판매하는 식품과 푸드 플레이팅이 될 것이다. 이렇게 되면 방송이 난잡해지지 않는다. 푸드 플레이팅과 예쁜 식기를 좋아하는 주부 고객들에게 관련 정보를 제공하면서, 좀 더 전문적인 소통을 할 수 있을 테니까.

라이브커머스를 시작하기 전에 채널의 콘셉트를 잡아야 하는 이유가 여기에 있다.

우리가 준비해야 할 콘셉트는 3가지다.

상품의 콘셉트	
채널의 콘셉트	방송 콘셉트
진행자의 콘셉트	

라이브방송의 주인공, 상품 콘셉트

첫 번째인 상품의 콘셉트는 가장 간단하다.

상품의 특장점과 활용도를 가지고 방송 때마다 접근하면 되기 때문이다.

그 상품의 타깃이나 활용도에 따라 방송 때마다 다양하게 준비할 수 있다.

예를 들어 플레인 요거트를 방송한다면,

1) 디저트 활용도로 보여주는 브런치 콘셉트

2) 선식 또는 과일과 함께 아침 대용으로 먹을 수 있는 간편식 콘
   셉트
3) 손님상을 차릴 때 활용 가능한 파티용 콘셉트
   이렇게 요리의 특징별로 방송 콘셉트를 차별화하는 것이다.

동태탕을 팔 경우도 마찬가지다.
1) 밀키트 구성으로 간편한 콘셉트
2) 술안주용 콘셉트
3) 온 가족 저녁 식사용 콘셉트

상품의 특징이 아니라 기념일이나 명절, 크리스마스 등과 같이 특별한 날을 콘셉트로 진행해도 좋다.

두 번째는 채널의 콘셉트다

채널의 콘셉트는 고객들에게 각인되어 있는 내 채널의 이미지다. 고객들로 하여금 내 채널에 신뢰를 갖게 해주는 전문성이라고 할 수 있다.

방송하기 전에 채널 콘셉트를 미리 정하고 시작하는 것도 좋다. 물론 처음에는 대략의 방향만 설정한 다음, 방송을 진행하면서 구체적으로 정할 수도 있다. 고객들과 소통하는 과정에서 아이디어를 얻어서 잡을 수도 있고, 내가 판매하는 상품의 특징에 맞춰서 잡는 것도 좋은 방법이다.

1) 30~40대 주부들의 수다 채널(육아/살림 정보 공유)

2) 건강을 위한 건강정보 채널

3) 피부 고민을 해결해주는 피부관리 채널 등등

직접 약사가 출연해서 건강식품에 대한 정보와 상식을 상품별로 방송 때마다 자세하게 풀어주는 채널도 있고, 독서 지도사가 아이들 그림책을 추천, 판매하는 채널도 있다.

그립과 네이버에서 자체 채널을 운영 중인 "폴프랑"은 피부상담 실장 경력을 토대로 고객들의 피부 고민에 대해 상담해주면서 신뢰감 있는 화장품 방송을 진행한다. (폴프랑의 경우처럼 진행자의 콘셉트가 그 채널의 콘셉트가 되는 경우도 빈번하다.)

내가 판매하는 상품의 특징과 소구점을 어떻게 잡을지 고민해보자. 더 나아가 그렇게 설정한 콘셉트를 어떻게 해야 고객들에게 어필할 수 있을지, 어떻게 해야 고객들이 오랫동안 기억하게 할 수 있을지도 고민해보자

마지막 세 번째는 진행자 콘셉트다

진행자 콘셉트는 일반적으로 방송을 진행하는 진행자의 스타일에 따라 정해진다.

그립에서 활동 중인 그리퍼 "윤더우먼"은 생활육아 콘셉트로 방송을 진행한다. 3살, 6살 아들 둘을 키우는 상황과 경험을 활용하는 것이다. 뿐만 아니라 경단녀(경력단절녀)에서 라이브커머스 쇼호스트로 성장하는 모습도 진솔하게 보여주어 많은 호응을 얻고 있다.

그리퍼 "써나정"은 연극배우 경력과 뛰어난 영어실력이 콘셉트다. 자신의 실력과 경력을 활용하여 재치 있는 입담으로 방송을 하고 있다. '좋은 상품도 구매하고 유익한 재미까지 얻을 수 있는 방송'이라는 콘셉트로 라이브방송을 진행하고 있는 것이다. 물론 고객들도 그녀와 그녀의 채널을 그렇게 인식하고 있다.

나의 채널 "솜귤탱귤"은 밝고 톡톡 튀는 '텐션 업 방송'이 진행자 콘셉트다. 일상에서 지치고 우울한 고객들에게 에너지를 주는 방송을 진행하는 것! 그것이 나의 진행자 콘셉트다.

나는 판매하는 상품이 매일 다르다. 그래서 상품에 맞춰 의상과 배경을 다르게 연출하면서 텐션 업 방송을 진행한다. 진행자 콘셉트 '텐션 업(tension up)'을 기본으로, 상품마다 다른 느낌을 주기 위해서 차별화를 두는 것이다. 그 이유는 고객들이 상품에 집중할 수 있도록! 지루하지 않도록! 하기 위해서다.

진행자 콘셉트, 즉 라이브셀러로서의 차별화 포인트를 6가지로 정리해보았다.

의상의 차별화	메이크업의 차별화	헤어스타일의 차별화
액션의 차별화	Color의 차별화	말투의 차별화

[의상의 차별화]

자신의 외모가 밋밋하다고 생각된다면, 고객의 시선을 확 끌 수 있는 의상이나 소품을 활용하면 된다. 색이 선명한 비비드한 컬러의 옷이라든지 한복을 입는다든지, 믹스매칭 의상으로 시선을 끌거나 매번 똑같은 의상으로 그 의상과 상품을 고객의 뇌에 세뇌시키는 것도 좋은 방법이다.

[메이크업의 차별화]

메이크업의 차별화는 특별한 날 위주로 진행하면 좋다. 화면에서는 디테일한 메이크업이 잘 보이지 않기 때문에 좀 더 찐하게, 강하게 해야 내가 원하는 부분을 표현할 수 있다. 남자 진행자도 비비크림이나 피치 느낌의 립글로스를 바르면 화면에서 훨씬 생기 있어 보인다.

[헤어스타일의 차별화]

항상 같은 헤어스타일도 좋지만 머리띠를 한다든지, 왕 리본을 단다든지, 섹시한 가발을 쓴다든지, 웃긴 대머리 가발을 쓴다든지. 상품의 콘셉트와 그날 방송 콘셉트에 맞춰 헤어스타일도 변화를 주자! 고객들은 이런 작은 변화에 호기심과 흥미를 느낀다.

[액션의 차별화]

액션의 차별화는 인사할 때의 제스처, 장바구니에 담았을 때의 제스처, 공감되는 댓글이 올라왔을 때의 제스처 등과 같이 상황에 맞는 나만의 제스처가 있으면 좋다. 연예인들에 의해 만들어지는 유행어처럼 내 채널에서만 보여주는 나만의 액션을 생각해보는 것도 좋다. 입으로만 리액션을 하는 것보다 두 손과 얼굴을 사용해서 설명하는 것이 방송에 생기를 불어넣는다.

[컬러(Color)의 차별화]

배경의 컬러, 테이블보, 진행자 의상, 메이크업 컬러 등 다양한 부분에서 컬러를 통일시킬 수 있다. 상품이나 방송 콘셉트에 따라 컬러도 차별화해보자!

[말투의 차별화]

사투리를 쓰는 사람이 억지로 표준말을 쫓아할 필요는 없다. 라이브커머스는 전국방송이기 때문에 사투리를 쓰는 게 오히려 더 자연스럽고 재미있게 느껴질 수 있다.

하지만 말투의 차별화는 필요하다. 주변에서 "네 말투는 참 재미있어!"라는 칭찬을 듣는 사람이 아니라면 말이다. 강조할 때는 강하게! 집중해야 할 때는 또박또박! 말에 강약을 주거나 스피드를 줄였다 늘였다 하면서 차별화를 주는 것도 좋은 방법이다.

조금씩 변화를 주자!

이러한 6가지 콘셉트를 처음부터 한꺼번에 갖추기는 쉽지 않다. 콘셉트라는 것이 처음부터 만들어지는 것은 아니기 때문이다.

방송을 시작한지 얼마 되지 않았다면, 의상의 차별화와 상품의 콘셉트에 집중해서 준비해보자. 방송을 진행할 때마다 의상이나 컬러, 그리고 장소의 콘셉트를 달리 진행해도 좋다.

또 채널의 콘셉트는 상품에 집중할 것인지, 진행자에 집중할 것인지를 정하는 것이 좋다.

이것도 저것도 어렵다면 일단 방송부터 시작하자. 하다 보면 자연스럽게 콘셉트가 생길 수도 있기 때문이다.

방송을 하기 전과 후는 다르다. 그러니까 두려움과 조바심은 버리고 일단 시작해보자.

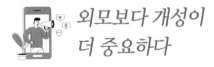

외모보다 개성이
더 중요하다

카메라 앞에 서려면 외모가 중요할까?

아니, 라이브커머스에서도 외모가 중요할까?

"저 방송해요"라는 말을 들으면 우리는 보통 이런 생각을 한다.

"방송은 예쁘고 날씬해야지."

"잘생겨야 해."

"44는 입어줘야지."

"얼굴이 작아야지."

"옷을 잘 입어야지."

"어려야 해."

이렇게 겉모습에 대해서만 생각하는 경우가 많다. 여기에 하나 더 얹어보면,

"말도 잘하면 좋지."

외모가 중요하던 시대는 지났다

방송이라는 것이 화면에 비치는 것이다 보니 겉모습에 대해 더 집중하는 것 같기도 하다. 드라마나 영화를 봐도 "연기를 못해도 비주얼이 좋으면 용서된다."라고 하던 시절도 있었으니까.

하지만 지금은 어떤가? 예쁘지 않아도, 44, 55를 입지 않아도 사람을 끌어당기는 매력이 있으면 누구든지 방송을 할 수 있는 시대이다. 예를 들어 유튜버들은 연예인이 아니어도, 몸매와 얼굴이 평범해도 얼마든지 가능하다. 재미있는 콘셉트로 구독자를 몇만 명씩 보유하며 방송을 하는 유튜버가 셀 수 없이 많다. TV에 나오는 연예인들과는 다른 자신만의 매력으로 대중들의 사랑을 받고 있는 것이다.

이와 같이 예쁘고 잘생기고 날씬한 사람들만 방송할 수 있던 시절은 지났다.

요즘 방송에서 중요한 것은 외모가 아니다. 진행자의 분위기와 콘셉트가 훨씬 중요하다. 진행자의 얼굴이나 몸매보다 진행자의 콘셉트가 고객을 끌어당기는 힘이 훨씬 더 강하기 때문이다.

스마트폰이 대중화된 후, 유튜브와 인스타에서 활동해온 인플루언서들이 대세가 된 이유가 바로 여기에 있다.

외모보다 중요한 것

현재 라이브커머스는 개인 계정으로 판매 방송을 하는 그립과 쿠팡, 브랜드 계정으로 판매 방송을 하는 네이버, 카카오쇼핑, 배달의민족, 11번가 등 2가지로 나눌 수 있다.

개그맨이나 연예인들이 대거 출연하는 라이브커머스도 있지만 대부분 쇼호스트나 방송인 출신들, 업체 대표, 업체 소속 직원들로 포진되어 있다. 그리고 유튜버들과 인스타 인플루언서들의 라이브커머스 출연도 빈번해졌다. 심지어 방송을 하고 싶어하는 준비생들도 참여하고 있다. 진입장벽이 낮은 라이브커머스의 특징 덕분에, 상품을 팔고 싶어하는 모든 사람이 외모나 스펙에 상관없이 뛰어들고 있는 것이다.

그렇다면 개인 계정으로 방송을 하든, 브랜드 계정으로 방송을 하든 진행자에게 중요한 것은 무엇일까?

그것은 바로 개성이다.

누구나 참여할 수 있는 라이브커머스이기 때문에 개성이 중요한 것이다.

개성은 곧 그 채널의 콘셉트와도 같다.

채널의 콘셉트나 상품의 콘셉트에 따라 진행자의 콘셉트를 만들어보자. 대한민국 최초의 라이브커머스 플랫폼 그립에서 활동하는 셀러 중에는 건강식품을 주로 판매하는 50대 셀러도 있고, 슈퍼맨 의상이나 임금님 의상을 입고 식품을 파는 30대 셀러도 있다.

평범하게 티셔츠에 청바지를 입고 방송하는 것보다 이런 특별한 의상을 입고 방송하는 것이 낫다. 고객들의 시선을 확 잡을 수 있기 때문이다. 나도 어린이용이나 가족용 식품을 방송할 때는 머리에 왕리본 머리띠를 하고, 상품의 컬러와 매치해서 의상을 입기도 한다.

할로윈의 달 10월에는 매주 콘셉트를 잡아서 진행한다. 마녀나 좀비로 분장해서 고객들에게 재미를 주려고 노력하는 것이다. 매일 평범한 의상으로 방송하는 것보다 특별한 이벤트를 하거나, 작은 특별전을 하거나, 나만의 기념일을 자축하며 준비하는 것도 좋다. 내 채널에 들어온 고객들에 대한 작은 성의이기 때문이다.

외모보다 중요한 것은 방송을 준비하는 진행자의 성의이다.

방송을 하는 사람이 후줄근한 옷을 입고, 세수도 안 한 얼굴로 머리에는 까치집까지 짓고 있다면, 고객들이 과연 그 채널과 상품을 신뢰할 수 있을까?

당신의 콘셉트를 살려주는 것

단정한 옷차림과 헤어스타일은 기본이다. 고객들에게 채널과 상품에 대한 신뢰감을 주기 때문이다.

그렇다고 샵에 가서 헤어를 하거나 메이크업을 받을 필요는 없다. 정장을 차려입으라는 것도 아니다. 집에서 편하게 입는 홈웨어를 입고 나와서 진행하지 말고, 하다못해 흰 티에 청바지라도 입고 방송을 하라는 말이다. 그것이 내 방송을 시청해주는 고객에 대한 예의이고 배려이다.

물론 상품이 컵라면이라면 트레이닝복에 흐트러진 머리를 일부러 연출하고 컵라면을 팔 수도 있다. 언제 어디서든 간편하게 먹을 수 있다는 장점을 설명하기 위한 콘셉트이기 때문이다. 하지만 이런 이유와 명분이 없다면 항상 깔끔하게 차려입고 방송하도록 하자.

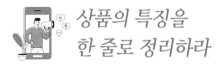

상품의 특징을
한 줄로 정리하라

착각에서 벗어나라

상품을 제조한 업체(제조사) 또는 판매하는 업체(유통사)들의 공통적인 특징이 있다. 자신의 상품에 자신감이 넘친다는 것이 바로 그것이다.

"내가 열심히 만들었으니 고객들이 좋아할 거야."
"내가 이 상품 만드느라 얼마나 오랜 시간 공을 들였는데."
"시간만큼 돈 투자도 어마어마했어."
"발이 짓무르도록 발품 팔아 찾아낸 상품이야."
"이 원단이 얼마나 비싼 수입 원단인데."

제조사들은 상품 하나를 탄생시키기 위해 많은 시간과 비용을 투자한다. 수없이 많은 시행착오도 겪었을 것이다. 실제로 그런 상품들을 보면 하나하나 장점도 많고 열심히 공들인 흔적들도 보인다.

하지만 고객들도 그럴까?

공들여서 잘 만들어놨으면 잘 팔리는 게 당연한데, 왜 고객들은 알아주지 않는 걸까?

여기서 우리가 명심해야 하는 것이 있다. 고객은 당연히 지갑을 여는 사람이 아니라는 것이다. 자신의 지갑을 털어서 내 지갑을 불려주는 사람이 아니라는 사실! 이 점을 꼭 명심해야 한다.

고객들은 그런 마인드를 가진 제조사와 판매자를 귀신같이 알아본다. 고객들은 생각보다 감이 좋고 계산이 빠르고 냉정하다. 고객을 두려워할 줄 알아야 롱런할 수 있다.

◇ 고객과 상품을 연결해주는 한 줄 정리법

판매자는 어떤 역할을 하는 사람일까?
고객의 지갑을 털어서 자신의 이익을 불리는 사람일까?
고객이 원하는 것은 무엇일까?
고객이 원하는 것을 알려주기 위해 판매자는 무엇을 준비해야 할까?

위 질문에 대한 답을 먼저 찾아야 한다. 그러고 나서 그 다음 단계로 나가야 한다.

고객을 파악해서 나의 상품과 연결하고, 고객의 마음을 열어서 만족스러운 소비가 이루어지게 해야 한다. 이를 도식화하면 다음과 같다.

고객 니즈, 상황 파악 → 나의 상품과 연결 → 고객 마음 오픈 → 만족스러운 소비

제조사 입장에서는 상품에 대해 너무 잘 알기에 하고 싶은 말이 너무 많다. 하지만 고객들은 그 사정을 다 모른다. 그러므로 내 상품의 장점, 특징, 매력 포인트를 고객에게 알릴 수 있는 방법을 스스로 찾아내서 적용해야 한다.

지금부터 그 방법을 알려드리겠다. 내가 머리가 복잡할 때 쓰는 한 줄 정리법이다.

이 방법을 쓰면 쓸모없어 보이던 상품도 꼭 필요한 상품처럼 보이게 할 수 있다.

1. A4용지 꺼내기
- 줄이 있는 메모지보다 아무것도 없는 무지가 자유롭게 적기에 더 좋다.

2. 내 상품의 가장 큰 특징 쓰기
- 원료, 간편성, 디자인, 효능/효과 등의 장점을 생각나는 대로 다 써보자.
- 상품의 장점, 특징, 매력 포인트를 생각나는 대로 전부 적어보는 것이다.
- 수십 가지의 장점들을 줄여보자. 10가지 ⇨ 5가지 ⇨ 3가지 ⇨ 1가지로 점점 줄여나가는 것이다. 이 작업은 나중에 방송 제목이나 방송 콘셉트를 정할 때도 큰 도움이 된다. 중요한 포인트를

찾아낼 수 있기 때문이다.

장점의 가짓수가 많으면 많을수록 상품의 스토리가 풍부해진다. 그러나 중요한 포인트를 3개에서 1개로 줄이는 연습을 하면 상품의 핵심 콘셉트를 뽑을 수 있다. 이 콘셉트는 곧 그 상품의 대표 이미지가 된다. 이것을 방송에서 지속적으로 노출하면 고객들에게 효과적으로 상품을 각인시킬 수 있다.

3. 내 상품을 구매할 고객층은?

- 연령대, 직업별, 남성, 여성, 주부, 청소년, 어린이 등

4. 내 상품을 사용할 고객층은?

- 상품을 구매하는 고객과 사용하는 고객은 상품 특성에 따라 나눌 수 있다.
- 남성 건강 기능식품 "쏘팔메토"의 경우 대상 고객은 40세 이상의 남성이지만, 구매 고객은 그들의 자녀나 아내가 될 수 있다.
- 유아용품은 유아들이 사용하지만, 구매는 엄마, 아빠, 이모, 할머니들이 주로 한다.
- 상품을 판매할 타깃을 구매 타깃, 사용 타깃으로 구분하면 더 많은 타깃층을 확보할 수 있다. 방송을 할 때도 이렇게 늘어난 타깃층을 폭넓게 공략해보자. 핵심 타깃층에 대한 집중력이 흐트러지지만 않는다면 매출이 늘어날 것이다.

5. 어떤 상황에서 이 상품이 필요할까?
- 타깃에 맞추어 상품의 필요성에 대해 정리해보자.

6. 경쟁 상품과 비교해 내 상품의 강점과 약점은?
- 모든 상품에는 강점과 약점이 있다. 약점 대비 강점을 강조해야
한다. 이것은 우리 브랜드를 선택하게 하는 결정적 원인이 된다.

이러한 여섯 가지 항목을 A4용지에 적다 보면 많은 것을 깨닫고
느낄 수 있다. 무엇보다도 방송할 때 이야기할 내용이 한눈에 들어
온다는 장점이 있다. 내가 가장 강조해야 할 포인트가 확실해지기
때문에 고객들도 이해하기 쉽다. 수많은 장점들을 줄줄 늘어놓기만
하는 방송과 핵심 포인트를 중심으로 체계적으로 설명하는 방송!
둘 중에 어느 쪽이 수익이 높겠는가?

타깃별로 가장 중요한 포인트!
오늘 방송에서 사야 이득이 되는 포인트!
타 상품에 비해 경쟁력 있는 포인트!

이런 포인트를 잘 잡으면 같은 상품을 여러 번 방송할 때도 매번
다른 느낌을 줄 수 있다. 상품도 셀러도 채널도 같지만 콘셉트가 다
르기 때문이다.

이렇게 '한 줄 정리법'을 할 때는 주변 지인과 가족들의 의견도

들어보자. 주변 지인과 가족들은 나의 가장 가까운 고객들이다. 내가 생각하는 것만이 정답은 아니기에 다양한 사람들의 이야기를 참고하는 것이 좋다.

매출을 두 배로 올려주는 셀링포인트

라이브 방송 1시간은 금세 지나간다

앞에서 말한 것처럼 대부분의 제조사와 판매업체들은 상품에 대한 자신감이 넘쳐난다. 자신들의 상품에 피와 땀과 눈물을 쏟아부었기 때문이다. 이것은 라이브커머스 소상공인 교육을 할 때마다 공통적으로 느끼는 점이다.

그런데 재미있는 점은, 그렇게 상품의 스펙에 대한 자신감이 넘치는데도 불구하고 "1시간 동안이나 무슨 말을 하나요?"라고 묻는다는 점이다. 아무리 좋은 상품도 한 시간 동안 이야기해줄 정도의 스펙과 장점을 갖고 있진 않기 때문이다.

하지만 그런 걱정은 기우에 불과하다. 라이브커머스는 홈쇼핑처럼 쇼호스트들이 일방적으로 계속 이야기하는 방식이 아니기 때문이다. 라이브방송은 고객의 이야기를 듣고 궁금한 부분을 해소해주며 진행하는 '소통 방송'이다. 다수의 고객들과 소통하면서 상품의 장점, 내가 하고 싶은 상품 이야기, 타깃별 고객에게 하고 싶은 이야기 등을 하다 보면 1시간이 금세 지나간다.

이런 식으로 방송하기 위해서는 제품에 대한 확실한 지식이 필요하다. 쌍방향 소통 방송이다 보니 고객의 질문에 대답해줘야 하기 때문이다. 라이브셀러는 언제 어느 순간에도 상품에 대해 체계적으로 설명해줄 수 있어야 한다.

체계적인 설명의 시작은 고객의 입장에서 생각하는 것이다.

내가 고객이라면?

고객은 무엇을 궁금해 할까?

과연 먹어도 되는지?

안전테스트는 받았는지?

원산지는 어디인지?

제조사는 믿을 수 있는지?

사용해도 건강에 문제가 없는지?

다른 곳에서 더 좋은 조건에 살 수 있는지?

다른 사람들은 어땠는지?

내가 기존에 사용하던 것이나 알고 있던 상품과 어떻게 다른지?

고객들은 똑똑하다. 필요한 정보를 쉽게 찾아내서 비교·분석한다. 그렇다고 해서 '고객이 궁금하면 찾아보겠지', '알아서 비교하고 구매할 거야'라고 생각해선 안 된다. 그런 생각은 내 상품을 선택하는 시점을 늦출 뿐이다. 내 방송을 보는 고객이 나와 소통하는 과정에서 궁금증을 바로 해소하게 해줘야 한다. 그래야 상품과 브랜드의 신뢰감이 높아지기 때문이다. 소통은 셀러와 고객의 거리도 줄여주지만, 상품과 고객 사이의 거리도 줄여준다.

셀링포인트 정리 비법

내 상품만의 특별한 점, 즉 '총알'을 다양하게 준비해놓으면 1시간 동안 방송을 쉽게 끌고 갈 수 있다. 하지만 수많은 총알을 한꺼번에 사용하는 건 좋지 않다. 고객들을 혼란스럽게 만들거나 결정 장애를 불러올 수 있기 때문이다. 그러므로 최대한 많은 총알을 준비하되, 가장 중요한 3개의 총알을 확실히 정해둬야 한다.

이것을 상품의 핵심 콘셉트, 또는 셀링포인트(selling point)라고 한다.

셀링포인트란 사용 편의성이나 만족감 등과 같이 소비자의 구매 욕구를 일으키는 특징을 뜻한다. 적합성, 융통성, 내구성, 쾌적성, 조화성, 유행성, 외관미 등이 여기에 포함된다. 제품뿐만 아니라 서비스에도 셀링포인트가 중요하다.

셀링포인트는 아래와 같이 5가지로 정리할 수 있다.

1	브랜드 포인트
2	경쟁 상품 비교
3	상품 특징
4	상품 후기
5	방송 조건

이 5가지를 항목에 맞게 상품을 구체화해야 한다. 구체화하는 작업의 시작이 바로 '상품의 특징 쪼개기'이다.

◇ 내 상품의 특징 쪼개기

브랜드 포인트 기법		
1	브랜드 네임의 의미	브랜드나 상품의 이름을 상품의 특징과 연결한다.
2	브랜드 탄생 배경	어떤 배경으로 어떤 어려움을 거쳐 탄생되었는가?
3	연혁	연혁이 길다면 꾸준히 고객들에게 사랑받고 있다는 뜻이다. 연혁이 짧다면 신생브랜드로서의 탄생 배경, 기존 상품들과의 차별점을 강조할 수 있다.
4	상품/판매 철학	기업의 가치관을 고객들에게 인식시킬 수 있다.
5	개발자 스토리 (왜, 언제, 어디서, 제작 기간, 판매 기간)	개발자의 스토리는 고객이 이 상품을 필요로 하는 이유가 될 수 있다. 제작 기간을 통해 수없이 노력해서 탄생했음을 어필할 수 있고, 판매 기간은 짧을 경우 새로운 신상의 느낌을, 길 경우 꾸준히 사랑을 받아온 효자상품 느낌으로 다가갈 수 있다.
6	매출액 / 입점사	짧은 시간에 큰 매출을 올렸거나 오랜 기간 꾸준한 매출을 올렸을 경우 노출 (단, 매출이 작을 경우에는 노출하지 않는다.) 백화점 or 면세점 or 대형 마트 입점은 입점 자체가 까다롭기에 고객에게 신뢰감을 줄 수 있다.
7	제조사 or 원산지	건강식품의 경우에는 제조사가 중요하다. 식품의 경우엔 제조사 원산지 모두 중요하다.

	경쟁 상품 비교 포인트 기법	
1	**브랜드 연혁/배경 비교**	경쟁상품의 브랜드 의미, 만들어진 배경, 연혁은 얼마나 되었는지 등을 비교하면 내 상품만의 차별점이 나온다.
2	**구성 비교**	싱글 구성, 세트 구성, 사은품과 프로모션도 비교
3	**가격 비교**	개당 가격, 박스당 가격, 세트 가격
4	**원료&성분 비교**	주요 성분 비교와 함량 비교, 만들어진 기술력 비교
5	**상품 후기 비교**	고객들의 상품평 속에서 경쟁 상품의 긍정적인 부분, 부정적인 부분을 체크하고 우리 상품 후기와 비교

	상품 특징 포인트 기법	
1	**상품 원료(소재)**	패션은 소재 또는 디자인을 강조하고, 건강식품, 주방, 생활 등은 상품이나 원료의 특징을 강조한다.
2	**원산지**	식품과 건강식품은 원산지가 가장 중요한 포인트가 될 수 있다. 예) 배 : 나주 배 / 굴비 : 영광 법성포 등
3	**개발 기간**	상품 개발 기간 : 심사숙고 끝에 탄생했음을 강조
4	**사용 가능 연령**	타깃별로 상품 니즈 설명 시 필요
5	**사용법**	편안함과 간편함을 강조할 수 있다면 강조 어려운 부분도 친절하게 설명할 수 있도록 준비
6	**가격**	원료와 원산지, 기술력 대비 경쟁력 있는 가격이라면 강조.

상품 후기 강조 기법		
1	사진 자료	찍은 상품 후기 인증해서 방송 중 노출
2	판넬	여러 가지 상품 후기들을 종합해서 판넬로 제작
3	구매자와 사용자	구매자와 사용자로 나누어 다양한 후기를 방송
4	재구매 여부	재구매율과 최다 재구매율도 체크하면서 상품력 강조
5	평점	평점은 통계이기에 상품력을 강조할 수 있는 좋은 포인트다.

방송 조건 강조 기법		
1	방송 시 구매조건	고객이 방송 중에 꼭 사야 하는 조건 강조. (한정판, 1+1, 기간 세일, 사은품 등)
2	방송 중 이벤트	선착순 구매, 응원 댓글 이벤트, 삼행시, 구매인증, 최다구매자 등의 방송 중 이벤트를 실시한다. 이러한 이벤트들은 방송을 지루하지 않게 해주고 고객 참여율을 높여준다.
3	할인쿠폰	런칭이라서, 1주년 기념, 1000개 판매돌파 등의 다양한 주제로 1천원 또는 2천원 쿠폰 증정
4	적립금 혜택	구매 시 적립되는 적립금 혜택

방송 조건 강조 기법의 경우 어떤 이유나 이슈 때문에 이런 이벤트를 하는 건지, 어째서 할인쿠폰을 증정하는지 등에 대한 이유를 만들어두자. 그러면 방송 중에 이야기하기도 좋고 방송 조건 푸시(강조)도 쉬워진다.

예)

· 론칭 기념 사은품 증정 및 팔로우 2천원 즉시 할인쿠폰 증정

· 1주년 기념 1+1행사 진행

· 1주년 기념 7일간의 50% 한정 세일 방송

· 구매 1000건 판매 돌파 기념 사은품 증정

· 방송 100회 기념 할인쿠폰 이벤트

 · 팔로우 1000명 돌파 기념 선착순 100개 한정 1+1행사

이와 같이 '상품의 특징 쪼개기'를 할 경우, 방송 때 강조해야 할 부분과 빼야 할 부분이 명확해진다. 머릿속으로만 생각하거나 온라인에서의 상세페이지만 참고한다면 너무 막막할 것이다.

상품의 특징을 정리하고 경쟁상품이나 경쟁 판매자의 조건과 비교하는 과정을 통해 내 상품만의 변별력을 기를 수 있다. 또한 고객들도 상품을 비교하기 쉬워진다.

여기에 기존 고객들의 '찐 후기'들을 보여줘서 신뢰도를 높여주자. 그리고 틈틈이 방송 중 프로모션 조건을 강조해주면, 어떤 고객이든 구매를 할 수밖에 없을 것이다.

지금 당장 A4용지를 꺼내놓고 항목을 하나하나 적어보자!

60분의 방송이 진행되는 동안 고객에게 나의 상품을 어필하는 칼과 무기가 될 것이다.

소구점
3의 법칙

총알이 많다고 총을 잘 쏘는 것은 아니다.

상품의 판매 소구점[2]은 많으면 많을수록 좋다. 하지만 그 소구점을 다 이야기한다고 해서 잘 팔릴까?

그렇지 않다. 상품의 판매 소구점 세 가지를 집중적으로 준비해야 하는 이유가 여기에 있다.

세 가지만 파야 하는 이유

첫째, 고객은 1시간 내내 방송을 보지 않는다.

중요한 포인트를 세 가지로 압축해서 1분 스피치로 정리하자. 그리고 그 내용을 반복적으로 노출해보자. 관심 없거나 떠나려는 고객을 잡기 위해서다.

홈쇼핑 60분 방송에서는 보통 '디테일 8~10분＋주문 시간 5분'을 묶어서 15분짜리 내용으로 만든 다음 네 번 반복시킨다. 티커머스 (홈쇼핑 녹화 방송) 채널에서는 10분, 15분, 20분 단위로 녹화해서 순환시킨다.

---

2 판매 소구점 : 사용 편의나 만족감 등 소비자의 구매 욕구를 일으키는 제품이나 서비스의 특징. 적합성, 내구성, 융통성, 쾌적성, 조화성, 유행성, 외관미 등을 말함

그렇다면 라이브커머스는 어떨까? 기본적으로 홈쇼핑과 비슷하다. 하지만 라이브방송은 고객이 시시때때로 언제든지 들어올 수 있다. 그래서 가장 중요한 포인트를 10번 이상 반복해야 할 때도 많다. 그러므로 고객을 잡으려면 그 상품의 가장 큰 소구점을 계속 강조해야 한다. 1분 안에 사로잡아야 하는 것이다.

특히 상품의 가장 중요한 소구 포인트와 그날의 프로모션을 강조하는 게 좋다. 소구 포인트는 세 가지 이상을 넘기지 않도록 하자.

둘째, 고객이 기억하기 쉽다.

소구 포인트가 많아지면 만병통치약을 파는 약장수처럼 보인다. '이것도 좋고 저것도 좋고'라는 식의 이야기는 고객을 더 고민하게 만든다. 소구점이 3가지를 초과하면 고객들에게 전달하기도 힘들고, 고객들이 받아들이기도 힘들다.

고객이 나의 방송을 보고 듣고 나서 기억하는 것! 3가지!

3가지로 정리하는 게 좋은 또 하나의 이유는 지금 당장 구매하지 않더라도 고객의 기억 속에 남기 쉽다는 것이다. 그러면 다음 방송에서 매출로 이어질 가능성이 생긴다.

셋째, 암기하지 않아도 된다.

세 가지로 요약하다 보면 방송에서 무조건 전달해야 하는 부분이 명확해진다. 고객들과 채팅으로 소통하다 보면 간혹 엉뚱한 곳으로 빠지곤 하는데, 소구점이 3개뿐이면 상품으로 되돌아가서 방송할 때도 편하다. 또한 세 가지 정도는 기억하기 쉽기 때문에 여러 개를 줄줄 외워서 말할 때보다 훨씬 자연스러운 진행이 가능하다.

　이렇듯 세 가지로 요약하는 방법은 프레젠테이션을 할 때나 면접을 준비할 때, 리포트를 쓰거나 내 생각을 정리·요약할 때도 많이 쓰인다.

　인간에게 가장 안정감과 신뢰감을 주는 숫자 3!

　앞으로는 상품에 대해 딱 세 가지만 기억하자!

[소구점 3의 법칙: 실전 사례]

　필자가 계속 앵콜 진행을 하고 있는 올밀크(플레인 요거트) "또요"를 예로 들어보자.

생산지 : 깨끗하고 공기 좋은 담양

상품 특징 : 당일 생산, 당일 배송, 백화점 판매 동일 상품, 유통
　　　　　　기한 25일

원료 특징 : 100% 무항생제 원유

　　　　　　식물성 오메가3 95% / 프락토 올리고당 함유

　　　　　　6無 (항생제, 보존료, 착향료, 안정제, 유화제, 색소)

기대효과 : 유산균 시험 성적서

맛 : 시큼하거나 인위적인 단맛이 아닌 고소한 플레인 요거트

프로모션 : 구매자 대상 게임 이벤트 당첨자 500ml 증정 * 5명

　올밀크의 장점은 참 많다. N차 앵콜을 진행하면서 3주에 한 번씩

구매하는 고정 고객들도 생겨났다. 소구점을 잡는 작업은 타깃을 잡는 것에서 출발했다.

타깃 : 자녀에게 좋은 간식을 먹이려는 주부

　　　시큼한 플레인 요거트를 싫어하는 사람

　　　변비 때문에 고민하는 다이어터

　　　신진대사가 살짝 떨어진 어르신

소구점 : 1. 시큼하거나 인위적인 단맛이 아니라 고소하고 신선하게 은은한 단맛

　　　　2. 6無, 식물성 오메가3, 프락토 올리고당

　　　　3. 구매자 대상 이벤트 5명 500ml 증정

1 : 보통 플레인 요거트는 시큼함이 강해서 올리고당이나 꿀을 넣어 드셨죠? 아니면 맛이 없어서 안 드시는 분들도 있으셨을 거예요~! 또요는 다릅니다.
2 : 시큼하거나 인위적인 단맛이 아니라 오히려 우리 아이에게 먹이고 싶은 식물성 오메가3가 들어가 먹을수록 참 고소해요. 거기다 유산균의 먹이면서 과일이나 야채에서 뽑아낸 프락토 올리고당도 함유되어 있어 은은한 단맛까지 느껴지는데요. 또 당일 생산, 당일 배송으로 신선함까지 더했습니다. 여기에 우리 엄마들이 아이들에게 주고 싶지 않은 항생제, 착향료, 유화제, 색소 등 6가지는 유해 물질은 없습니다.^^
3 : 오늘 구매하세요! 구매자 대상 추첨 이벤트 갑니다.
작은 사이즈가 아니라 무려 500ml 사이즈를 다섯 분께 쏘는 이벤트!
방송 중에 놓치지 말고 함께하세요!

소구 포인트를 1번, 2번, 3번 순서대로 해도 되지만 때로는 2번 먼저, 때로는 3번 먼저 진행해도 무관하다.

2 : 달걀 한 판을 고르시더라도 무항생제 찾으시죠? 좀 더 깨끗하고 좀 더 안전하게 드실만한 먹거리를 항상 찾으실 텐데요. 또요는 항생제부터 총 6가지가 들어가 있지 않습니다. 오히려 프락토 올리고당이 함유되어 있어 유산균의 먹이도 되고요. 우리가 억지로 챙겨 먹었던 식물성 오메가3까지 들어 있는 원유로 만들어졌습니다.

1 : 성분이 아무리 좋더라도 맛이 너무 시큼하다면 또 싫으시죠? 또요는 프락토 올리고당이 들어 있어 요플레 특유의 시큼한 맛을 살짝 잡아주면서 오히려 고소함까지 더해져 마실 때마다 정말 진하다, 고소하다, 부드럽다는 감탄사가 나오실 거예요.

3 : 자! 이렇게 잘 만든 또요를 오늘 구매하시면 5분을 뽑아 500ml를 더 증정합니다. 오늘은 또요 무조건 들여가세요.

3 : 자!! 정말 인기가 좋아 방송할 때마다 줄을 서서 구매하시는 또요입니다.
N차 앵콜 기념으로 오늘 특별히 구매자 대상 이벤트 진행합니다.
구매자 중 5분을 추첨해 500ml 또요 또또 증정! 너무 좋으시죠?
이 기회 놓치지 마세요!!

1 : 왜 이렇게 인기가 좋냐 했더니 인기의 비결이 맛에 있더라고요~
또요는 시큼하거나 너무 물 같은 느낌이 아니에요. 고소하고 진하면서 입안에서 부드럽게 퍼지는 맛! 심지어 끝맛은 은은한 단맛까지 납니다. 그런데 맛만 좋은 게 아니더라고요!

2 : 요거트를 만든 원유가 다릅니다. 원유를 짜낸 젖소가 다릅니다.
젖소에게 식물성 오메가3가 함유된 사료를 먹여 항생제도 맞히지 않고 키웠다니, 그 원유는 얼마나 건강하고 맛있을까요? 그런 원유로 만들었습니다.
여기에 과일과 야채에서 추출한 프락토 올리고당까지 들어가 유산균의 먹이가 되어주니 1ml만 드시더라도 7억 8천만 마리의 어마어마한 유산균이 내장을 지켜준다는 거죠!
아직도 안 드셔보셨어요?

3 : 오늘 특별 이벤트도 있으니 꼭 드셔보세요!

이렇게 판매 소구점을 세 가지로 정리해 귀에 쏙쏙 들어오는 멘트를 만들어보자.

지금 당장 내 상품의 판매 소구점을 잡아보자.

잊지 말자, 세 가지만 파기!

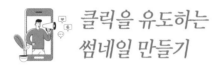

클릭을 유도하는 썸네일 만들기

클릭하게 하는 썸네일

어떻게 하면 내 방송이 이목을 끌 수 있을까? 라이브커머스를 진행하고 있는 모든 이들의 고민이다.

그럼 질문을 바꿔보자. 당신은 어떤 기준으로 네이버, 유튜브 등 온라인에서 영상을 클릭하는가? 수많은 뉴스 중에서 어떤 기사를 눌러보는가?

아마 호기심 가는 문구나 재미있는 대문 사진들을 주로 클릭했을 것이다. 이것이 바로 썸네일[3]의 힘이다.

썸네일은 영상이나 뉴스 기사의 핵심이나 재미요소를 압축해서 만든 작은 이미지다. 유저의 호기심을 자극해서 클릭하게 만드는 것이 목적이다. 유저가 한 명이라도 더 보게 만드는 것! 그것이 바로 썸네일인 것이다. 그래서 썸네일은 유튜브나 SNS는 물론이고 거의 모든 웹사이트에서 중요하게 취급되고 있다.

유튜브도 썸네일이 아주 중요하다. 어떤 영상인지 알려주는 '간판'이자, 영상을 찾는 이들의 호기심을 자극해서 클릭하게 만드는 '삐끼', 아니 '미끼'의 역할도 하기 때문이다. 인기 있는 유튜브 채

---

3 썸네일thumbnail은 엄지손톱 또는 페이지 전체의 레이아웃을 검토할 수 있게 작게 줄여 화면에 띄운 것을 이야기한다.

널들은 썸네일부터 다르다. 내용이 한눈에 들어오고 호기심이 샘솟는다. 눌러보지 않으면 못 배기게 한다.

라이브커머스도 마찬가지다.

지금 이 순간에도 수많은 라이브방송이 개설되고 있다. 너무 많아서 뭐부터 봐야할지 모를 정도다. 이런 상황에서 수많은 방송 중에 나의 방송을 클릭하게 만들어야 한다. 고객들의 호기심을 자극하지 않으면 살아남을 수 없는 것이다.

그래서 썸네일이 중요하다. 관심 없는 상품이지만 하나 더 준다고? 70% 세일이라고? 이벤트가 있다고? 도대체 어떤 상품이지? 들어가 볼까? 이런 마음이 생기게 해야 한다. 그래야 한 명이라도 더 내 채널에 들어올 테니까.

일반적인 라이브방송용 썸네일에는 진행자와 상품의 이미지가 들어가 있다. 여기에 브랜드명과 오늘의 방송 조건을 추가한다. 간단히 예를 들면 다음과 같다.

- 상품 뷰티 컷과 오늘의 방송 조건
- 방송 스튜디오 컷과 오늘의 방송 조건
- 현장 컷과 오늘의 방송 조건
- 방송 조건만 텍스트로 크게 보여줌

정해진 건 없다. 라이브셀러가 그날 방송 콘셉트에 맞춰 자유롭게 만들면 된다. 다만 목적과 목표는 뚜렷해야 한다. 썸네일의 목표는 상품이 가장 빛나 보이게 하는 것이기 때문이다. 판매조건과 프로모션 문구가 잘 보이게 해야 함은 물론이다. 이렇게 만들어진 썸네일을 보고 고객들이 호기심을 가지고 유입되는 것, 그것이 바로 썸네일의 목적이다.

썸네일을 만드는 게 부담스럽다면 상품 뷰티 컷을 활용하자. 경쟁상품의 라이브방송 썸네일 사진과 문구의 스타일도 모니터링하고 기존에 좋아하던 채널의 썸네일도 참고하자. 그러다 보면 어떻게 만들어야 할지 감이 올 것이다. 실제로 썸네일들은 비슷한 경우가 많다. 그건 고객들이 그런 썸네일을 선호한다는 말도 된다. 대세를 따르면 크게 실패하진 않을 것이다.

썸네일 사진에 들어가는 글자는 10자 이하로 간략하게 넣자. 방송의 특징이나 판매조건을 깔끔하고 명확하게 보여주자. 그 다음에는 고객의 입장에서 이미지와 문구를 재검토해보자. 내가 고객이라면 이 썸네일과 문구를 보고 호기심이 생길까? 클릭하고 싶어질까? 최대한 객관적으로 생각해보자.

제품 사진 위에 파워포인트로 글자를 삽입해서 썸네일을 만들어도 좋고, 포토샵이나 일러스트로 만들어도 된다. 나에게 가장 익숙하고 편한 방법으로 썸네일을 만들어보자. 썸네일 하단에 들어가는 방송 제목 문구도 중요하다. 인터넷 뉴스 기사 헤드라인이라고 생각하면 된다. 광고 카피나 요즘 유행하는 유행어를 활용해도 좋다.

상품의 가장 큰 특징 명시

예)

정수리 냄새여 안녕~ , 어버이날 선물 고민 해결, 낙엽처럼 건조한 피부여~

100% 무항생제 원유, 전성분 only 1, 14일 후 피부 개선 OK 등

라이브방송 시 파격적인 조건 제시

예)

단독기획, 방송 시 2+1, 사은품을 본품보다 더, 한정판 등

라이브방송 시 가격 강조

예)

전품목 50% 세일, 장당 100원꼴, 라이브 특가 15000원 즉시 할인 쿠폰

유입을 늘려주는 썸네일 만드는 법

아래와 같이 방송의 구성과 상품의 장점, 판매조건을 함축적으로 넣는 것이 일반적이다.

1. 상품을 돋보이게 하는 이미지를 삽입한다.
2. 상품의 장점이나 구매시의 혜택을 알려주는 짧고 강렬한 제목을 넣는다.
3. 이미지 안에는 글자를 10자 이상 넣지 않는다.

사용한 썸네일은 날짜별로 기록해서 잘 저장해두자. 날짜별로, 요일별로, 시간대별로 가장 반응이 좋았던 방송의 썸네일이 무엇이었는지 확인해보고, 다음 방송 때 그 썸네일을 참고해서 더 나은 썸네일을 만들어보자.

　고객은 썸네일을 보고 유입된다! 썸네일에 진심이 되자!

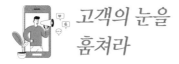

고객의 눈을 훔쳐라

뇌는 눈에 보이는 것만 믿는다고 한다.

스탠퍼드대 로버튼 혼 교수의 연구 결과에 따르면, 우리의 뇌는 단순하게 듣고 기억한 정보는 약 15% 저장하고, 이미지와 함께 기억한 정보는 약 89% 저장한다고 한다.

백문이 불여일견! 백 번 듣는 것이 한 번 보는 것보다 못하다는 뜻이다.

라이브커머스가 아무리 소통 방송이라지만 말만 해서는 고객을 설득시킬 수 없다. 라이브커머스는 소통과 판매가 함께 이루어져야 한다. 안정적인 언변으로 고객을 설득하는 동시에 상품의 특징과 강점을 부각시켜서 보여줘야 하는 것이다.

라이브커머스에서는 진행자보다 상품이 우선이다. 진행자, 즉 라이브셀러는 상품을 고객에게 잘 보여줄 의무가 있다. 방송 세팅은 물론이고 방송의 모든 부분이 상품을 돋보이게 해야 하는 것이다. 라이브커머스의 알파와 오메가는 상품이다. 고객과의 소통도 중요하지만 상품이 우선이다.

물론 진행자를 보고 상품을 구매하는 경우도 있다. 그러나 이것은 인기 인플루언서나 연예인이 아닌 이상 쉽지 않다.

상품 핸들링 스킬

그래서 중요한 것이 바로 '상품 핸들링'이다.

진행자의 손짓을 보며 고객들의 시선이 움직이기 때문이다.

기본 공식은 "전체에서 부분으로, 밖에서 안으로"이다.

가방 또는 신발 : 전체 디자인, 색감, 질감에서 부분 디자인(신발의 앞/뒤/밑)으로. 가방의 위쪽 손잡이와 지퍼(바깥쪽)에서 안감, 주머니 디자인(안쪽)으로.

의류 : 전체 착장 모습에서 시작해서 컬러 종류 소개 후 앞뒤 디자인, 소재 소개.

식품 : 포장 상태를 보여준 뒤 중량 체크. 그 다음 원물 모습을 전체에서 부분으로 보여줌. 요리하는 모습 보여준 뒤 해당 식품을 이용한 다양한 요리 보여주기.

어떤 상품이든 전체의 모습을 보여주고 부분을 보여준 다음, 밖에서 시작해서 안쪽으로 고객들의 시선을 유도하면서 핸들링하면 좋다.

상품의 재질이나 세부적인 디자인을 강조하고 싶을 때는 카메라 쪽으로 다가가서 클로즈업 상태에서 보여주자. 요리를 보여줄 때에는 음식을 들어서 카메라 쪽으로 핸들링하고, 요리에 따른 재료들도 카메라 쪽으로 핸들링하여 신선함을 보여준다.

강조 판넬을 준비하자!

상품에 대한 핸들링 외에도 사은품이나 상품을 강조할 판넬을 준비하는 것도 좋다.

사은품의 경우에도 "구매 시 사은품 증정!"이라고 말로만 강조하는 것보다, 사은품의 실물을 직접 보여주는 것이 훨씬 더 효과적이다.

오늘의 조건, 가격, 특징 정도를 요약한 판넬을 만들어서 한눈에 보이게 만들어보는 것도 좋은 방법이다.

판넬 제작 시 주의점

1. A4 or A3 사이즈를 활용하자.
2. 컬러는 3컬러 이상을 넘기지 말자. (글자와 글자 박스)
3. 3줄 이상 넘어가지 말자! (임팩트 있게 소구하기 위해서는 글자 크기가 중요하다.)
4. 이미지를 사용하자.

5. 판넬 하나당 하나의 중심 이야기만 담자.

6. 고객들은 상품을 직접 보고 구매하는 것이 아니라 화면으로 보고 구매하는 것이다. 적극적인 판넬 핸들링이 중요한 이유가 여기에 있다.

방송에 대한 자신감! 판넬

상품을 들어서 보여준 다음 테이블 위에 놓을 때도 주의를 기울이자. 던지지 않고 소중하게 다루는 모습을 보여줘야 고객도 나의 상품에 신뢰가 생긴다. 판매하고자 하는 상품을 손에서 놓지 않고 고객에게 계속 보여주면서, 나의 상품을 고객에게 더 잘 보이게 하기 위해서는 어떻게 해야 할지 끊임없이 고민해야 한다.

식품과 옷의 재질을 보여줄 때는 카메라 쪽으로 적극적으로 다가가서 확실하게, 자세하게 보여주자. 제품을 사용하는 방법, 설치하는 방법 등도 보여주면서 고객에게 설명해주자. 앞에서 말했듯이 판넬도 적극적으로 활용하자. 고객들이 판매 조건과 프로모션을 한 눈에 확인할 수 있기 때문에, 말로만 전달하는 것보다 훨씬 효과적이다. 상품의 가장 큰 특징이나 장점도 판넬로 만들어서 고객에게 어필해보자.

핸들링과 판넬은 가장 기본적인 방송 준비물이다. 기본적인 수단들이지만 없으면 밋밋한 방송이 될 가능성이 크다.

상품에 대한 자신감은 핸들링으로!
방송에 대한 자신감은 판넬로!

오프닝의 중요성

강의나 프레젠테이션 때는 청중들이 시작부터 함께한다. 그래서 오프닝은 한 번으로 족하다. 그러나 라이브방송 때는 여러 번 필요하다. 청중, 즉 고객들이 중간중간 들어왔다 나가기 때문이다.

이러한 오프닝은 앞으로 진행될 라이브방송, 강의, 프레젠테이션 등의 내용에 관심을 갖게 해주는 중요한 매개체가 된다.

그러므로 유명 강사나 프레젠터들이 멋진 오프닝을 고민하듯이, 라이브방송 진행자들도 맛깔스런 오프닝을 고민해야 한다.

수시로 입장하는 고객

라이브커머스에서 오프닝이 중요한 첫 번째 이유!

고객들이 언제든지 들어올 수 있기 때문이다.

고객들이 들어왔을 때 붙잡기 위해서는 임팩트 있는 오프닝이 필요하다.

라이브커머스 방송 오프닝은 진행할 예정이거나 진행 중인 상품과 방송 조건을 함축적으로, 그리고 임팩트 있게 보여줘야 한다. 60

분 동안 방송하다 보면 최소한 5번 이상, 많게는 10번까지도 오프닝을 반복할 수 있다. 왜냐하면 고객은 시간을 정해 놓고 들어오지 않기 때문이다. 고객들은 언제든 들어온다.

홈쇼핑의 경우도 마찬가지다. 고객들이 방송시간 내내 같이 있어주지 않는다. 방송 중간 중간에 채널을 돌리며 들어온다. 그래서 오프닝 멘트와 판매 조건, 상품 소구점, 주문 유도를 위한 클로징 멘트를 10분, 15분, 20분 단위로 반복 진행한다.

라이브커머스에서 오프닝이 중요한 두 번째 이유!

오프닝을 잘 만들어놓으면 방송 중간 중간에 상품과 조건을 임팩트 있게 알리는 수단으로 활용할 수 있기 때문이다.

오프닝에는 '방송 조건'과 '상품 소개'의 2가지가 들어가면 좋다. 상품 소개는 브랜드를 엮어서 만들거나 상품 특징을 엮어서 만들면 된다. 시간은 30초에서 1분 정도로 준비하자.

1) 인사 → 오늘의 조건 → 상품 특징 → 브랜드 → 주문 유도(조건 강조)

2) 인사 → 상품의 특징 → 오늘의 조건 → 브랜드 → 주문 유도(조건 강조)

3) 인사 → 브랜드 → 오늘의 조건 → 상품 특징 → 주문 유도(조건 강조)

순서는 중요하지 않다. 처음, 중간, 마지막에 요리조리 넣어서 만들어보자.

예1)

인사 : 안녕하세요? "로트르드민"입니다. 라이브커머스에서 처음
　　　인사드리고요.

오늘 조건 : 첫 방송이라 런칭 세일 들어갑니다.

　　　　　　무려 35% 세일로 만나보실 수 있는데요.

상품 특징 : 요즘처럼 더워서 땀 많이 흘리는 지금 시원하게 입
　　　　　　으면서 스타일까지 놓치지 않는 셔츠 원피스 준비했
　　　　　　어요.

브랜드 : 대기업 7년차 디자이너의 노하우를 아낌없이 쏟아낸 작
　　　　　품입니다.

주문 유도 : 오늘 구매하시면 35% 세일 기본에 1만원 상당의 마
　　　　　　스크 줄까지 증정되니 함께해주시기 바랍니다.

예2)

인사 : 어서 오세요! 신규브랜드 "로트르드민"입니다.

상품의 특징 : 오늘은 데일리로 또는 특별한 날에 언제든 입어도
　　　　　　　몸매가 살아나는 셔츠 원피스를 준비했는데요! 소
　　　　　　　재까지 고급 텐션의 원단으로 시원하게! 편안하게!
　　　　　　　구김 걱정 없이 입을 수 있는 원피스예요.

오늘의 조건 : 이런 원피스를 라이브커머스 첫 방송 런칭으로
　　　　　　　35% 세일된 가격에 만나보실 수 있습니다.

브랜드 : 대기업 7년차 디자이너의 노하우를 아낌없이 쏟아부어
　　　　　서 입었을 때 더 예쁜 원피스!

주문유도 : 오늘 구매하시면 35% 세일된 가격에 1만 원 상당의 마
스크 줄까지 함께 증정되니 놓치시면 안 됩니다! 평범
한 것 같은 평범하지 않은 나만의 원피스! 소량만 생산
되니 주문 서둘러주세요!

예3)

인사 : 반갑습니다!

브랜드 : 여러분들이 들으시면 딱 아는 너무 유명한 패션 브랜드!
대기업 7년 경력의 디자이너 브랜드 "로트르드민"입니다.

오늘의 조건 : 명품 원피스 퀄리티에 셔츠 원피스를 오늘 런칭 특
가 35% 세일된 가격에1만 원 상당의 마스크 줄까
지 함께 준비했는데요.

상품의 특징 : 요즘처럼 더워서 땀 흐리고 습기 많아 옷 골라 입
기도 힘들다 생각하시는 이때, 입자마자 시원하게
~ 심지어 구김도 없고 여성적인 맵시까지 살아나게
하는 원피스 준비했어요.

주문 유도 : 방송 시간 놓치시면 절대 이 가격으로 못 가져가세
요!! 입었을 때 훨씬 예쁜 원피스! 제 이름을 걸고 만
들었습니다!
방송 시간 안에 함께해주세요.

다양한 순서로 지루하지 않게

이와 같이 같은 내용이라도 순서를 바꾸면 훨씬 풍성한 멘트가

만들어진다. 이렇게 구성하면 말하는 입장에서도, 듣는 입장에서도 지루하지 않다.

계절적인 부분이 들어가도 좋고 질문 형태가 들어가도 좋다. 중요한 것은 고객들은 관심이 없으면 1분 이상 머물지 않는다는 점이다.

1분 이내로 임팩트 있게!
그래야 고객을 붙잡을 수 있다.

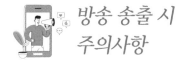

방송 송출 시 주의사항

발열에 주의하자

라이브 영상 송출은 CPU/GPU/통신 자원을 최대한 많이 사용하는 일이다. 그래서 PC는 물론이고 모바일의 경우에도 하드웨어 스펙이 중요하며, 발열도 많이 발생한다.

발열이 심해지면 특히 통신 쪽 하드웨어의 성능 저하가 발생한다. 이로 인해 송출에 문제가 생길 수 있다.

발열 발생을 최대한 막기 위해 아래 사항들을 주의하자.

a. 스마트폰을 충전하면서 방송을 송출하면 발열이 심해진다.

b. 스마트폰 케이스는 열의 발산을 막아서 발열을 악화시킨다.

c. 와이파이(Wi-Fi) 보다 모바일 데이터 모드(셀룰러)가 배터리를 더 소모하고 발열이 심하다.

전화 수신 주의

라이브 영상 송출 중 전화를 수신하면 송출이 중단된다. 스마트폰 모델에 따라서 전화 수신 알림 화면만 나와도 송출이 중단될 수 있다. 따라서 가능한 개통되지 않은 폰을 방송 전용으로 사용하는 것이 좋다.

그럴 수 없다면 스마트폰에서 지원하는 방해 금지 기능을 이용하자.

a. 갤럭시는 방해 금지를 켠 후 '방해 금지〉알림 숨기기'에서 '모두 숨기기'를 한다.
b. 아이폰은 '집중모드〉방해금지 모드'를 켠 후, 허용된 알림 항목이 없도록 설정한다.

5G 폰은 LTE 우선 모드로

5G 스마트폰의 경우 5G를 잡지 못해 LTE로 전환되면서 송출이 중단될 수 있다. 와이파이를 사용할 수 없는 환경에서는 'LTE 우선 모드'로 설정하자. 5G에서 LTE로, LTE에서 5G로 자동 전환되면서 방송이 중단되는 사태를 막아준다.

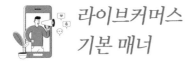

라이브커머스 기본 매너

라이브커머스에도 기본 매너가 있다

식당에서 고객을 맞이하는 기본 매너는 무엇일까?

> 고객이 들어옴 → 눈 마주치며 "어서 오세요!" 하고 인사하기 → 자리 안내
> → 물 한잔 대접하며 메뉴판 드리기

솔직히 이 정도만 돼도 고객은 만족한다. 대접받는다는 느낌을 받기 때문이다.

음식을 다 드시고 나가는 고객에게 "2만 원입니다."라고 무뚝뚝하게 말하지 않고, "맛은 좀 어떠셨어요? 입맛에는 맞으셨나요?"라고 친절하게 말하는 것은 기본이다. 그러고 나서 "2만 원입니다. 맛있게 드셔 주셔서 감사합니다. 다음에 또 와주세요."라고 한다면, 식당과 식당 주인에 대해 기분 좋은 기억만 남게 될 것이다.

고객은 아무리 맛있게 먹던 식당의 음식도 그날의 컨디션에 따라 맛을 다르게 느낄 수도 있다. 하물며 처음 가보는 식당이라면 어떨까? 식당 주인이나 점원은 고객의 컨디션을 모른다. 그렇기 때문에

환하게 웃으면서 응대하는 게 더욱 요구된다. 우리 식당의 첫인상을 좋게 각인시켜야 재방문할 가능성이 높아지기 때문이다.

라이브방송도 마찬가지다.

고객은 내 채널의 손님이다. 내 채널에 들어와 준 고객에게 매너 있는 모습을 보여야 한다. 그래야 좋은 이미지를 주고, 다시 찾아오게 만들 수 있다.

우리가 방송을 준비하면서, 그리고 진행하면서 지켜야 할 매너는 크게 두 가지로 나눌 수 있다.

그것은 '고객들의 눈에 보이는 것'과 '고객들의 귀에 들리는 것'이다.

고객은 지금 무엇을 보고 듣고 있을까?

고객들은 생각보다 많은 것을 보고 있다.

스마트폰에서 보이는 모든 것을 보고 있다고 생각하면 된다.

고객은 진행자뿐만 아니라 진행자 주변(뒤 배경, 옆 배경) 풍경, 진행자 앞에 놓인 상품까지 동시에 본다. 그와 동시에 진행자의 목소리, 상품의 소리, 주변 소리 등을 모두 듣고 있다.

고객이 보는 것	고객이 듣는 것
진행자, 배경, 상품	진행자 목소리, 상품의 소리, 주변 소리

하지만 예외가 있다.

종종 채팅창에 "목소리 못 들어요~ 화면만 보고 있어요."라거나, "화면 못 보고 목소리만 듣고 있어요."라는 고객 채팅이 올라오는 경우가 있다. 목소리를 못 듣는 경우는 이어폰 없이 대중교통 이용 중에 들어온 경우가 많다. 목소리만 듣는 경우는 운전 중이거나 다른 일을 하면서 참여하는 경우다. 시청 장소에 제한이 없는 라이브 방송의 특성상, 듣지 못하고 화면만 보고 있는 경우와 듣기만 하고 화면은 보지 못하는 경우가 드물지 않게 발생하는 것이다.

그래서 우리는 보이지 않아도 보이는 것처럼, 들리지 않아도 들리는 것처럼 방송할 수 있어야 한다. 어떠한 상황에서도 고객과 소통할 수 있도록 준비해야 하는 것이다.

어떠한 상황에서도 고객과 소통할 수 있는 카메라 앞 기본 매너 5가지

첫 번째, 상품이 잘 보이게 하자

고객은 진행자를 보기 위해 방송에 들어온다. 하지만 그냥 그 상품이 좋아서, 또는 상품에 관심 있어서 들어오는 경우가 더 많다. 따라서 무조건 상품이 잘 보여야 한다.

진행자 앞쪽 테이블에 상품을 디스플레이하고 진행자 뒤쪽에도 선반이나 책장을 비치하여 상품을 진열해놓자. 카메라 각도를 잘 잡아서 판매할 상품이 매력적으로 보이도록 연출해보자. 건강식품이나 화장품의 경우 V자 형태로 배치하거나 사다리꼴 모양으로 배치하고, 음식을 요리하는 장면에서는 식품을 화면 양쪽 옆이나 요리하는 인덕션 앞에 비치해두는 게 좋다. 상품이 항상 보일 수 있게 연출하는 것이다. 오늘의 판매 구성을 한눈에 알 수 있게 디스플레이하는 것도 방법이다.

두 번째, 상품과 방송 조건의 이해도를 높이기 위해 소품을 활용하자

소품 중 대표적인 것이 바로 판넬이다.

오늘의 조건과 가격, 그리고 프로모션에 대한 판넬을 만들면 좋다.

그림과 글자를 너무 많이 넣으면 고객이 읽기 힘들다. 그래서 상품 이름과 판매 가격, 몇 퍼센트 할인되는지 정도만 보여주는 것이 좋다. 여기에 구매 시에 함께 증정되는 사은품도 고객이 인지하기 쉽게 판넬을 제작해두면 좋다. 상품의 가장 중요한 스펙도 판넬로 제작해보자! 설명하는 중에 갑자기 유입된 고객들도 놓치지 않게 해주는 소중한 도구가 될 것이다.

세 번째, 목소리를 키워 전달력을 높이자

전달이 잘되는 목소리, 상대방에게 잘 들리는 보이스를 갖고 있다면 너무 좋겠지만, 그렇지 않은 경우도 많다. 보이스가 좋지 않다고 방송을 못 하는 것은 아니다. 하지만 상품을 설명하거나 고객의 질문에 대답할 때, 잘 들리지 않는 작은 목소리나 어눌한 목소리로 말하는 것은 금물이다. 그것은 채널에서 고객을 밀어내는 행동이기 때문이다.

사투리는 괜찮지만 목소리가 작은 건 안 된다. 그러므로 목소리

를 키우자! 성량이 부족한 사람들은 마이크를 사용하는 것이 필수다. 혹시 혀가 짧다면 말의 속도를 조금 늦추자. 그러면 전달력이 한결 나아진다.

네 번째, 상품의 소리를 실감 나게 들려주자

음식을 하거나 먹을 때는 음식이 기름에 구워지는 소리, 볶아지는 소리, 주스를 컵에 따를 때 들리는 시원한 소리, 포장지를 뜯을 때 나는 소리, 사과를 먹을 때 아삭아삭 하는 소리, 견과류를 깨물 때 나는 바삭 소리 등을 실감나게 들려주는 게 좋다.

소리를 잘 들려주기 위해서는 음식을 카메라 가까이 갖다대면 된다. 따로 마이크를 사용하는 것도 좋은 방법이다. 상품을 요리하는 모습과 소리, 상품을 먹는 모습과 소리를 동시에 보여줌으로써 감각적 시너지 효과를 극대화하자.

음식뿐만 아니라 다른 상품들도 마찬가지다. 상품을 사용할 때 나오는 소리를 들려주자. 소리가 나지 않는 건강식품이나 이·미용 제품의 경우, 진행자가 입으로 대신 전해주는 것도 좋다. 의태어나 의성어를 사용해서 제품의 소리를 실감나게 전해주는 것이다.

다섯 번째, 현장감 있는 주변 소리를 활용하자

현장감 있는 주변 소리도 방송의 밋밋함을 덜어준다.

시장에서 방송할 경우 시장에서 들리는 자연스러운 소리들을 그대로 들려주는 것이다. 촬영 장소에 진행자 이외의 다른 사람들이 있는 경우, 그들의 함성과 리액션 소리, 박수 소리 등도 소음이 아니라 현장감 넘치는 배경음으로 활용할 수 있다.

실내에서 방송할 때도 삐-하는 기계음이나 기타 효과음들을 방송 콘셉트에 맞게 삽입할 수 있다. 웃음소리, 박수소리, 함성소리를 적절한 타이밍에 삽입하는 것이다.

이런 식으로 사운드를 활용하는 것도 좋지만 때론 현장의 소리가 더 효과적일 수 있다. 의도치 않은 소음과 상황이 고객들에게 더 큰 재미를 주기 때문이다.

방송 준비는 고객을 기준으로 시작하자

라이브커머스는 TV 프로그램과 달리 사전에 짜인 각본이 없다. 물론 대본을 만들고 싶으면 만들어도 되지만 1인방송의 특성상 그렇게까지 자세히 만드는 경우는 많지 않다.

따라서 TV홈쇼핑이 사전에 작성된 각본대로 진행되는 일반예능이라면, 라이브커머스는 참가자들에게 모든 것을 맡기는 리얼리티 프로그램이라고 할 수 있다.

예)

TV홈쇼핑이 오프닝 - 구성/가격 - 브랜드 소구 - 상품 스펙 - 활용도 - 구성/가격 - 주문 유도 보통 이런 포맷으로 방송이 운영된다면 라이브커머스는 기본 포맷을 가지고 가되 상황에 따라서 주문 유도를 쉴 새 없이 할 때도 있고 활용도 이야기 후 브랜드를 강조할 수도 있고 고객과 소통하느라 수다 삼매경에 빠질 수도 있다. 채널의 특성상 진행자의 특성상 정해져 있는 게 없다.

세상 모든 일이 그렇지만, 방송은 정직하게 준비하는 양만큼 완성도가 높아질 수밖에 없다. 이때 자기만족을 위한 준비가 되어선 안 된다. 무조건 고객의 입장에서 준비해야 한다. 우리 자신과 우리의 상품, 그리고 우리의 방송을 제3자의 눈으로, 객관화해서 볼 수 있도록 노력하자. 고객의 입장에서 생각하고 고객의 입장에서 준비하자.

나의 상품을 구매해주는 고객은 우리에게 너무나도 중요하기 때문이다. 고객의 소리에 귀를 기울이고 고객을 배려하자. 내 모든 것을 쏟아내서 상품을 팔고, 내 상품을 구입해준 고객이 끝까지 만족할 수 있도록 진솔하게 소통하자.

4장

라이브 방송, 하루 이틀 할 거 아니잖아?

　1　　4　25480

누구나 라이브셀러가 될 수 있다. 그러나 돈을 벌고 계속하는 건 다른 문제다.
일단 시작하면 최소한 1년 넘게, 고객이 없어도 계속 방송해야 한다.

그럴 각오가 되어 있는가?
라이브커머스 그 자체를 즐길 수 있는가?

이번 장을 보며 각오를 다져보자. 그리고 깊이 성찰하고 고민해보자.

더도 말고 덜도 말고
1년만 버텨라

버티는 사람이 승자다

오래된 이야기지만 개그맨 유재석 씨가 무명생활로 방송을 포기하려는 후배들에게 한 말이 있다.

"이 바닥은 잘하는 사람이 뜨는 게 아니라 버티는 사람이 뜨는 거예요."

유재석 씨도 무명 시절이 있었다. 그뿐만이 아니다. 개그맨, 개그우먼, 영화배우 등등, 오랜 무명생활 끝에 빛을 본 사람들은 수도 없이 많다.

나도 수많은 쇼호스트 오디션에서 떨어졌다. 내가 쇼호스트가 될 수 있었던 이유는 단 하나, '될 때까지 계속 지원했기 때문'이다.

쇼호스트가 되고 나서도 여러 번 실력의 한계를 느꼈다. 그럴 때마다 유재석 씨의 말을 생각하고 또 생각했다.

"버티자! 버티자! 버티는 사람이 승자다!!"

이 말은 라이브커머스에서도 너무나 중요하다.

딱 1년만 버텨보자!

나는 2020년 6월 25일에 솜귤탱귤 채널을 시작했다. 그리고 지금까지 라이브커머스 방송을 꾸준히 계속하고 있다.

내가 채널을 시작했을 때도 정말 많은 채널이 있었다. 지금은 사라져버린 채널도 있고 새로 생긴 채널도 있다. 그리고 나처럼 꾸준히 방송을 이어가는 채널도 있다. 채널이 사라지는 가장 큰 이유는 팔로워와 매출이 늘지 않아서이다.

상품도 채널도 고객들에게 익숙해져야 한다. '듣보잡'일 때는 신뢰를 주기 힘들기 때문이다. 익숙해지기 위해서는 시간이 필요하다. 우리는 그 시간 동안 버텨야 한다.

1차, 2차, 3차… 방송이 거듭될수록 두려움은 사라지고 방송 스킬은 발전할 것이다. 팔로워 수가 늘면 매출도 반드시 늘어난다! 때로는 팔로워 수가 역주행할 수도 있다. 그럴 때도 포기하면 안 된다. 고객들의 마음은 항상 변하기 때문이다. 팔로워 수는 얼마든지 늘어날 수도, 줄어들 수도 있다. 길게 보고 담대하게 방송하자.

중요한 것은 항상 그 자리에 있는 것이다. 상품력이 있으면 고객들은 반드시 알아본다. 방송을 몇 번 해보지도 않고 매출이 안 나온다는 이유로 포기하지 않았으면 한다. 남들의 말도 걸러서 들을 필요가 있다.

나는 최근에 "그립은 매출이 별로라는데 왜 하고 있냐?"라는 질문을 많이 받았다. 아마도 몇 번 방송을 했다가 재미를 못 본 업체들의 이야기가 전체적인 분위기인 것처럼 소문이 난 것 같다. 그런 말에 일희일비할 필요는 없다. 그럴 시간에 방송 준비를 하거나 잘

나가는 방송을 모니터링하는 게 백 배 낫다.

　라이브커머스에서 채널을 키우는 것은 매일 블로그에 글을 올리는 것과 똑같다. 매일 매출을 체크하며 답답해하고, 역주행하는 팔로워 수를 보며 괴로워하지 마라.

　더도 말고 덜도 말고 딱 1년만 버티자!
　당신의 채널은 반드시 성장해 있을 것이다.

팔지 말고
사게 하라

대부분의 상품은 고객, 즉 구매자가 판매자보다 우위에 있다. 구매자는 다수의 판매자 중에서 선택할 수 있기 때문이다. 판매자가 우위인 극소수의 상품을 제외하면 항상 그러하다.

이러한 구매자 우위는 시간이 갈수록 더욱 심해지고 있다. 정보의 격차가 줄어들고 있기 때문이다. 구매자는 클릭 몇 번으로 수십, 수백 가지의 상품을 검색할 수 있다. 가격, 배송조건, 할부조건, 적립금, 할인율 등등, 모든 것을 쉽고 빠르게 비교할 수 있는 것이다.

이러한 상황에서 판매자인 우리는 어떻게 해야 할까?

고객은 똑똑하다

인터넷이 없던 시절에는 '정보를 갖고만 있어도' 파워가 되었다. 하지만 이제는 달라졌다. 누구나 클릭 한 번으로 전 세계의 정보를 찾을 수 있기 때문이다.

지금은 '당뇨'만 검색해도 당뇨의 원인과 증상, 당뇨 치료 방법, 당뇨에 좋은 음식, 당뇨 관련 기사, 당뇨 전문 추천 병원까지 한 번에 찾을 수 있다.

상품 판매도 마찬가지다. 예전에는 상품을 비교할 수 있는 시스템이 없었고, 필요하면 비싸더라도 그때그때 사야 하는 게 현실이었다. 하지만 지금은 다르다. 이어폰에서 첨단기기까지, 수많은 제조사와 유통사들을 비교해서 구입할 수 있다.

요즘 대세인 ABC주스를 예로 들어보자. "ABC주스"라고만 검색해도 수십 개 이상의 브랜드가 뜬다. 고객은 이중에서 자신이 원하는 브랜드 제품을 선택하는 것은 물론이고, 그 제품의 가격을 판매자별로 비교해볼 수도 있다. 이제 고객들은 자신이 원하는 스타일의 ABC주스를, 상세 페이지까지 확인해가며, 가장 좋은 조건과 가격으로 구입할 수 있게 된 것이다. 소비자 우위의 쇼핑 시대가 도래했다고 해도 과언이 아니다.

이제는 고객이 선택하는 시대

바보는 고객을 유혹하지만 프로는 고객이 스스로 선택하게 만든다. 이게 무슨 말일까? 고객을 유혹해 판매하던 시대는 지났다는 말이다. 이제는 고객 스스로가 직접 선택하게 만들어야 한다.

그렇다면 고객이 스스로 선택하게 하기 위해서는 어떤 노력이 필요할까?

일단 두 가지만 기억하자.

첫째, 요즘 고객의 소비 패턴을 파악해야 한다.

예전에는 판매를 위해 고객을 유혹하던 시절이 있었다. 무조건 싼 가격에 구성을 많이 주면 잘 팔리던 시절! 유명한 사람이 모델이면 잘 팔리던 시절! 이런 시기에 한창 TV홈쇼핑에서 많이 하던 멘트가 "가성비 좋다"는 말이었다.

하지만 요즘은 어떤가? 가성비가 아니라 "가심비"로 바뀐 지 오래다. 가심비란 '가격 대비 소비 행동으로 얻을 수 있는 마음의 만족감'을 뜻한다. 가성비는 객관적인 가치소비이고, 가심비는 주관적인 가치소비인 셈이다. 여전히 많은 고객들이 가성비를 가장 중요하게 생각하지만, 이제는 가심비도 그에 못지 않게 중요해지고 있다.

라이브커머스에서도 "가심비"는 아주 중요하다. 내가 직접 만들어서 물건을 팔지 않는 이상, 유통하는 채널도 많고 나와 같은 물건을 파는 타 채널도 굉장히 많기 때문이다. 고객들은 그 모두를 비교 분석한 다음 자신이 가장 좋아하는 채널에서 구매를 한다. 무조건 싸다고 잘 팔리는 시대가 아니라는 것이다.

그립의 "솜귤탱귤" 채널에 들어오는 찐팬들이 항상 해주는 말이 있다! "혹시 다른 채널에서 이 상품을 판매하더라도, 언니가 파실 때까지 기다렸다가 언니 채널에서 구매할게요!" 채널을 운영하는 입장에서 이보다 더 감동적인 말은 없을 것이다.

가심비와 가성비를 모두 갖춘 상품이라면 어느 플랫폼에서나 불티나게 팔릴 것이다. 하지만 다른 채널에서도 판매하는 상품이라면 어떨까? 비슷한 가격과 비슷한 상품이라면 이왕이면 내 채널에서 구매하게 만들어야 한다. 이를 위해서는 나의 채널이 특별한 매력을 갖추어야 한다. 그 매력은 상품에 대한 진정성과 고객에 대한 배려, 그리고 내 채널만의 '가심비'에 있다.

미국 경제학자 시어도어 래빗은 이렇게 이야기했다.

"드릴을 사는 소비자는 드릴을 사는 게 아니라 그 드릴로 뚫을 구멍을 사는 것이다."

이제 쇼핑은 가치소비, 시간소비로 진화하고 있다. 우리는 이러한 변화를 나침반 삼아서 상품과 방송의 콘셉트를 설정해야 한다.

둘째, 구매가 이루어진 후 고객과 판매자의 생각이 다르다는 사실을 알아야 한다.

고객은 누구에게 이끌려 구매한 것이 아니라 스스로 합리적인 선택을 했다고 생각하고, 판매자는 나의 능력으로 고객을 설득했다고 생각한다. 과연 어떤 게 맞을까?

"홍수가 나면 물이 많지만 마실 물은 없다."라는 말이 있다. 그 상품이 필요 없는 고객에게 가서 "가격이 좋아요! 구성이 좋아요! 오늘 이벤트도 있어요!"라고 아무리 소리쳐도 소용없다. 고객은 스스로 필요하다고 느끼지 않으면 사지 않기 때문이다.

지금 이 순간에도 수없이 많은 채널에서 상품이 팔리고 있다. 방송 채널의 숫자와 종류도 어마어마하다. 하지만 변하지 않는 사실이 있다. 고객은 그들의 마음이 끌리는 곳에 가서 구매한다는 사실이다.

고객을 유혹하려고 하지 마라. 이 상품을 사야 하는 셀링포인트를 다각도에서 제시하라. 그래서 고객이 스스로 선택하게끔 만들어

라. 그것이 다음에도 내 채널을 방문하게 만드는 방법이다.

시장 상황을 파악하고 상품의 가치를 연구하자

오프라인이나 온라인에서 상품을 판매하는 대부분의 업체들이 하는 말이 있다.

"경기가 안 좋아서 장사가 잘 안 된다."

과연 정말 경기가 안 좋아서, 코로나 때문에 안 팔리는 걸까?

코로나 시대가 되자 집에서 쉽게 만들어 먹을 수 있는 밀키트 업체, 홈트레이닝 기구 제조업체들은 대박을 냈다. 해외여행을 못 나가는 사람들이 국내 호텔에서 호캉스를 즐겼고, '샤테크 적기'라는 말이 나올 정도로 중고 명품 핸드백 판매가 늘어났다. 이러한 현상은 신품에도 해당되었다. 해외에 못 나가니까 명품백이라도 사자는 심리 덕분이었다. 청담동의 명품 가방 업체들의 매출이 거의 800%나 뛰었고, 청담동의 어느 백화점은 문을 열기도 전에 200여 명이 줄을 서는 진풍경을 연출하기도 했다.

BBC는 2020년 3월 29일 코로나 사태가 터지고 잘 팔리는 6가지 상품으로 자전거 등의 홈트레이닝 기구, 탁구대, 당구대 등 실내놀이기구, 양배추, 콩, 토마토 등의 식물 씨앗, 읽을거리, 노트북, 게임기, 냉장고, 주방기기 등을 꼽았다. 이런 소비 패턴의 변화를 알고 있어야 한다. 그래야 고객의 마음도 알 수 있다.

(2021년 1월 19일 서울신문)

잘 팔리는 상품을 발굴하거나 직접 제작하는 것도 중요하다. 하지만 물건을 하나라도 더 팔기 위해 아등바등하는 '장사꾼 마인드'에 머물러선 안 된다. 전체적인 시장 상황과 트렌드, 더 나아가 시대정신을 파악해서 자신의 상품의 가치를 극대화할 줄 알아야 한다. 물건이 아니라 가치를 파는 마인드가 필요하다. 그래야 오래 갈 수 있다.

물론 처음에는 과감한 프로모션과 할인 가격, 브랜드 인지도로 유혹해야 한다. 하지만 방송을 할 때마다 주구장창 그것만 내세울 순 없는 노릇이다. 그렇다면 1시간이라는 짧은 시간 동안 판매 방향을 어떻게 잡아야 할까?

방송 중에 상품에 대한 정보를 주는 것은 당연하다. 그것은 기본 중에 기본이다. 하지만 거기서 그치면 곤란하다. 예전에는 상품 정보만 잘 전해줘도 판매가 가능했다. 고객들은 의심하지 않고 구매했다.

하지만 더 이상은 아니다. 검색이라는 막강한 힘을 가진 소비자들의 마음을 움직이기 위해서는 그것만으로 부족하다.

그렇다면 어떻게 해야 소비자들이 내 상품을 선택하게 할 수 있을까?

고객과의 소통을 통해 그들이 원하는 것을 파악하자

판매를 하기 전에 내 상품을 구매해줄 고객을 파악해보자. 라이브커머스는 고객과의 소통이 중요하다. 전단지나 온라인 쇼핑몰처럼 사진과 글자로만 고객을 유혹하는 게 아니기 때문이다.

고객들이 상품을 선택하는 요소는 다양하다. 상품 정보(원산지, 특징, 기능), 가격, 구성, 사은품 등등.

하지만 라이브커머스의 경우는 한 가지가 더 있다. 판매자와 채널의 진정성이 그것이다.

"저 쇼호스트가 파는 상품은 괜찮아."
"다 좋은 상품들이었어."

고객들에게 이런 말을 들어야 한다.

말을 잘하면 물건을 팔 수 있지만, 신뢰를 주면 고객의 마음을 얻을 수 있다.

고객의 신뢰! 이것만큼 얻기 힘들고 값진 게 없다.

상품에 대한 진정성이 고객을 움직인다

고객들은 원하는 상품을 사기 위해서, 자신의 상품을 팔기 위해서, 모니터하기 위해서, 단순히 재미를 위해서 등의 다양한 이유로 라이브커머스를 방문한다.

고객 연령대도 10대부터 60대까지 너무 다양하다.

모니터를 하기 위해 방문했다가 진행자의 설명과 구성, 가격, 프로모션에 반해서 구매하는 경우도 있다. 재미로 왔다가 막상 필요한 것 같아서 구매하는 경우도 있다. 자녀나 연인, 또는 부모님이 생각나서 사는 경우도 있다. 상품을 파는 진행자가 좋아서 사는 경우도 있다. 라이브커머스에서 구매하는 이유는 너무나도 다양하다.

이렇게 다양하고 복잡할수록 기본으로 돌아가야 한다.

상품에 대한 진정성을 갖추고 고객을 정확하게 이해하고 파악하는 것!

고객에게 상품의 필요성을 납득시키고, 상품의 장점을 진정성 있게 전달하는 것!

이것이 바로 라이브커머스의 기본이라고 할 수 있다.

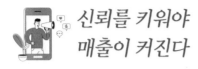

신뢰를 키워야 매출이 커진다

신뢰가 있어야 라이브커머스도 있다

라이브방송은 고객이라는 햇살을 받아서 무럭무럭 자라나는 나무와 같다.

방송을 진행하는 라이브셀러는 라이브방송이라는 나무에 핀 꽃이다. 고객들은 라이브셀러라는 꽃을 보기 위해 벌처럼 나비처럼 날아온다. 그리고 좋은 상품이라는 꿀을 따서 집으로 돌아간다. 그런 고객들 덕분에 라이브셀러는 매출이라는 탐스러운 열매를 맺게 된다. 그러니까 고객은 라이브커머스를 위한 따스한 햇살도 되고, 고마운 벌과 나비도 되는 셈이다.

라이브커머스라는 나무는 고객의 신뢰라는 토양에서만 자랄 수 있다. 신뢰라는 땅이 없으면 라이브방송이라는 나무가 뿌리내릴 수 없는 것이다.

그러므로 신뢰의 중요성은 아무리 강조해도 지나치지 않다. 고객의 신뢰가 없으면 라이브방송이라는 나무가 제대로 자랄 수 없고, 그 결과 라이브셀러라는 꽃도 볼품없어지며, 결국 고객들도 찾아오지 않게 된다. 끝내 어떤 열매도 맺지 못한 채 쓸쓸히 말라죽는 것이다.

따라서 신뢰가 가장 중요하다. 명심하자. 신뢰가 없으면 방송도, 고객도, 매출도 없다.

노력 없이는 신뢰도 없다

라이브커머스는 새로운 고객들과의 만남이다.

새로운 고객들이 지나치듯 보는 내 방송을 신뢰하고 상품을 신뢰할 수 있는 확률이 과연 얼마나 될까?

우리 자신도 마트를 갈 때나, 단골음식점에 갈 때, 세제나 콩나물을 살 때도 항상 가던 곳, 항상 찾던 브랜드를 선택한다. 그 익숙함에서 조금이라도 벗어나면 고민하게 되고, 두려움마저 느낀다.

과연 맛있을까? 과연 괜찮을까? 그런 두려움과 고민을 덜어내기 위한 방법으로 우리는 리뷰를 확인한다. 리뷰는 고객이 남겨주는 신뢰의 징표이다.

새로운 고객이 내 채널에 들어와 상품을 구매하는 것까지 이어지기 위해서는 내 상품을 미리 써본 고객들의 리뷰, 그리고 내 채널을 좋아해 주는 충성고객들의 채팅이 있어야 한다.

그렇다면 어떻게 해야 충성고객을 얻을 수 있을까?

첫째, 꾸준하게 방송하여 고객의 의심 줄이기

꾸준하게 방송을 해야 지속적으로 노출된다. 지속적으로 노출되어야 상품에 대한 신뢰감이 생기고 고객들이 내 채널을 인지할 수 있다. 나와 내 상품, 내 채널이 익숙해지면 거리감과 두려움이 자연히 줄어든다. 홈쇼핑에서 인기 연예인이 쇼퍼테이너로 활동하는 것도 바로 이런 이유 때문이다. 항상 TV에서 보던 사람이, 심지어 인성까지 좋은 연예인이 상품을 팔 때 우리의 의심은 줄어든다.

아무리 인기 있는 연예인도 TV에서 잘 나오지 않으면 '퇴물'이 되고 잊혀진다. 라이브방송도 마찬가지다. 들쑥날쑥한 방송을 하면서 고객들의 관심을 받고 싶어 하는 것은 지나친 욕심이다.

둘째, 고객들의 닉네임과 채팅 열심히 읽어주기 (feat. 닉네임 외우기)

고객들은 진행자가 자신의 닉네임을 읽어주면 환영받는다고 생각한다. 우리도 닉네임을 읽어주면서 자연스레 그 고객을 기억하게 된다. 다음 방송 때 또 그 고객이 들어오면 더 쉽게 눈에 들어올 것이고, 그렇게 소통하다 보면 그 고객과 더 친해질 수 있다.

채팅은 상품을 설명하는 중에도 계속 확인하면서 읽어주는 것이 좋다. 고객들은 그래야 소통이 잘되고 있다고 생각한다. 나는 상품 설명이 한창일 때도 채팅이 많이 올라오면 잠시 멈추고 채팅을 읽어주려고 한다. 그럼에도 놓치는 채팅이 있다면 설명이 끝나고 다시 체크해 빠뜨리지 않으려 노력한다. 물론 동접자가 많아서 채팅을 읽지 못할 정도로 빨리 올라갈 때는 채팅만 읽다 끝날 수도 있으니 중요한 질문 위주로 읽어준다.

고객들은 자신의 채팅을 읽어주길 바란다. 읽어주지 않는다면 뭐하러 채팅을 한단 말인가? 고객이 올려주는 채팅에 대해 진심으로 감사하는 마음을 가지자. 채팅이 활발해야 그날의 방송이 성공한다는 것을 잊지 말자!

셋째, 브랜드 인지도 키우기

상품의 신뢰도는 브랜드 인지도가 가장 큰 몫을 한다. 즐겨 찾던 브랜드가 라이브를 한다고 하면 라이브 안에서의 혜택이 좋다 보니 당연히 구매할 수밖에 없을 것이다. 하지만 소상공인들은 대부분 브랜드가 약하다. 그래서 고객들이 익숙해지는 데에 시간이 필요하다. 고객에게 나의 상품은 낯선 상품이다. 친해질 시간이 반드시 필요하다.

필자가 앵콜을 진행하고 있는 "올밀크", "빛들식혜", "아이클키즈", "샐리의 살림의 법칙"등은 지금도 N차 방송을 계속하고 있다. 이 상품들은 이제 그립에서 인기상품으로 통한다. 좋은 상품이라는 믿음과 상품력, 그리고 꾸준한 방송 노출이 더해진다면 브랜드 이미지는 커질 수밖에 없다.

고객에게 나의 브랜드와 상품은 생소하다

많은 업체들이 이런 질문을 한다.

"그립은 저가상품만 판매가 잘되나요?"

나의 대답은 "아니오"다. 처음 방송부터 매출을 원하는 건 욕심이다. 나는 내 상품이기에 너무 좋다고 이야기하지만, 고객은 처음이기에 생소하다. 당연히 매출이 적다. 0일 수도 있다. 수없이 많은 업체들이 첫 방송에서 매출 0을 찍는다. 하지만 3차, 4차 방송을 이어가면서 조금씩 발전해 간다.

내 상품을 사지 않더라도 들어와서 채팅을 남겨주는 고객, 내가 설명하는 상품에 대해 질문하는 고객, 그리고 구매는 안 하더라도 장바구니에 담아주는 고객들이 생길 때까지 기다리자.

고객에게 내 채널이, 내 상품이 익숙해질 때까지 기다리면 분명히 매출이 올라간다. 매출이 오르지 않더라도 내 채널을 팔로우해주는 고객들이 생긴다면 결코 실패한 방송이 아니라는 것을 꼭 기억했으면 좋겠다.

하루에도 수천 개의 방송이 열리고 있다. 그 안에서 나의 채널을, 나의 상품을 꾸준히 노출해서 익숙해지게 만들자.

꾸준한 방송에 고객과의 진심 어린 소통이 더해져야 한다. 고객과 내가 친해지는 시간까지 공유한다면 금상첨화다. 그 정도는 되어야 고객들이 나의 채널과 상품을 의심하지 않는다.

이것이 라이브커머스에서의 "신뢰"이다.

고객의 신뢰를 얻는 세 가지 방법

라이브커머스에서 고객의 신뢰를 얻는 것은 아무리 강조해도 지나치지 않다. 지금까지 이야기한 것을 간단히 요약, 정리해본다.

첫 번째, 꾸준히 방송을 진행하라

방송을 내 마음대로, 내키는 대로 하지 말자. 일주일에 최소한 한 번 이상 방송한다는 마음먹고 실천에 옮기자. 그래야 상품과 진행자, 그리고 채널에 대한 신뢰가 쌓인다.

두 번째, 상품에 대한 고객들의 리뷰가 채널과 진행자에 대한 신뢰로 이어진다

고객들에게 신뢰를 얻는 데는 시간이 필요하다. 진행자는 좋다고 외치고 있는데 직접 먹어보고 사용해본 고객들의 반응이 그저 그렇다면? 다시 생각해봐야 한다. 마음을 조급히 먹지 말고 내가 믿고 파는 상품을 고객들도 좋아하는지 기다려보자.

세 번째, 고객과의 소통을 즐겨라

라이브커머스의 장점은 고객과 진행자의 쌍방소통이다. 이를 적극적으로 활용해야 한다. 하지만 방송을 하다 보면 채팅 참여는 하지 않고 시청만 하는 고객들도 많다. 그런 고객들을 채팅에 참여하게 하면 좋겠지만 채팅이 안 올라온다고 해서 의기소침할 필요는 없다. 시청자들이 처한 상황과 시청 환경은 생각보다 다양하기 때문이다. 방송이 일단 시작되면 고객들이 상품과 진행자, 그리고 방송을 즐길 수 있도록 판을 만들어줘야 한다.

60분을 온전히 지배하라

방송하는 진행자가 즐거워야 고객들도 즐겁다.

진행자가 신이 나 있어야 고객들도 덩달아 신이 난다.

진행자가 웃어야 고객도 웃는다.

그러므로 나부터 방송을 즐겨야 한다.

"웃어라, 온세상이 너와 함께 웃을 것이다. 울어라, 너 혼자만 울게 될 것이다."

영화 올드보이에 나오는 미국 여류 시인 엘라 휠러 윌콕스(Ella Wheeler Wilcox)의 말이다.

진행자가 말을 잘하고 상품의 스펙이 좋다고 해서 구매까지 이어지는 것은 아니다.

나는 늘 이런 생각을 한다.

"이런 날도 있고 저런 날도 있고, 매번 똑같지 않다."

'매일 성장한다'라는 긍정적인 마음을 갖자. 고객들이 장바구니에 상품을 담지 않아도, 채팅이 올라오지 않아도, 뷰가 좋지 않아도 낙담하지 말자.

매출과 상관없이 방송 그 자체를 즐기자. 60분이라는 시간을 나의 상품과 나의 이야기로 신나게 채워보자.

고객이 설레는 포인트, 셀링포인트

어떻게 팔 것인가

얼마나 파는 가보다 중요한 것은 어떻게 파느냐이다.

경제 용어 사전에는 AIDMA(아이드마)라는 단어가 있다.

사람이 실제로 행동하기까지는 주의Attention, 흥미Interest, 욕망 Desire, 기억Memory, 행동Action의 순서가 있다는 법칙인데, 1920년 에 미국의 롤랜드 홀이 주장한 소비자의 구매심리 과정을 절차화 하여 정리한 것이다. 광고 제작의 기본 원칙이기도 하다. 고객의 관 심과 흥미를 촉발시키고 욕구를 불러일으켜야 강렬한 기억이 만 들어지고, 결국 구매 행동으로 연결된다는 것이다. 기억 대신 확신 Conviction을 써서 AIDCA라고도 한다. (네이버 한경 경제용어사전)

> 고객의 주의를 끌기 위해 상품을 고객에 맞추는 노력을 전개하는 동시에 상품에 대한 기대감을 심어줘야 한다.

그러기 위해서는 "셀링포인트selling point"를 만들어야 한다.

Who : 누구에게 팔 것인가?
Why : 왜 사야 할까?
How : 어떻게 사용하면 좋을까?

Who는 내 상품을 구매할 고객이다

예전에는 타깃층을 특정해서 공략했다. 요즘에는 다양한 연령층을 공략하는 것이 좋다. 이를 위해서는 메인 타깃과 서브 타깃을 정해야 한다.

예를 들어 남성 전립선 건강기능식품 "쏘팔메토"를 판매한다면,

메인 타깃	실제 섭취하는 40~60대 남성
서브 타깃	실제 구매하는 40~60대 주부
	스스로 챙기기 원하는 30대 중반 이상의 남성
	쏘팔메토가 필요한 남성을 아버지로 둔 20~30대 자녀
	비슷한 연령대 지인 선물

위와 같이 타깃을 세분화해서 공략해야 한다.

Why?는 타깃이 이 상품을 사야 하는 이유이다

고객들은 필요하다는 생각이 들어야 구매한다. 라이브셀러의 현란

한 말솜씨에 홀려서 샀다고 생각하고 싶어하는 고객은 아무도 없다. 고객들은 자신이 스스로 선택했다고 믿고 싶어 한다. 그러므로 "왜 (Why) 사야 할까?"라는 질문은 고객들의 구매 만족도를 높여준다.

1) 나이가 들면서 노화되고 전립선은 점차 비대해진다.
2) 배뇨 후 소변이 남아 있는 느낌이 든다.
3) 소변이 자주 끊기고 수시로 소변을 본다.
4) 소변 때문에 자주 잠을 깬다.
5) 힘을 줘야 소변이 나온다.
6) 육식과 과음을 즐기는 식습관도 원인이다.

이 정도로만 Why를 정리해도 충분하다. 이렇게 정리한 내용을 중심으로 방송한다면, 소변에 대해 불편함을 살짝이라도 느꼈거나 전립선 건강에 관심 있는 사람들은 구매하고 싶어 할 것이다.

How는 어떻게 활용할 수 있는지 기대감을 주는 것이다

1) 간단하게 물과 함께 하루에 1번!
2) 언제 어디서든 섭취 가능하다.
3) 중년 남성에게 필수적인 영양소이자, 체내에너지를 생성해주는 '비타민B'가 들어 있다. 또한 면역 활동에 도움을 주는 아연도 부원료로 들어가 있다.
4) 인체 적용 시험 결과 테스토스테론 증가와 소변의 유속, 잔뇨량 개선에 유의미한 결과를 보였다.

이 정도만 정리해도 1시간 방송은 충분히 진행할 만한 소재가 된다. Who에 맞춰 Why를 정리하는 것도 좋은 방법이다.

예를 들어,

Who	40~50대 주부
Why	요즘 남편이 밤잠을 설치고, 자다가 화장실을 가서 잠이 깨진 않았는지.
	소변 소리도 예전과 다르게 시원하게 나오는 것 같지 않고, 화장실에 들어가면 한참 뒤에 나오지는 않았는지.
How	대부분의 남편들은 스스로 챙기지 못한다. 좀 불편함이 있더라고 괜찮겠지, 하고 넘어가는 경우가 대부분이다. 그래서 우리 주부들이 챙겨줘야 한다. 하루에 간단하게 비타민 먹듯 섭취하게 도와주자! 남편의 건강을 위해 우리가 챙겨주자!

who	30대 여성
Why	아버지의 건강을 위해, 아버지 옆에 있는 엄마를 위해
How	섞어 먹거나 맛이 없거나 하지 않고 물과 함께 간편하게 먹을 수 있다.

Who, Why, How!

이 세 가지는 상품분석의 기본이다. 고객들이 내 상품을 왜 사야 하는지에 대한 이유를 보다 명확하게 제시할 수 있기 때문이다.

막연하게 생각하지 말고 표로 정리해보자. 직접 써보는 것은 분명히 다르다.

이러한 작업을 해보면 '구매하는 고객'과 '대상이 되는 고객', 즉

'실제로 사용할 고객'을 나누어서 다르게 접근해야 한다는 생각이 들 것이다. 상품 설명도 논리적으로 할 수 있게 된다. 고객들의 기억에도 더 깊이, 더 오래 남을 것이다. 그러면 지금 당장 사지 않더라도 필요한 상황이 되었을 때 나의 상품을 찾아줄 것이다.

지금 당장 Who, Why, How를 분석해보고 그에 맞는 다양한 멘트를 준비해보자!

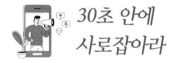

30초 안에 사로잡아라

라이브커머스의 시대가 시작되다

라이브쇼핑이 대세다. 라이브커머스 춘추전국시대라고 불릴 정도다. 네이버도 파워 등급에게만 열어주던 라이브방송을 새싹 등급만 되어도 방송할 수 있게 해주었고, 그 결과 라이브커머스 경쟁이 더 치열해졌다.

매일, 매시간 수십 수백 개의 방송이 다양한 플랫폼에서 열리고 있다. TV홈쇼핑들도 앞다투어 자체 라이브커머스 채널을 만들었고, 쿠팡을 비롯해서 네이버, 카카오, 배달의 민족, 11번가 등 굵직한 쇼핑 플랫폼들도 라이브커머스를 시작했다. 백화점과 아울렛, 브랜드 자제 홈페이지 채널에서도 라이브커머스를 진행하고 있다.

그만큼 업체들이 다양한 플랫폼에서 라이브방송을 진행할 수 있다는 긍정적인 시그널이기도 하지만, 그만큼 업체와 플랫폼들의 경쟁이 치열해졌다는 의미도 된다. 고객의 입장에서는 선택의 폭도 넓어지고 합리적인 가격에 구매할 수 있는 길이 열렸지만, 선택의 폭이 넓어진 만큼 선택 장애가 오기도 한다.

고객은 인내심이 짧다

이렇게 많은 플랫폼에서 수많은 방송이 열리기에 고객은 한 채널에 오랫동안 머무르지 않는다. 네이버에서 쿠팡으로, 쿠팡에서 그립으로, 수시로 채널을 옮겨 다닌다. 그래서 방송을 보는 사람은 고객과 고객이 아닌 사람으로 나뉜다.

고객이 아닌 사람은 업체 관계자들과 나를 응원해주는 지인들, 그리고 방송을 준비 중인 쇼호스트나 타 업체 관계자 등이다.

실제로 그립 방송을 할 때 라이브 60분 내내 내 방송을 보는 사람이 업체 관계자, 모니터링하는 분, 가족들밖에 없던 때도 있었다. 가족도 초기에만 내 방송을 지켜봐주지, 시간이 지나면 들어오지도 않는 게 현실이다. 모니터링하는 쇼호스트나 업체들도 30분 이상 머무르지 않는다.

하물며 나와 아무 연고도 없는 고객들은 어떨까?

라이브커머스는 방송 도중에도 고객들이 들어왔다 나갔다를 반복한다. 또 새로운 고객들이 계속 입장한다. 하지만 나에겐 고객이 떠나는 게 보이지 않는다.

고객들의 성향도 다양하다. 들어오자마자 채팅으로 인사하는 분도 있지만, 참여 자체를 하지 않고 지켜보는 분들도 많다. 새삼스러운 말이지만 고객은 냉정하다.

고객들은 재미가 없으면 30초 이상 보지 않는다. 그래서 고객을 잡는 30초가 굉장히 중요하다! 고객이 발을 멈춰야 팔로우나 스토어찜을 할 것이고, 그것이 매출과 연결되기 때문이다.

◇ 고객이 발길을 멈추는 몇 가지 포인트

1) 필요한 상품일 때
2) 상품에 대한 호기심이 있을 때
3) 평상시 선호하는 브랜드일 때
4) 가격과 구성 조건이 좋을 때
5) 방송이 재밌을 때

고객을 잡는 스킬

그래서 우리는 가장 중요한 포인트를 고객에게 계속 알려주어야 한다.

내 상품의 가장 큰 특징과 내 방송의 매력을 고객이 입장한지 30초 안에 어필해야 한다.

그립, 쿠팡은 들어오는 고객 한 명, 한 명의 닉네임이 보인다. 고객이 입장하는 것이 진행자에게도, 시청하고 있는 고객들에게도 다 보이는 것이다. 그러나 그 외의 채널에서는 왼쪽 상단에 뷰(view), 즉 숫자로만 표시된다.

그래서 그립이나 쿠팡의 경우 입장하는 고객들의 상황을 보고 거기에 맞게 오늘 방송의 중요 포인트를 설명하면 되지만, 다른 플랫폼들은 진행자가 체크하기 어렵다. 그래서 왼쪽 상단의 뷰 숫자가 증가하는 것을 주시하면서 오늘의 조건과 상품의 특징을 임팩트 있게 설명해야 한다. 그래야 고객들의 발걸음을 조금이라도 붙잡을 수 있다.

1. 마법의 30초 강조법

왜 30초일까? 사람이 대화, 즉 커뮤니케이션을 시작하면 관련 정보가 뇌로 가는데, 이때 감각기억, 단기기억, 장기기억을 거치게 된다. 커뮤니케이션의 시작은 감각기억과 단기기억에 의존하는데, 단기기억은 약 30초 정도만 유지된다.

30초! 사람이 집중해서 정보 처리를 하는 시간이 10초에서 30초 사이라는 뜻이다. 우리가 30초 내로 고객의 관심을 얻어야 하는 이유가 여기에 있다. 또한 초두 효과[4], 맥락 효과[5]만 봐도 우리에게 30초가 얼마나 중요한지 알 수 있다.

그렇다면 '30초 멘트'는 어떻게 해야 할까?

가장 임팩트 있는 상품의 특징을 이야기하거나, 상품이 필요한 이유에 대한 질문으로 시작한다. 이때는 두괄식으로 이야기를 풀어간다.

고객의 질문에 대답할 때도 두괄식! 나의 주장을 이야기할 때도 두괄식! 10분마다 오늘 방송의 가장 중요한 포인트를 이야기할 때도 두괄식! 이 포인트를 기억하자.

4　초두 효과 : 처음 제시된 정보 또는 인상이 나중에 제시된 정보보다 기억에 더 큰 영향을 끼치는 현상을 말한다. 초두 현상.

5　맥락 효과 : 가장 먼저 들어온 정보가 나중에 들어오는 정보의 처리 지침으로 자리 잡아 맥락을 결정하는 것.

◇ 성공적인 30초를 만드는 핵심 포인트 4가지

특징 강조	가격 강조
조건 강조	브랜드 강조

◇ 30초 PT 예시 (1) 특징 강조

떡 좋아하시는 분들 손 들어보세요!
(보이지는 않지만 재미있게 진행자가 직접 손들면서) 저욧!
저도 떡 굉장히 좋아하는데 정 말 이 떡은 신선한 충격이었어요.
전통 떡의 상큼한 도전! 그동안 드셨던 떡들과 퀄리티가 다릅니다.
얼려 먹어도 정말 부드러워서 입안에서 사르르 녹는 떡이에요~
안에 다양한 크림까지!
합성첨가물 제로! 국내산 찹쌀 100%로 만든 정성 가득한 디저트 떡!
오늘 라이브 안에서만 30% 가격 인하! 댓글 이벤트 통해서 총 10분께 1+1 갑
니다~!

◇ 30초 PT 예시 (2) 가격 강조

그동안 디저트 떡 1박스 800g 정도 얼마에 드셨어요?
보통 인절미나 바람 떡도 800g이면 만 원이 넘습니다.
출시된 지 한 달밖에 되지 않은 최고급 아이스크림 떡이 8900원!
우리가 평상시에 먹던 떡이 아니라 아이스크림처럼 부드럽고, 생크림이 한가득
들어가 있는데도 8900원!
100% 국내산 찹쌀만을 사용했는데도 8900원!
합성첨가물이 제로인데도 8900원!
정성껏 만들었습니다. 드셔보시죠.
오늘 라이브 안에서만 30% 가격 인하! 댓글 이벤트를 통해서 총 10분께 1+1
갑니다~!

◇ 30초 PT 예시 (3) 조건 강조

오늘 라이브 안에서만 30% 가격 인하! 댓글 이벤트를 통해서 총 10분께 1+1 갑니다!
출시된 지 얼마 안 되어서 오늘은 정말 홍보 목적으로 방송합니다.
오늘 디저트 떡에 대한 기대감을 채팅으로 남겨만 주셔도 저희가 5분마다 한 번씩 추첨하고 있어요! 당첨되시면 1+1 갑니다!
맛있게 드셔주시고 주변에 좋은 이야기 부탁드려요.
그동안에 못 드셔보셨던 떡의 신세계! 차갑게 시원하게 부드럽게 달콤하게!
100% 국내산 찹쌀로 만들고 5성급 호텔급의 고급진 맛을 선사할 디저트 떡!
가격 좋고 이벤트 할 때 무조건 드셔보세요!

◇ 30초 PT 예시 (4) 브랜드 강조

우리나라 떡에는 전통이 있습니다. 특히 오늘 디저트 떡은 경력 50년의 장인이 전통의 맛과 퓨전의 맛을 결합해서 수십 번의 테스트 끝에 선보이는 정말 특별한 떡입니다.
차갑지만 딱딱하지 않고, 부드럽고 달콤하게 사르르 녹는 떡의 신세계를 맛보실 수 있어요~ 50년 떡의 장인이 만들어서 더 특별한 떡! 그 떡을 여러분들은 오늘 30% 할인된 가격에 댓글만 남기시더라도 1+1의 혜택으로 맛보실 수 있습니다.

이 4가지 중 어떤 걸 활용해도 좋다.

이렇듯 30초 PT를 만드는 방법도 다양하다. 별도의 형식이 정해져 있지 않은 것이다.

그러니 다양한 버전으로 자유롭게 만들어보자. 고객들을 내 채널에 머무르게 할 수도 있고, 방송하는 60분 내내 알차게 활용할 수도 있을 것이다.

2. 10분 단위로 반복하라

10분 단위로 반복하는 이유는 새로운 고객들이 계속해서 유입되어서이기도 하지만, 이미 시청 중인 고객들의 뇌에 각인을 시키기 위해서이기도 하다. 방송이 끝난 후에도 내 채널과 내 상품에 대한 기억이 하나라도 남아 있다면 내 채널을 찾을 확률이 높아지기 때문이다. 한 마디로 반복 주입식 기법이라고 할 수 있다.

미리 준비한 30초 PT를 방송하는 동안 지속적으로 반복하자. 이때 가장 임팩트 있고, 고객들이 관심가질 만한 시연도 보여주면 더욱 효과적이다.

3. 방송 채널의 개성

목소리도 평범, 상품 설명도 평범, 여기에 방송 진행도 평범하다면 어떨까? 준비가 잘된 다른 방송에 비해 고객의 관심을 끌기 힘들 것이다. 사투리를 써도 괜찮다. 옷을 잘 못 입어도 괜찮다. 상품에 대한 나의 열정이 스마트폰 밖의 고객들에게 전달되면 된다. 그 자체만으로도 나만의 개성이 될 수 있다. 나만의 리액션을 만든다든지, 상품과 연결된 의상을 준비한다든지, 상품이 필요한 이유를 기발하고 재미있게 보여주자. 그러면 고객들의 발걸음을 멈추게 할 수 있다.

30초 PT 연습으로 말 근육을 키우자

라이브커머스 안에서 고객을 설득시키려면 일단 말을 잘해야 한다. 능수능란하게 멘트를 치라는 말이 아니다. 같은 말이라도 판매자의 진심이 들어가야 한다는 뜻이다. 진심 가득한 말을 고객에게 전달하기 위해서는 현란한 말솜씨가 아니라 조리 있게 말하는 언변이 필수적이다. 이를 위해서는 연습을 해야 한다.

몸에만 근육이 있는 것이 아니다. 말을 잘하고 고객을 설득시키는 스킬에도 근육이 필요하다. 말을 진정성 있게, 재미있게 할 수 있게 해주는 '말 근육'을 키워야 한다.

운동에도 유효기간이 있다고 한다. 운동을 한 후에 소근육은 24시간, 대근육은 48시간이 지나면 근력이 떨어진다고 한다. 그래서 최소한 2~3일에 한 번은 운동하라고 하는 것이다.

30초 PT를 만드는 훈련도 마찬가지다. 연습해야 한다. 다양한 스타일로서 나만의 30초 PT 노트를 만들고 꾸준히 연습해보자.

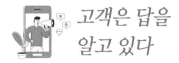
고객은 답을
알고 있다

고객과의 거리감 좁히기

고객의 마음과 관심을 얻으려면 일단 고객과 나의 거리감을 좁혀야 한다. 첫인상에서 호감을 주었더라도 마음의 빗장을 바로 열기란 쉽지 않다. 이런 낯설고 어색한 거리감은 상대방에 대한 긍정적인 마음이 생겼을 때 열린다. 그래서 우리가 많이 사용하는 방법 중하나가 바로 Yes set 기법이다.

Yes set 기법
듣는 사람이 무의식적으로 고개를 끄떡이며 Yes를 3번 하게 함으로써, 말하는 사람을 긍정적으로 보게 만드는 기법

예) 벌써 7월 중순이네요   고객 : 맞아요 Yes
오늘 날씨가 너무 좋죠?   고객 : 맞아요 Yes
바람까지 살짝 부네요!   고객 : 맞아요 Yes

평범한 말로 시작한다고 생각할 수도 있겠지만 이면을 잘 들여다보자. 고객이 무의식적으로 끄덕이게 하여 나의 말에 동의하게 함

으로써 낯섦과 어색함을 푼다는 것을 알 수 있다.

세일즈업에 종사하는 분들이나 강의를 주로 하는 강사들, 그리고 홈쇼핑 쇼호스트의 멘트를 통해 많이 들어봤을 것이다.

고객들은 질문을 받는 순간 움직인다

고객과 나의 거리감을 Yes Set 기법으로 좁혔다면 다음의 두 가지의 문장을 살펴보자!

1) 음주는 건강에 좋지 않습니다. 줄이시거나 끊는 게 좋습니다.
2) 언제 술이 생각나세요?
   술이 건강에 좋지 않다는 걸 알지만 왜 우리는 자꾸 찾게 될까요?

두 가지 문장 모두 금주에 대한 메시지를 전달한다. 하지만 두 말의 느낌은 다르다.

첫 번째 문장은 뭔가 강요하는 일방적인 주장의 느낌이다. 그래서 이 말을 들으면 "그래 나도 알아, 음주가 건강에 안 좋다는 걸. 그래서 뭐?"라는 생각이 들 수도 있다.

그에 반해 두 번째 문장은 강요하지 않고 질문하기 때문에 일방적인 느낌을 주지 않는다. 그래서 훨씬 더 부드럽고, 오히려 집중하게 만든다.

이와 같이 질문을 하면 내가 원하는 방향으로 Yes를 끌어낼 수 있고, 강요의 느낌이 아닌 포용의 느낌을 줌으로써 거리감을 좁힐 수 있다.

이런 질문은 고객이 스스로 선택하게 하는 가장 중요한 멘트 장치이다. 방송 경험이 많이 없더라도 어렵지 않게 사용할 수 있는 질문법이기도 하다.

많은 질문법 중에서 가장 임팩트 있는 질문법은 아래의 3가지이다.

1. 비교형 질문
: 답을 이미 정해 놓고 던져서 고객의 Yes를 끌어내는 질문법

2. 견해형 질문
: 고객들이 실제로 경험해봤을 만한 질문을 통해 Yes를 끌어내는 질문법

3. 정보성 질문
: 신문이나 기사자료를 통해 숙지해야 할 정보를 알려주며 Yes를 끌어내는 질문법

비교형 질문법은 선택형 질문법과 같이 혼용해서 사용하기도 한다.

선택형 질문	비교 질문
치킨 한 마리에 23,000원입니다. 이 헤어팩은 25,000원이네요. 치킨 한 마리는 한번 먹으면 사라지지만 이 헤어팩은 2달 동안 나의 머릿결을 책임질 것입니다. 내 머릿결을 위해 어떤 선택을 하시겠어요?	"고객님은 모발과 두피 중 어느 것이 더 중요하세요?" "고객님은 나이가 들수록 모발이 좋아진다고 생각하세요? 나빠진다고 생각하세요?" "가발 쓰시겠어요? 두피를 보호하시겠어요?" "화장에 신경 쓰세요? 헤어에 신경 쓰세요?"

위의 선택형 질문은 "치킨을 먹어서 살을 찌우느니 헤어팩으로 2달 동안 윤기 나는 머릿결을 유지하는 게 낫다."는 대답을 얻기 위한 질문이다. 비교 질문의 경우 답을 정해 놓고 질문을 던졌기 때문에, 고객들은 나의 질문에 빠져들 수밖에 없다.

견해형 질문은 상품과 고객을 연결시키는 촉매제 역할을 한다.

"요즘 스트레스 많이 받으셨어요?"(스트레스 안 받는 사람은 없으니)	
탈모 샴푸	닭발
"요즘 스트레스 많이 받으셨어요?" 스트레스받으면 잠도 잘 못 자고 얼굴도 푸석해지고 다크써클도 내려오고 온몸이 무겁죠. 그런데 아침에 출근 안 할 수는 없잖아요~ 머리 감는데 줄줄줄 머리카락은 빠지고 빗질하는데 또 머리가 우수수 빠지고 스타일은 안 살고, 전날 피곤도 안 풀린 상태에서 종일 기분이 다운될 거예요. 샴푸 바꿔보세요. 스트레스 때문에 열 받은 두피, 이제 탈모 샴푸로 관리하세요.	"요즘 스트레스 많이 받으셨어요?" 스트레스 받으면 먹는 걸로 풀어야 해! 하시는 분들 많으시죠? 그래서 준비했죠. 화끈하게 매운맛으로 우리의 스트레스를 날려 줄 거예요. 쫀득쫀득 씹으면서 나를 화나게 했던 사람도, 일 스트레스도 다 날려 버리자고요~!

"요즘 잠은 잘 주무세요?"	
타트체리 콜라겐 스틱	삼계탕
"요즘 잠은 잘 주무세요?" 예전에는 누가 업어 가도 모를 정도로 잠을 잤는데, 요즘엔 작은 소리에도 깨서 밤잠을 설치시는 분들이 많아요~ 물론 스트레스를 많이 받는 이유도 있겠지만, 내 몸의 호르몬 변화 때문에 잠을 잘 못 자는 건 아닌가 고민해보신 적 있으세요? 따뜻한 우유를 마셔도, 반신욕을 해도, 낮에 운동을 열심히 해도 밤에 잠이 잘 오지 않는다면 오늘 제 이야기에 귀를 기울여 주세요.	"요즘 잠은 잘 주무세요?" 날이 너무 덥다 보니 땀도 많이 흘리고, 밤새 뒤척거리고, 종일 피곤하다는 말을 반복하며 지내시죠? 그래서 준비했습니다. 잠을 잘 못 잔다면 맛있는 보양 음식으로 건강 챙겨주셔야 해요! 국내산 토종닭을 24시간 푹 고아낸 정말 찐한 국물 맛의 보양식 삼계탕입니다!

"예전에는 베개에 머리가 닿자마자 잠을 잤다면, 요즘엔 뒤척이고 종일 있었던 일들이 생각나시나요?"

"아침에 눈 뜨면 잘 잤다, 개운하다 하는 느낌 대신 에이구~ 하는 탄성이 나오나요?

"눈 뜨자마자 가장 먼저 하는 말이 무엇입니까?"

똑같은 질문이라도 각각의 상품에 적용시키면 다른 스토리가 나온다.

이런 질문은 건강식품뿐만 아니라 일반 식품 또는 이불, 베게, 운동기구 등 다양하게 활용할 수 있다.

그런가 하면 고객의 감각을 깨우는 견해형 질문들도 있다.

느낌이 어떨 거 같아요? 이 콜라겐 화장품을 바르면 느낌이 어떨까요? 무겁지 않을까? 흡수는 잘될까? 향은 괜찮을까? 이런 의문이 드시죠?	화장품을 손에 바르며… 콜라겐 스틱의 탄력을 흔들어서 보여주며… 발 각질제 사용 후의 모습을 보여주며… 등등
어떻게 생각하세요? 한 달에 일주일, 1년이면 약 12주, 약 40년 가까이 여성들은 생리를 한다고 하죠. 여성에게는 가장 중요하고 소중한 부분! 내가 지금 사용하고 있는 생리대가 어떻다고 생각하시나요?	기사자료, 비슷한 상품과 비교하며…

라이브커머스에서는 영상뿐만이 아니라 말로도 보여줘야 한다. 그래서 위와 같은 견해형 질문법도 자주 쓰인다.

이런 질문법은 타깃이 넓어야 좋다. 대부분의 채널은 고객 연령대가 다양하지만, 방송 중에 나이를 물어보는 것은 쉽지 않다. 고객이 대답해 준다는 보장도 없다.

그래서 질문법은 누구나 겪어봤을 법한 상황, 혹은 겪고 있을 만한 상황으로 하는 게 좋다. 일단 범위가 넓은 질문을 던진 뒤, 채팅과 방송이 한참 진행되고 나서야 서브 타깃을 공략하며 질문 범위를 좁혀주는 것! 이것이 다양한 연령대를 공략할 수 있는 방법이다.

정보성 질문법은 기사나 통계자료를 활용하라

콜라겐은 노화가 시작되어야 줄어들까요?	콜라겐은 단지 피부를 위해 섭취해야 하는 걸까요?
지금 이 순간에도 이미 여러분의 콜라겐은 줄어들고 있습니다. 신체 콜라겐 합성은 만 25세 전후로 줄어들기 시작합니다.	사람의 진피조직부터 머리카락, 잇몸, 손톱, 발톱, 뼈, 근육까지 골고루 분포되어 있는 게 콜라겐이라는 사실! 피부 건강뿐만 아니라 몸 전체의 건강을 위해 섭취해줘야 하는 게 바로 콜라겐입니다.

정보성 질문을 활용하면 내 상품에 대한 신뢰도도 높아진다.

위 3가지 이외에 광고에 나오는 카피 문구를 활용하는 방법도 있다. 고객이 스스로 정답을 선택하게 하는 기발한 카피들도 활용해보자. 다양한 자료를 검색한 다음, 내 상품과 연결시켜서 질문을 던져보자.

안경을 쓰시겠습니까? 시력을 보호하시겠습니까?
(필립스 롱세이브 전구)

당연히 시력을 보호하는 걸 택하시겠죠? 튼튼한 다리로 여행도 다니고 손주들과 놀아주는 나의 모습을 상상해보세요. 건강에, 노화에 당연한 것은 없습니다. 젊었을 때는 당연했던 모든 것들이 나이가 들면서 당연하지 않게 느껴질 때, 우리는 우울함에 빠집니다. 이 관절 영양제는 나이 들어가는 우리에게 당연한 것을 당연하게 느낄 수 있게 해드릴 겁니다.

코만 즐거운 방향제? 몸도 즐거운 방향제?
(태평양 숲속 여행)

당연히 코뿐만이 아니라 몸도 즐거운 방향제를 선택할 겁니다. 음식도 마찬가지예요. 단순하게 맛만 좋은 게 아니라 몸에도 좋다면 더 좋겠죠? 그래서 우리는 인스턴트보다 신선한 음식을 찾습니다. 신선한 음식을 좀 더 편하게 먹을 수 있으면 얼마나 좋을까요? 이 동태탕은 재료도 신선하고, 만드는 방법도 너무 간편하고 심지어 맛까지 돌아가신 외할머니를 생각나게 할 만큼 개운하고 칼칼하답니다! 정말 진국인 동태탕입니다.

봄을 타십니까? 피로를 타십니까?
(일동제약 아로나민골드)

봄이 언제 왔는지 모르겠다. 나의 피로는 사계절 내내 함께한다는 분들 많이 계시죠? 피로는 스트레스 또는 과도한 업무로 생길 수 있어요. 스트레스와 과도한 업무도 힘든데 내 몸까지 불편하다면? 봉제선 없고 프레임 없는 라이크라 속옷을 입어보시죠~ 나의 몸을 조이면서 갑갑하지 않게, 입은 듯 입지 않은 듯 자신의 존재를 드러내지 않는 속옷! 피로감을 몰려와도 여러분의 몸은 자유로워질 것입니다.

질문은 선택의 문을 열어준다

이런 질문법들은 고객에게 스스로 선택할 수 있는 문을 열어준다. 상품의 가장 큰 특징이 되기도 한다. 누군가에 이끌려 선택한 게 아니라 스스로 선택했다는 생각이 들게 하기 때문에 소비 주체로서의 고객의 자존심도 지켜준다.

강의를 할 때도 중간 중간 질문을 던지면 수강생들의 강의 집중도를 높일 수 있다. 수강생들은 질문에 답변하는 과정을 통해 자신들이 능동적으로 강의에 참여했다고 느낀다.

백화점 매장에 들어갔을 때도 점원들이 다가와서 "무엇을 찾으시냐?", "어떤 스타일을 원하시냐?"라고 질문하는 것이 본체만체하는 것보다 낫다. 점원도 고객이 원하는 부분에 집중할 수 있기 때문이다. 결국 매출에도 도움이 된다.

이렇듯 질문은 강의할 때도, 판매할 때도 너무 중요한 세일즈 수단이다.

누군가 질문을 던지면 우리는 생각을 하게 된다. 뇌가 질문에 대한 반응을 보이는 것이다. 질문을 던지지 않으면 일방적인 방송밖에 되지 않는다.

라이브방송의 고객은 내 앞에 있지 않다. 그렇다고 해서 혼자 방송하는 것도 아니다. 그러므로 우리는 고객이 상품을 살 수밖에 없게 만드는 질문을 끊임없이 준비해야 한다.

선택지는 줄이고
프로모션은 늘려라

고민할 시간을 줄여라

우리에게 주어진 시간은 60분, 즉 1시간이다. 그립의 경우 보통 1시간 이상 진행하고, 매출이 좋으면 두세 시간까지 진행하는 채널도 많다. 하지만 그립을 제외한 나머지 플랫폼에서는 보통 1시간 방송을 한다. 길다면 긴 60분이지만 판매 방송을 하기에는 짧은 시간이기도 하다.

그래서 우리는 60분 동안 판매와 홍보라는 두 마리 토끼를 동시에 잡기 위한 필승 전략이 필요하다.

홈쇼핑의 경우 선택 1번과 2번 이외에 더 이상의 옵션을 주지 않는 이유가 여기에 있다. 선택지를 줄여서 고객의 구매 결정을 도우려는 것이다. 고객들의 신속한 결정이 빠른 구매로 이어진다는 걸 아는 것이다.

신속한 구매 결정을 돕는 3가지 방법은 다음과 같다.

1. 구성을 줄여라!
2. 옵션을 줄여라!

3. 프로모션을 적극 활용하라!

핵심은 고객이 고민할 시간과 선택지를 줄여주는 것이다.

입소문 좋고 인지도 있는 브랜드의 경우에도 이 3가지 무기는 필요하다.

첫 번째, 구성을 줄여라!

요즘 라이브커머스에서 식품 방송을 진행하다 보면 고객들로부터 "냉장고가 좁아요.", "실온보관 안 되나요?", "사고 싶은데, 조건도 좋은데 냉동실 비워야 해요. 조만간 또 팔아주세요!", "냉동실을 따로 팔아주세요."라는 이야기를 많이 듣는다.

실제로 홈쇼핑에서는 불티나게 잘나가던 냉면 25개 세트가 라이브커머스 고객들에게는 외면당한 기억이 있다.

도대체 왜 외면당했을까?

많이 주면서 싸게 파는 박리다매의 시대가 지났기 때문이다. 홈쇼핑에서는 30개 1세트, 40개 1세트 단위로 잘나갔지만, 지금은 5개, 10개씩 소분된 세트 구성이 환영받는다. 1인가족의 증가와 라이프스타일의 변화 때문이다.

라이브커머스는 가격만으로 경쟁하면 안 된다. 지금은 쿠팡, 티몬, 마켓컬리 등의 다양한 플랫폼에서 신선하고 맛있는 상품을 바로바로 구매할 수 있기 때문이다. 그것도 행사 특가로 말이다.

그러다 보니 고객들은 원하는 상품이 언제 나올지 모르는 홈쇼핑을 기다리지 않게 되었다. 원하는 상품브랜드를 팔로우한 다음, 해당 브랜드에서 할인이나 프로모션 알림이 오면 바로 들어가서 상품을 구입하는 것이다. 박리다매가 더 이상 통하지 않는 이유가 여기에 있다.

두 번째, 옵션을 줄여라!

라이브커머스 안에서도 선택과 집중이 필요하다.

아무리 좋은 상품이라도 너무 많은 옵션이 있으면 고민할 수밖에 없다. 옵션은 보통 3가지 이상을 넘기지 않는 게 좋다.

만약 방송을 6개월 이상 했고, 나의 상품을 고객들이 자주 접했다면 고객들이 필요할 때마다 구매할 수 있게 상품 옵션을 다양하게 열어놓는 것도 좋은 방법이다. 하지만 이렇게 되는 것은 쉽지 않다. 고정 고객도 많아야 하고 내 채널을 알리는 시간도 필요하기 때문이다.

나는 "타트체리"와 "석류 콜라겐"의 경우 옵션을 다양하게 주지 않는다. 보통 1개월과 2개월 정도로만 판매한다. 하지만 N차 앙콜 중인 "KM통상" 제품의 경우, 어린이 영양제와 어른 영양제의 종류가 다양하기 때문에 고객들이 골라서 담아갈 수 있도록 열어두고 있다. 보통 진행하는 상품이 10가지씩 된다.

상품에 따라 구성도 임팩트 있게 한두 가지 정도만 진행하는 게 좋다. 브랜드를 강조하면서 다양한 상품 코드를 열어주고 구매를 유도하는 방법도 있다. 이는 상품에 맞춰 진행해야 한다.

그립에서 방송 중인 의류 잡화 "소호몰"의 경우 보통 두 가지 형태로 판매한다. 매장에서 판매하는 상품을 전부 다 등록해서 코드를 열어두는 경우와, 1,000원 결제 창, 10,000원 결제 창 두 개만 열어두고 하나씩 보여주는 경우가 그것이다.

채팅으로 구매 결정 의사를 남기고 방송에서 구매할 상품을 캡처한 후, 셀러가 말하는 금액으로 가격을 맞춰서 결제한다. 예를 들어 9,000원짜리 상품이면 1,000원 결제 창에서 구매 갯수를 9로 해서 9,000원을 결제하는 것이다. 그러고 나서 1대1 게시판에 구매할 상품 사진과 결제 완료 메시지를 남기면 구매로 이어지는 방식이다.

어렵게 생각하지 말자. 나도 처음에는 너무 헷갈려서 적응이 어려웠다. 몇 번만 해보면 금세 익숙해진다.

세 번째 무기는 바로 프로모션!

네이버 쇼핑라이브에서는 "광동제약" 기획전을 계속 진행하고 있다. 매달 기획 방송이 진행되는데 초반과 비슷한 가격 조건으로 방송하고 있는데도 매출은 약 5배 이상 올랐다.

이것은 제주삼다수와 광동제약의 옥수수 수염차, 헛개차를 판매하면서 내건 프로모션이다.

프로모션 1. 신제품을 경험할 수 있게 한 박스씩 추가 증정
프로모션 2. 댓글 이벤트 "신제품 이름 맞추기"
　　　　　 "기대되는 신제품과 그 이유에 대해 댓글로 참여하기"

퇴근 시간과 저녁 식사 시간이 겹치는 시간대였지만 접속자 수만 7천500명이 넘었고 댓글도 읽을 겨를 없이 쭉쭉 올라갔다. 가격도

가격이었지만 라이브 안에서만 고객들이 가져갈 수 있는 혜택이 있었기 때문이다.

이제 고객들은 라이브커머스에 익숙해졌다. 내 부모님도 70대 중반이지만 라이브커머스를 좋아하신다.

연령대도 다양해졌다. 20대 고객이든, 70대 고객이든 라이브 중에 구매하면 혜택이 있다는 것을 인지하고 있다.

그래서 상품 가격만 무조건 낮출 게 아니라 사은품이나 이벤트를 적절히 이용해 방송을 준비해야 한다.

프로모션에도 여러 가지가 있다.

배송료	무료배송 / 조건부 무료 배송(2만 원 이상/5만 원 이상) 등
사은품	홍보하고 싶은 신제품 / 상품과 어울리는 사은품 / 커피 쿠폰 증정 등
상품	1+1, 3+1 이벤트 등
가격	쿠폰 할인 / 30% 이상 세일 등
팔로우 찜하기/알림 받기	1000원, 500원, 200원 할인쿠폰 등
방송 중 이벤트	삼행시 짓기 / 댓글 이벤트 / 퀴즈 맞히기 / 선착순 게임 등

그립 안에서 고객들이 참여할 수 있는 이벤트에는 선착순 게임, 주사위 게임, 경매하기, 초성 게임, 추첨 게임 등이 있다. 1만 번, 1만 5천 번, 2만 번째 하트를 눌러준 고객들에게 사은품을 주기도 한다. 하트를 눌러준 고객들을 5천 단위로 알 수 있기 때문이다.

이밖에도 다양한 이벤트를 고민해보는 것이 좋다. 난 하나만 샀을 뿐인데 사은품도 얻고 이벤트에 당첨되어 사은품까지 받으면 얼마나 기분이 좋겠는가? 그 채널에 대한 친밀감도 자연스럽게 상승하게 된다.

이벤트를 진행해보면 "저는 원래 이벤트 당첨 안 돼요."라고 말하는 고객들이 정말 많다. 그러면 나는 이렇게 대답한다. "다른 채널에서는 당첨 잘 안 되더라도 제 방에 오시면 꼭 당첨되시더라고요. 희망의 끈을 놓지 마세요!"

라이브쇼핑 이벤트 예시

내가 자주 진행하는 이벤트 중에서 두 가지만 뽑아보았다.

1. 추첨이벤트

구매자를 대상으로 하여 추첨 당첨 시에 상품을 증정하는 이벤트이다.

N차 앵콜로 진행 중인 "올밀크"도 1차 때부터 지금까지 매번 이벤트를 진행해왔다. 때로는 5명 추첨, 때로는 10명 추첨으로. 고객 유입이 늘면 이벤트 추첨도 늘린다. 1인 추첨 게임을 이용해서 500ml 증정 이벤트, 커피 쿠폰 또는 상품권 이벤트, 신제품 홍보 이벤트 등을 진행한다.

방송 회차가 늘어날수록 이벤트 참여율 또한 쭉쭉 상승한다. 고객들은 올밀크 방송에서는 무조건 이벤트가 진행된다는 생각이 각인되어 있다. 올밀크 제조사는 '고객에게 베푸는 기업'이라는 이미지까지 얻고 있다.

이와 같이 매번 이벤트를 진행하는 경우도 있지만, 런칭 때만 진행하거나 5차, 10차 이벤트와 같이 셀러가 정해서 진행하기도 한다.

2. 구매 단위별 사은품 증정

3의 배수 또는 5의 배수로 진행한다. 제조업체의 상황에 맞게 숫자를 조정한다.

올밀크처럼 N차 앵콜 중인 "소중한날엔 생리대"와 "샐리의 살림의 법칙"도 런칭 때부터 이벤트를 진행하고 있다. 세트 구성이 아닌 낱개 구성으로 풀어서 고객들이 골라 담게 하는 것이다.

단, 3만 원 이상 무료배송 조건을 걸고 진행한다. 3개, 5개 단위 구매 시에는 사은품을 중복 지급한다. 즉 '본품 3개 구매 시에 손소독 티슈 1개, 6개 구매 시 2개, 9개 구매 시 3개' 지급하는 것이다. 구매 개수에 따라 사은품도 늘어나는 방식이다.

마삐언니가 판매 중인 "춘천장"을 5팩 구매하면 사골육수 5팩을 증정한다. 그래서 고객은 5팩만 구매했지만 10팩을 받는 빅쇼핑 찬스를 라이브 중에 누릴 수 있는 것이다. 그래서 춘천장의 인기도 계속 고공행진 중이다.

이런 이벤트를 활용하면 고객들의 참여를 높일 수 있고, 진행자도 지루하지 않게 방송을 할 수 있다.

프로모션 진행 시 주의점

1. 고객들이 많이 참여할 수 있는 쉬운 이벤트를 준비한다.

2. 본 상품에 도움이 되는 프로모션을 준비한다.

3. 방송 때마다 다양하게 준비한다.

4. 한눈에 볼 수 있게 프로모션 판넬을 준비한다.

5. 프로모션에 대한 반응을 체크한다.

(시간대와 고객연령별로 참여율과 구매 통계를 분석하는 것이다.)

구성과 옵션은 단순하게! 프로모션은 풍성하게!

라이브커머스의 목적은 상품 홍보와 매출 향상에 있다.

그러므로 방송 준비를 하면서 어떤 상품을 주력으로 팔 것인지, 어떤 구성으로 짤 것인지, 상품은 한 가지만 가지고 갈 것인지, 여러 가지 상품 옵션을 열어둘 것인지에 대해 고민하게 된다.

박리다매에 익숙한 홈쇼핑이라면 적은 구성으로 많이 가져갈 수 있게 구성을 짜는 게 정답이겠지만 라이브커머스는 다르다.

라이브커머스 고객들은 라이브 안에서의 가격 조건, 구성 조건이 평상시보다 좋다는 것을 알고 있다. 그래서 홈쇼핑 고객들처럼 쌓아놓고 대량으로 구매하는 것보다 소량으로 자주 구매하는 패턴을 갖고 있다.

구성을 짤 때 주의할 점은 고객들에게 고민할 시간을 주면 안 된다는 것이다.

기본적으로 고객들은 상품에 대해 맛있을지, 재료는 좋을지, 우리 아이는 잘 먹을지, 매울지, 느끼하지는 않을지 등의 요소들을 진행자의 이야기를 들으면서 고민하기 마련이다. 그런데 여기에 다양한 구성과 옵션까지 제공한다면? 고객들이 생각해야 할 고민의 폭이 너무 커지게 된다. 또한 상품의 특장점과 니즈를 강조해야 하는 순간에 구성에 대해 설명하느라 다른 고객들을 놓칠 수 있다.

고객들은 식품이나 생리대, 행주 티슈 같은 생필품은 '골라 담기'를 선호한다. 여러분이 라이브방송을 한지 오래되었다면 기존에 판매했던 상품들을 다양하게 노출하는 것도 좋다. 그러나 방송을 시작한 지 얼마 되지 않았다면 상품 판매 목록은 1~3가지 정도로 줄여야 집중도를 높일 수 있다.

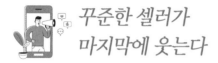
꾸준한 셀러가
마지막에 웃는다

팔로워 수는 꾸준함의 결과다

당연한 이야기겠지만 라이브커머스에서 판매 매출은 그 채널의 인기와 비례한다. 그 채널의 팔로워 수가 많으면 뷰 자체도 높아지고 매출도 늘어난다. 하지만 팔로워 수를 늘리는 일이 참 어렵다.

팔로우(Follow)=친구 추가 (블로그의 이웃추가)

팔로워(Follower=구독자)=본인을 친구추가 한 사람(나를 따르는 사람=나를 좋아하는 사람)

각각의 채널이 팔로워를 모집하는 형태도 다르다.

쿠팡과 그립은 팔로워를 클릭해서 원하는 크리에이터 방송이 진행될 때마다 알려주는 알림서비스가 있고 네이버는 팔로워라는 단어 대신에 알림 받기+찜하기를 통해서 얼마나 많은 단골 팬들이 있는지 파악할 수 있다. 배달의 민족 같은 경우에는 그 채널에 알림 받기만 존재한다. 지마켓이나 카카오 라이브쇼핑 등의 경우에는 앱 가입자에게 단체 알림이 가기에 위 플랫폼들과 팔로워의 성격이 다르다.

플랫폼	용어	비고
쿠팡, 그립	팔로우하기	🔔 Follow
네이버	알림 받기 + 찜하기	🔔+ 알림받기
배달의 민족	알림 받기	알림받기

나는 그립에서 라이브방송을 하는 동안 매출이 안 나와서, 뷰가 안 나와서, 팔로워가 안 올라서 속상했던 적이 한두 번이 아니었다.

그럴 때마다 그립 채널에서 같이 활동하고 있는 그리퍼의 시조새 마삐언니와 윤더우먼에게 속상함을 털어놓으면 "언니~ 우리도 그랬어! 잘되는 날도 있고 안 되는 날도 있는데 그래도 꾸준히 하니까 고객들이 알아줘~ 우리 포기하지만 말자!"라며 나를 위로해줬다. 솔직히 이 동생들이 없었다면 내가 지금까지 올수 있었을까 싶다. 실제로 나보다 먼저 시작했던 그리퍼들도 줄줄이 그만두는 경우가 많았다.

그립 안에서만 하루에도 수백 개의 방송이 열린다. 지금도 그립에서는 매주 금요일 그리퍼 오디션을 보고 매주 많은 셀러들이 입점을 신청하고 방송을 연다. 어떻게 보면 지금은 작년보다 훨씬 더 팔로우 모으기도 힘들고 매출 내기도 쉽지 않은 구조이다. 하지만 꾸준히 하다 보면 매출도 늘고 팔로우도 증가한다는 것을 알게 된다.

TV 광고부터 SNS 마케팅까지, 모든 판매 마케팅의 기본은 꾸준히 노출시켜서 인지도를 높이는 것이다. 라이브커머스도 마찬가지다.

듣보잡 요거트 또요, 스테디셀러 된 사연

상품에 대한 확신이 있고 꾸준하게 방송하면 고객들이 알아서 입소문을 내준다.

그 예로 2021년 9월 기준으로 15차 가까이 앵콜을 준비하고 있는 플레인 요거트, "올밀크 또요"를 자랑하고 싶다.

나는 2020년 6월 25일 6·25전쟁 기념일에 그립을 시작했다. 그리고 약 1년 뒤인 2021년 5월 19일 석가탄신일에 방송 300회를 맞이했다.

이 기간 동안 약 300개 정도의 상품을 공부하고 방송했다. 그중에서 특히 "또요"가 기억에 남는다. 내가 그립에서 단독으로 방송하고 스스로 키운 상품이기 때문이다.

처음 또요를 만난 곳은 중소기업 상품을 소개하는 서울장터 안이었다. 유명 연예인과의 합방으로 방송이 진행됐는데, 첫날 매출은 37만 원 정도로 기억한다. 올밀크라는 브랜드가 너무 생소하다 보니 유명 연예인이 나왔는데도 판매가 부진해서 아쉬웠다. 그래도 연예인 덕분에 팔로워가 50명 가까이 늘었다는 점이 위안이 되었다.

나는 그 후에 그립에서 또요를 판매하기 시작했다. 또요를 직접 먹어보고 반했기 때문이다. 그래서 앵콜방송을 하고 싶었고, 업체에서도 내 예전 방송이 마음에 들었는지 그리퍼로 "솜귤탱귤"을 요청해주셨다. 이렇게 진행된 2차 앵콜방송부터 7차 방송까지는 매출이 25만원에서 45만원 사이에 불과했다. 그런데 8차 방송부터 100만원으로 뛰더니, 15차를 바라보는 지금은 그보다 훨씬 많은 매출을 올리고 있다.

홈쇼핑에서 1시간에 3억, 4억씩 팔던 내 입장에서는 정말 작은 판매액이었다. 그러나 또요를 먹어본 고객들이 서로 입소문을 내주고, 방송을 기다리는 고객들이 늘어나고, 그 결과로 매출이 늘어나는 모습을 지켜보는 것이 너무나도 뿌듯하고 행복했다.

내 채널의 팔로워가 늘 때마다 또요의 매출도 같이 올라가고 있다. 지금은 신세계백화점, 현대백화점을 비롯해 GS25 편의점, 홈쇼핑에서도 만날 수 있는 상품으로 성장했다.

퀄리티가 좋다면 언젠가는 통한다, 니티드바이

얼마 전 라이브커머스 강연에서 니트 전문 디자인제작 업체 "니티드바이" 우재희 대표님을 만났다. 강연을 들으러 온 그는 "그립은 저렴한 상품만 잘 팔린다던데 저흰 가격이 좀 나가서 힘들겠죠?"라는 질문을 했다. 나의 대답은 "아니오"였다.

보통 그립이 최저가 폐쇄몰이다 보니 싸야 잘나간다는 인식이 있다. 그게 완전히 틀린 말은 아니다. 브랜드 있는 상품을 다른 채널보다 싸게 살 수 있다는 장점이 분명히 있다. 하지만 비싼 명품들도, 가격이 좀 나가는 상품들도 상품력만 있다면 잘나가는 게 그립이다.

"대표님, 물론 동대문의 저렴한 니트를 원하는 사람들도 있겠지만 대표님이 직접 실부터 원단까지 골라서 디자인하고 착용감부터 상품 전체를 다 신경 쓰신 거잖아요? 한두 번 방송해서 매출 안 나온다고 포기하지 마시고 꾸준히 해보세요. 분명히 매출이 오를 거예요."

그러면서 방송 때 고객 몰이를 할 수 있는 팁도 알려드렸다.

대표님은 2020년에 두 번 정도 그립에서 판매를 시도했었는데 매출이 0이었다. 주변에서는 다들 비싼 물건은 그립에서 안 나간다는 피드백을 했고, 고민 끝에 인스타 라방으로 판매를 이어왔다고 한다. 하지만 나의 강의를 들은 후 다시 그립에 도전했고, 1차 매출 0, 2차 방송 때는 2건 10만 원 정도, 그리고 3차 방송 때는 4건 40만 원 정도로 증가했다. 매출이 급격히 상승하지는 않았지만 방송할 때마다 팔로워 수가 지속적으로 증가했다.

나도 안다. 방송하는 입장에서 매출이 안 나오는 상품을 꾸준히 방송한다는 게 쉽지 않다는 것을. 처음에는 일단 내 방송에 고객들이 들어와 주는 것에 만족하자. 그 다음에는 팔로우 해주는 것에 만족하자. 팔로워가 늘어난다는 것은 내 상품에 관심 있는 고객들이 늘어난다는 긍정적인 시그널이다. 팔로워가 늘면 매출은 자연스럽게 오른다.

물건이 좋으면 고객들이 써보고 후기도 남겨주고 입소문도 내준다. 그리고 다시 찾아주신다. 이건 너무나도 당연한 이치다.

우리는 기다려야 한다. 고객들이 내 상품을 알아봐 줄 때를.

눈에서 멀어지면 고객들도 떠난다

우리는 비가 오나 눈이 오나 꾸준히 고객 눈에 띄어야 한다. 잘나가던 연예인도 한동안 안 보이면 잊히지 않던가? 자주 얼굴을 내비쳐야 더 친근해지고 거리감이 좁혀진다. 그립에서 같이 활동하고 있는 마삐언니와 윤더우먼과도 항상 비슷한 이야기를 한다. 몸이 안 좋아서, 또는 지방에 며칠 출장을 다녀와서 방송을 좀 쉬었더니 팔로워가 쭉쭉 빠져나가더라는 이야기!

나는 그립 안에서만 약 1년 7개월 동안 500회 이상 방송을 진행했다. 이것은 정말 쉬는 날 없이 일했다는 이야기다.(그립에서 그리퍼는 하루에 한 가지의 상품만 방송할 수 있다) 3000명 넘는 팔로우가 생긴 것은 바로 꾸준함에서 비롯된 신뢰의 결과물이다.

이렇듯 꾸준한 방송이 중요하다. 그래야 고객들이 내 채널에 익숙해지기 때문이다. 방송을 하는 나도 마찬가지다. 방송에 대한 감을 유지하고 거리감을 없애기 위해서는 꾸준한 방송이 필수적이다.

그립뿐만 아니라 네이버쇼핑 라이브와 쿠팡도 비슷하다. 채널의 느낌이 살짝 다르긴 하지만 고정적으로 꾸준하게 노출되어야 채널의 힘이 커진다. 이것은 라이브커머스 경력자라면 모두가 다 아는 사실이다.

나와 상품을 꾸준히 노출하자. 그리하면 충성고객과 단골고객이 자연히 늘어날 것이다. 충성고객과 단골고객이 늘어나면 자연스럽게 매출증가의 달콤함을 맛보게 될 것이다.

채널이 커져야
매출이 늘어난다

소상공인들이 라이브커머스를 시작하는 이유

소상공인들은 상품의 홍보와 매출 상승 2가지를 목표로 시작한다. 검색창 노출을 비롯해 SNS, 블로그 등 홍보마케팅 포화상태 속에서 라이브커머스는 텍스트와 사진 노출뿐만 아니라 방송하면서 바로바로 고객들의 반응과 의견까지 접할 수 있는 장점이 있기 때문이다.

하지만 처음부터 홍보가 잘될 수 없고, 매출이 일어날 수 없다!

소상공인 상품들은 대기업 상품들보다 노출과 홍보가 약해서 브랜드를 알리는 데 시간이 필요하다.

채널의 힘을 키우자!

라이브커머스에서는 채널도 브랜드가 되어야 한다. 채널이 크고 유명할수록 더 많은 고객이 들어오기 때문이다. 부익부 빈익빈인 셈이다.

팔로워 50명 : 500명 : 5000명 중 여러분은 팔로워가 몇 명 정도 된 채널의 상품에 신뢰가 가겠는가? 당연히 5000명이다.

팔로워가 많다는 것은 고객이 많다는 것이고 그만큼 고객들이 상품을 신뢰하고 채널의 인기가 좋다는 것이다.

그래서 우리는 채널을 키워야 한다. 채널을 키운다는 것은 팔로워, 스토어찜, 소식 받기, 구독자의 숫자를 늘린다는 것이다.

네이버에서는 스토어찜 또는 소식 받기의 수가 많으면 많을수록 방송할 때 입장률이 높아진다. 그립에서도 방송 시 내 채널을 팔로우하고 있는 고객들에게 방송 알림 메시지가 가기 때문에 고객들은 미리 시간 예약을 하지 않았어도 알림을 보고 들어와 준다.

팔로워는 그 채널의 힘이다. 팔로워가 늘면 늘어날수록 매출도 상승한다는 것은 너무 당연한 이치이다.

자, 그럼 매출 상승의 가장 첫 번째 조건! 팔로워를 늘리는 방법에 대해 알아보자.

팔로워를 늘리는 세 가지 방법

첫째, 프로모션을 준비하라

프로모션은 고객을 채널에 들어오게 하기 위한 제일 좋은 미끼다. 하루에도 수백 개의 방송이 열리다 보니 고객들은 관심 있는 상품을 보다 좋은 조건에 구매할 수 있는 채널을 찾을 수밖에 없다. 그러므로 내 채널과 상품에 관심을 갖게 하는 일은 너무나 중요하다.

일단은 클릭할 수 있게 호기심을 유발하는 프로모션을 만들자!

고객들이 보통 좋아하는 프로모션은 1+1, 사은품 증정, 가격 세일, 쿠폰 제공, 한정판, 기간 세일, 참여 이벤트 등이다.

처음 보여주는 상품에 대한 가격 세일은 고객에게 통하지 않는다. '원래 저 가격으로 파는 거겠지.' 하는 인식을 줄 수 있다. 그래서 세일 전 가격을 각인시킨 다음에 세일 가격을 보여주는 것이 좋다.

사은품은 앞으로 판매할 신제품이나 재고 상품을 주는 경우가 많다. 신제품의 경우 고객들이 미리 써보게 함으로써 후기를 얻을 수 있다는 장점이 있다. 후기가 좋으면 추후 판매에 도움이 될 것이다. 재고 상품을 사은품으로 증정할 경우에는 시즌에 맞춰서 준비하도록 하자. 이렇게 하면 업체는 상품 순환을 시킬 수 있고 고객들은 시즌에 맞는 상품을 득템할 수 있다. 업체와 고객 모두에게 이득이 되는 것이다.

◇ 상품 증정의 예시

- 여름에 필요한 썬크림 증정
- 봄철에 필요한 청소 용품 증정
- 겨울에 필요한 핫팩 증정

1+1 이벤트의 경우 첫 방송부터 진행하는 것보다는 상품이 어느 정도 노출이 되었을 때 진행해야 반응이 있다. 이 경우에도 '원래 가격이 저렇겠지.'라는 이미지를 고객에게 심어줄 수 있기 때문이다. 그래서 어버이날 기념 1+1, 100차 방송 기념 1+1과 같은 식으로 특정 기념일에 특별한 혜택을 준다는 이미지를 심어주며 프로모

션을 제공하자.

둘째, 환영 인사를 제대로 하자

그립이나 쿠팡을 제외하면 방송 도중에 고객이 들어오는지 나가는지를 진행자가 알 수 없다. 하지만 그립의 경우 닉네임이 풀닉네임으로 노출된다. 따라서 닉네임을 부르며 고객에게 인사하면 더 친근하게 다가갈 수 있다.

인사 방법도 여러 가지가 있다. 그러나 가장 좋은 것은 있는 힘껏 반겨주는 것이다. 나의 채널에 들어와 준 고마운 고객이 아닌가?

나는 상품의 가장 중요한 스펙을 설명할 때나 좋은 프로모션을 소개할 때 목소리 톤이 올라가고 커진다. 그리고 또 하나! 고객들이 입장했을 때도 목소리가 커지고 높아진다.

그립의 경우 '솜귤탱귤 님이 들어왔습니다'라고 채팅창 위 녹색 컬러 박스에 입장 알림이 뜬다. 고객들이 동시에 들어올 경우 "솜귤탱귤 님 외 3분 들어왔습니다."라고 뜨고, 때때로 "동접자 30명을 넘었습니다.'라는 알림도 뜬다.

우리는 인사하는 데에 에너지를 아끼면 안 된다. 나의 채널에 들어와 준 고객들은 나와 나의 상품을 보기 위해 시간을 내준 분들이다. 그들을 기쁘게 환영하는 것은 손님에 대한 당연한 예의가 아닐까.

입장 바꿔 생각해보자. 내가 다른 채널에 놀러 갔는데 진행자가 인사도 해주지 않고 자기 말만 한다면 다시 가고 싶을까? 아마 아닐 것이다. 우리는 고객의 얼굴을 볼 수가 없다. 그래서 더욱 격하게 환영할 필요가 있다.

방송을 하다 보면 "왜 저는 두 손 들어 환영 안 해주세요?"라고 불만을 토로하는 고객도 있다. 역지사지로 생각해보면 분명 서운할 수 있는 일이다. 그리고 환영할 때도 "솜귤탱귤 님 어서오세요!"라는 멘트만 던지지 말고 두 손을 흔들면서 인사 멘트를 같이 해주자. 그렇게 하면 그 고객은 웬만하면 그냥 나가지 않고 조금이라도 더 오래 머물러줄 것이다. 십중팔구는 "안녕하세요?"라고 채팅을 남겨주면서 말이다.

인사는 항상 웃으면서, 두 팔 벌려 격하게 환영하며, 닉네임까지 외쳐가며 하자!

모든 고객들이 그런 긍정의 기운을 원한다.

셋째, 채팅은 실감나게 읽자

채팅을 읽을 때는 실감나게, 감정을 담아서 읽자.

채팅이 읽을 수도 없이 주르륵 올라가는 경우를 제외하고는 얼마든지 채팅에 집중할 수 있다.

고객들이 채팅을 하는 이유는 무엇일까? 자신의 이야기를 들어줬으면 하기 때문이다. 라이브커머스는 소통이 중요하다. 그래서 채팅을 읽는 것이 너무 중요하다. 방송을 하는데 채팅이 안 올라오면 고객 채팅의 중요성을 뼈저리게 깨닫게 된다.

채팅이 안 올라오는 경우, 1시간 내내 상품 스펙에 대해 혼자 떠들다 방송을 끄게 된다. 끝난 후에 밀려오는 허탈함은 이루 말할 수 없다. 하지만 채팅이 방송 내내 올라와 주면 고객과 소통하는 느낌이 든다. 혼자 진행하는 느낌이 아니기 때문에 지루한 방송이 되지 않는다.

그러니까 우리는 채팅을 더욱 적극적으로 읽어줘야 한다. 그리고 그 채팅 속에서 고객의 마음을 읽어내야 한다. 고객의 채팅은 꼼꼼히, 천천히, 그리고 감정을 담아서 읽어야 한다. 능력이 된다면 재미있게 성대모사까지 해가면서 읽어주는 것도 좋다.

혹시 채팅 글자가 잘 보이지 않는다면? 그립 안에서는 글자를 크게 바꿀 수 있다. 촬영용 폰과 채팅 읽는 폰 두 가지를 한꺼번에 활용하는 방법도 있다. 편한 방법으로 해보자.

작은 것에 연연하지 말자

고객이 언팔하는 경우도 있다. 언팔이란 팔로우를 해지한다는 뜻의 '언팔로우(unfollow)'의 준말이다.

고객이 언팔하는 데는 이유가 있다. 내 상품이 마음에 안 들어서, 방송이 재미없어서, 상품이 별로라서, 배송 상태가 별로라서 등등.

나도 언팔 때문에 자괴감에 빠지던 날도 있었다. 내 방송의 문제점은 무엇일까? 내가 파는 상품이 고객의 니즈에 맞지 않는 걸까? 등의 고민을 숱하게 했다.

이런 고민이 내 방송과 내 채널이 발전하는 계기가 된다. 그러니까 언팔에 상처받지 말자! 언팔하는 사람들은 내 채널과 맞지 않는 것뿐이다. 그러니 서운하게 생각할 필요 없다.

중요한 것은 꾸준히 해나가는 것! 오직 그것뿐이다.

풀영상 보기   하이라이트 수정

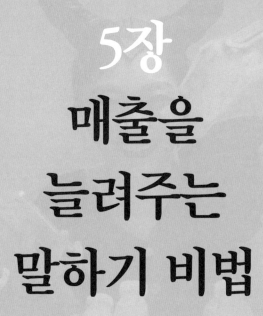

5장
매출을
늘려주는
말하기 비법

올밀크 또먹는플레인요거트는 제조일로부터
냉장보관 25일 입니다 ^^

올밀크 와아~~치즈 굽는 냄세가 ...여기까지...

한지연궁정의힘을믿는다 냄새냄새

나막 치지직~

올밀크 와아아아아아 노릇노릇

솜귤탱귤 ♥ 팔로우^^고맙습니당

말을 잘하지 못해도, 목소리가 작고 어눌해도 훌륭한 라이브셀러가 될 수 있다.
말을 더듬거나 말실수가 잦은 것도 어느 정도는 괜찮다.
그러니까 '쫄지 마라'.
하지만 말을 못하는 것보다 말을 잘하는 게 나은 것도 사실이다.

그런데 '말을 잘하는 것'과 '잘 말하는 것'은 다르다.
라이브셀러로 성공하기 위해서 약장수처럼 '말을 잘 할' 필요는 없다.
그러나 '잘 말할'수는 있어야 한다.
말하고자 하는 바를 조리 있게, 알아듣기 쉽게 또박또박 말하는 것, 그것이 바로 '잘 말하는 것'이다.
말을 잘 하지 못해도 좋지만 잘 말하지도 못하면 곤란하다.

그래서 이번 장에서는 '잘 말하는 법'에 대해 말씀드리고자 한다.
그리고 '말을 잘 하는 법'도 알려드릴 것이다.

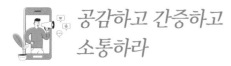
공감하고 간증하고 소통하라

묘사 : 공감 스토리텔링의 핵심

소크라테스는 이렇게 말했다.

"타인과 대화할 때는 타인의 경험에 비춰 말해야 한다. 예를 들어 목수와 대화할 때는 목수가 쓰는 용어를 사용해야 한다."

왜 그래야 할까?

사람은 경험을 통해서 사람과 사물과 상황을 기억한다. 그래서 세일즈를 하기 위해서는 고객의 경험과 시각을 통해서 상품의 필요성을 인지시켜야 한다. 상품의 필요성을 끌어내는 데에 가장 좋은 기법이 바로 스토리텔링이다. 경험을 스토리텔링해주면 듣는 사람이 공감하기 쉽기 때문이다.

스토리텔링에서 가장 중요한 수단은 '묘사'이다.

묘사[描寫]란
어떤 대상이나 사물, 현상 따위를 말이나 글로 서술하거나 그림을 그려서 표현하는 것이다.

묘사는 공감 스토리텔링을 끌어내기 위한 중요한 도구이다.

묘사를 하면 말에 생기가 돋아나고 재미있어진다. 묘사를 듣는 고객이 상상할 수 있게 만들어주기 때문에 상품에 대한 정보나 특징을 더 효과적으로 전달할 수 있다.

혹시 고기 좋아하세요?

나는 고기를 사랑한다. 구운 고기, 볶은 고기, 쌈 싸먹는 고기, 물에 빠진 고기 등등. 하지만 어떤 사람은 구운 고기는 좋아하지만, 물에 빠진 고기는 싫어한다. 이처럼 고기를 좋아하는 사람들끼리도 취향이 다를 수 있다.

사람은 입맛도 다르고 취향도 다르다. 그래서 판매자에게는 맛있는 음식도 고객에게는 맛이 없을 수 있다. 그래서 다양한 시선에서 많은 멘트거리를 만들어야 한다.

스토리텔링을 잘 하는 방법

"생각나는 대로 말해보세요."라는 말을 들으면 당신은 어떤 이야기를 할 것인가?

예시 1)
"저는 지금 책상에 앉아 있고 노트북을 켜서 글을 쓰고 있습니다. 노트북 옆에는 아이스아메리카노가 있고 제 옆에는 은솔이(작은딸)가 구몬 숙제를 하고 있습니다."

예시 2)
"아침부터 글을 써야 한다는 생각으로 눈을 뜨자마자 노트북을 열고 2시간 정도 글을 썼습니다. 하지만 잘 안 써져서 좀 짜증이 났습니다. 일요일이라서 식구들의 아점을 차리기 위해 아침부터 갈비를 굽고 청국장을 끓였습니다. 잘 먹는 가족들을 보니 흐뭇했습니다. 밥상을 치우고 다시 책상에 앉아 노트북을 열었습니다."

우리가 가장 잘하는 스토리텔링은 예시 1처럼 내 앞에 보이는 것을 열거하는 방식이다. 예시 2처럼 오늘 아침에 있었던 일을 순서대로 말하는 것도 어렵지 않다. 하지만 이 두 가지는 읽었을 때 "아~ 그랬구나."라는 생각이 들게 할 뿐이다.

예시 3)
일요일이라서 아점 메뉴는 갈비구이와 청국장이었습니다. 간장양념이 잘 배게 칼집이 쏙쏙 나 있는 돼지 갈비를 프라이팬에 맛있게 굽고, 멸치와 다시마가 들어간 해물다시팩으로 육수를 내고 냉동실에 얼려진 청국장을 녹여 냉장고에 묵혀두었던 파김치까지 가위로 먹기 좋게 잘라 푹 끓였습니다. 아점이지만 달콤짭짤한 갈비와 구수한 청국장을 같이 먹으니 마치 잔칫상 같았습니다. 맛있게 먹는 가족을 보니 먹은 후 설거지할 때도 기분이 참 좋았습니다.

예시 3은 어떤가? 아점 메뉴에 포인트를 주고 메뉴 하나하나의 냄새와 만드는 과정까지 묘사했다. 그래서 읽고 있으면 생동감이 느껴진다. 갈비와 청국장의 맛과 향기가 머릿속에 그려지는 듯하다.

다음 세 가지의 예시를 읽고 어떤 게 스토리텔링인지 맞춰보자!

예시 1)
오늘은 짭조름한 김치볶음밥이 먹고 싶네요.

예시 2)
오늘은 살짝 익은 빨간 김치를 잘게 다져서 기름 두른 팬에 파를 달달 볶아 파 기름을 내고, 다져놓은 김치를 살살 볶아서 밥숟가락으로 간장 한 스푼 간하고 밥 넣어 슥슥 볶은 김치볶음밥이 먹고 싶어요~ 그 위에 노른자 터트리지 않은 계란 프라이도 얹어 먹음 정말 맛있어요.

예시 3)
볶음밥하면 삼겹살을 구워 먹은 기름에 볶아먹는 김치볶음밥이 최고죠! 바삭바삭 삼겹 구워 먹고 그 팬에 찬밥 한 공기 투하! 여기에 냉장고에서 떠돌아 다니는 김치와 고소한 김 가루까지 넣어 살살 볶은 후 참기름으로 마무리하면? 정말 최고의 볶음밥이 완성되죠! 누가 만들더라도 맛있어요! 집에 있는 치즈까지 살짝 얹어주면 금상첨화! 오늘은 삼겹살 먹고 김치볶음밥까지 만들어 먹어야겠네요~!!

예시 1)은 스토리텔링이 아니다. 예시 2)와 예시 3)은 스토리텔링이 맞다. 예시 1)은 김치볶음밥을 먹어보지 못한 외국 사람들도 말할 수 있는 단순 서술이다. 하지만 예시 2)와 예시 3)은 김치볶음밥을 먹어봤던 경험과 요리해봤던 경험을 더해서 스토리텔링했다. 그래서 읽는 사람으로 하여금 김치볶음밥에 대해 상상하게 만든다.

또한 생생한 경험까지 묘사되어 있기 때문에 듣는 사람의 머릿속에 그 장면이 그려지는 효과까지 있다. 2번과 3번을 들으면 볶음밥을 먹어봤던 사람들은 연신 고개를 끄덕이면서 공감할 것이다.

스토리텔링이란 바로 이런 이야기를 말하는 것이다. 고객이 내 말을 듣고 상상할 수 있게, 공감할 수 있게, 머릿속에 떠올릴 수 있게 하는 것, 이것이 바로 스토리텔링이다. 스토리텔링에 힘을 싣기 위해서는 묘사가 필수적이다. 묘사를 잘 사용하면 좀 더 생생한 스토리텔링을 할 수 있다! 경험과 묘사를 바탕으로 한 스토리텔링은 고객에게 신뢰감을 더해준다. 두루뭉술하지도, 애매모호하지도 않고 구체적이기 때문이다.

따라서 고객과의 공감대를 형성할 수 있는 다양한 스토리를 준비해야 한다. 직접 먹어보거나 써보지 않았다면 절대 나올 수 없는 이야기들 말이다. 고객들은 경험에서 나온 이야기에 공감한다.

고객이 공감한 순간 구매 확률이 크게 올라간다. 고객들은 내가 들려준 상품 사용 경험을 상상하며 장바구니에 내 상품을 담을 것이기 때문이다. 이와 같이 경험에서 나온 스토리는 신뢰감을 형성하고, 신뢰감은 매출로 이어진다.

말솜씨를 *100%* 올려주는
오감(五感)스피치

시청자의 오감을 열어주는 오감스피치

지금까지 스토리텔링에 대해 이야기했다. 스토리텔링을 잘하기 위한 첫 번째 스킬은 묘사라고 했다. 묘사를 잘하기 위해서는 시청자가 상상할 수 있게 오감을 열어주는 스킬이 필요하다. 나는 이것을 '오감스피치'라 부른다.

말이 살아 움직이게 만드는 묘사법

1. 형용사, 의성어, 의태어 등 감각적인 언어들을 사용하라.

> **형용사** : 사람이나 사물의 색깔, 크기, 모양, 감정, 느낌, 날씨, 명암, 생김새, 상태 등의 특징을 표현해 주는 말
> 길다, 크다, 넓적하다, 슬프다, 빨갛다, 흐리다 등등

> **의성어** : 사람이나 사물의 소리를 흉내 낸 말
> 멍멍, 엉엉, 아사 아삭, 쿨쿨, 덜커덩, 우수수수, 바사삭, 쫄깃쫄깃 등등

의태어 : 사람이나 사물의 모양이나 움직임을 흉내 낸 말
터벅터벅, 갸우뚱, 후다닥, 기웃기웃, 방긋방긋, 들썩들썩, 울긋불긋, 반짝반짝,
덥석, 통통 등등

갈치 : 두부처럼 살이 두툼한 갈치
구두 : 바나나 우유에 펄을 살짝 뿌려놓은 컬러
세제 : 잘 담근 매실 엑기스처럼 밀도감이 쫀쫀한 고농축 세제
고래밥 그래놀라 : 고래밥이 달콤한 초콜릿에 풍덩 빠졌어요.

이러한 형용사와 의성어, 의태어를 내 상품과 연결시키면 표현이
풍성해진다. 고객이 듣고 머릿속으로 떠올리기도 쉽다.

변경 전	변경 후
마르지 않은 행주에 물만 적셔 식탁을 닦았는데 이상한 냄새가 나서 놀라셨던 경험들 많으실 거예요. 마르지 않은 행주는 세균과 냄새의 세상이 될 수 있어요. 행주를 매일 삶아 바짝 말릴 수 없다면 한 번에 한 장씩 뽑아 쓰는 행주 티슈를 사용해 보세요. 삶을 필요도 없고 말릴 필요도 없고 심지어 세균 걱정도 안 되는 행주 티슈에요. 매번 뽑을 때마다 항균 99.9%의 깨끗함을 경험하실 수 있습니다.	바짝 마르지 않은 축축한 행주에 물을 적셔서 식탁 닦아 보신 적 있으시죠? 쿰쿰한 물비린내에 쉰내가 진동을 해서 놀라셨던 경험 있으실 거예요. 축축하게 젖은 행주는 득실득실 세균과 쿰쿰한 냄새의 원인이죠. 힘들게 행주를 매일 삶고 쨍쨍한 햇빛에 바짝 말릴 수 없다면 이제는 바꾸시죠. 한 번에 한 장씩 편하게 뽑아 쓰는 행주 티슈! 번거롭게 삶아 말릴 필요 없고 심지어 세균 걱정도 없는 정말 깨끗함이 찐인 행주 티슈에요! 매번 뽑을 때마다 항균99.9%의 깨끗함을 경험하실 수 있습니다.

2. 오감으로 표현하라.

형용사와 의성어, 의태어를 같이 사용하면 말이 훨씬 더 살아난다. 생동감이 생기기 때문이다.

오감은 시각, 청각, 촉각, 미각, 후각이다. 이 다섯 가지를 말에 녹여야 한다.

예시 1) 가방

시각	사다리꼴 모양에 손잡이까지 전체적으로 밝은 스카이블루 컬러이다. 스트랩 한쪽은 스카이블루 컬러, 반대쪽은 형광 핑크 컬러로 되어 있다. 손잡이 부분은 둥근 반원 형태로 디자인되어 있다. A4용지가 들어갈 수 있는 사이즈이고 지퍼는 은색이다. 테이블에 올려놓으면 형태가 꼿꼿하게 살아있다.
청각	손으로 만지면 부드럽게 미끄러지는 소리가 난다. 스트랩이 있지만, 가죽과 천을 이용한 디자인이라 달그락거리는 소리는 나지 않는다.
촉각	손으로 만졌을 때 굉장히 부드럽다. 미끌한 느낌도 있다. 손에 닿았을 때 약간 차가운 느낌도 들고, 손잡이 부분은 굉장히 힘 있게 단단함이 느껴진다.
미각	먹을 수는 없지만 시원한 사과 케일 주스가 생각난다.
후각	소가죽의 은은한 향이 난다. 강하지 않아서 편안하다.

스카이블루 색의 평범한 가방이지만 오감으로 나누어보니 이야깃거리가 풍성해졌다.

예시 2) 황금향

시각	밝은 주황빛이다. 여자 주먹만 한 크기의 황금향이다. 표면에서 윤기가 좔좔 흐른다.
청각	손으로 깔 때 스스륵 까진다. 손으로 과즙을 짜면 주르륵 떨어진다. 입안에 넣으면 톡톡 터지면서 입안에 과즙이 퍼진다.
촉각	표면이 매끄럽다. 과피를 깔 때 약간 끈적하다. 과피는 부드럽게 까진다. 과즙 알맹이가 탱글탱글 탄력 있다. 입안에 넣으면 톡톡 터지고 손으로 살짝 눌러도 톡톡 터진다.
미각	달달하고 상큼한 맛도 있다. 과즙이 입안에 꽉 차면서 시원하다.
후각	과피부터 상큼한 향이 퍼진다. 먹을 때는 달달한 향도 난다.

예시 3) 떡볶이

시각	탁한 색이 아니라 불그스름하면서도 새빨간 떡볶이 양념장 색 속살이 하얀 어묵 단면, 파릇파릇하고 싱싱한 대파의 색감
청각	입안에 쏙 넣으면 쫀득쫀득 씹히는 소리, 떡볶이 소스를 숟가락으로 후루룩 먹는 소리, 떡볶이 볶는 소리, 양파나 파 칼질하는 소리, 보글보글 끓는 소리
촉각	매끈매끈한 떡, 오동통한 오뎅, 아삭아삭한 양파
미각	부들부들 쫀득쫀득 물렁물렁 등 떡볶이 재료 하나하나의 맛 표현
후각	매콤 짭짤 달달한 향

이렇듯 상품의 특징을 오감으로 나누면 고객들에게 좀 더 생생하게 표현할 수 있다.

고객의 상상력을 자극하자

사람의 뇌는 진실과 거짓을 구분하지 못한다. 심리학자 마이클 앤더슨에 따르면 사람은 한 사건을 구체적으로 상상할 경우 그것을 정말 발생한 사건으로 믿는다고 한다. 바로 거짓 기억 때문이다. 여기서 중요한 것은, 이 거짓 기억은 오감이 자극을 받았을 때 생긴다는 것이다. 그래서 사람들은 먹방 유튜버를 보며 대리만족을 하고, 세계여행 프로그램을 보며 여기저기를 여행하는 기분을 느끼는 것이다.

홈쇼핑에서 시연을 하는 이유도 바로 이 때문이다. 상품을 판매할 때 프라이팬을 보여주기만 하는 것에서 끝나면 안 된다. 직접 음식을 해서 눌어붙지 않는 것을 보여줘야 한다. 원피스를 팔 때는 직접 색깔별로 입어보고, 핸드백이나 구두, 선글라스는 직접 착용해서 보여줘야 한다. 화장품을 팔 때는 직접 손등에 바르거나 얼굴에 발라서 텍스처감을 보여줘야 함은 물론이다.

고객들은 프라이팬으로 음식을 만드는 모습을 보면서 내가 요리하고 있다고 상상한다. 옷을 직접 입어보지 않아도, 화장품을 써보지 않아도 내 삶에 변화가 일어나고 있다고 느끼게 하는 것! 그게 바로 시연이고, 시연의 본질이 바로 오감 자극인 것이다.

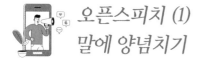

오픈스피치 (1)
말에 양념치기

말에 양념치기

요리를 잘 못 하는 사람들이 가진 필살기가 있다. 그것은 바로 MSG! 우리 부모님 세대에 다시다와 미원이 있었다면, 요즘에는 라면 스프만 있어도 밋밋한 요리 실력을 "손맛 좀 있는 사람"으로 만들어준다.

말에도 이런 필살기가 있다. 초보 방송인이라도 말을 잘하는 것처럼 보이게 만드는 라면 스프 같은 비법은 과연 무엇일까?

A
계약재배한 100% 국내산 찹쌀을 직접 도정하고 밥을 지어 누룽지로 만들었습니다. 전통방법 그대로로 만든 수제 누룽지! 5개 구매 시 1개 더 드리는 조건 함께 하시죠!

B
햇볕이 쨍쨍하고 땅도 기름진 여주에서 계약재배 한 100% 찹쌀로만 만든 바삭바삭 구수한 누룽지예요! 전통방법 그대로 직접 도정도 하고 따끈한 밥을 지어 향은 고소하고 맛은 더 구수한 누룽지를 만들었습니다. 바삭바삭한 누룽지를 5개 구매하시면 1개 더 드리는 오늘! 참지 말고 들여가세요! 요즘처럼 바람이 매섭게 차가운 날! 내 몸을 따뜻하게, 내 속은 든든하게 해드릴 거예요.

당신이 고객이라면 A와 B 중 어느 쪽에 끌리는가?

A는 단순히 상품 특징만 설명한 경우이고, B는 상품 특징도 보이지만 말에 생동감이 넘친다. 대부분의 초보들은 상품의 특징에 대해서만 주야장천 설명한다. 하지만 고수들은 단순히 상품뿐만 아니라 그 상품을 사용할 고객들의 입장에서 상상하여 의미가 부여되게 하고, 다른 잠재고객에게까지 전파될 수 있게 말을 한다. 즉 상품 설명만 하는 게 아니라 말에 양념을 치는 것이다.

1. 감각적 언어

예) 청양고추 : 칼칼 | 치약 : 뽀득뽀득 | 누룽지 : 바삭바삭

체리 : 탱글탱글 | 피부 : 맨들맨들, 뽀송뽀송, 촉촉

너무 덥죠?	이글거리는 태양에 온몸에 땀이 주르륵 흐르네요.
여기에 상큼한 한라봉이 있습니다!	입안에서 톡톡 터치는 탱글탱글함을 보세요! 상큼함과 달콤함이 동시에 느껴지는 과즙이 입안에서 폭발하고 있어요!
두툼한 갈치예요.	얄팍하게 부서지지 않는 갈치, 두부처럼 두툼한 갈치예요!
테이블을 닦아 볼까요?	테이블을 싹싹 개운하게 반짝반짝 빛나게 닦아 볼까요?
시원한 국물 맛!	뜨끈뜨끈 목을 타고 내려가서 속을 뻥 뚫어주는 시원한 국물 맛!

같은 메시지에도 감각적인 언어가 들어가면 말이 살아난다.

2. 브릿지 언어

긴장감 일으키기	드디어, 자, 이제, 지금, 어떻게 등 예) 드디어 정답을 찾았습니다. 지금부터가 중요합니다.
분위기 전환하기	그래서, 이래서, 하지만, 결과적으로 등
감정 표현하기	애타게, 이럴 수가, 어머나, 굳이 등
강조하기	너무, 상당히, 굉장히, 그럴수록, 비로소, 그것도, 첫째, 둘째, 셋째 등

3. 숫자로 신뢰 주기

신뢰를 주는 데는 숫자, 즉 통계수치만 한 게 없다. 보통 공식적인 자료로 통계나 수치를 얻을 수 있고 판매기록이나 매출기록으로도 상품의 경쟁력을 표현할 수 있다.

입소문 난 세탁세제	홈쇼핑 런칭 1년 만에 300억 돌파한 세탁 세제
피부가 탱탱해지는 영양 크림	임상 테스트 결과 7일만 사용해도 피부가 탱탱해지는 영양 크림
시간이 지나도 무너지지 않는 쿠션	36시간 지속되는 밀착력 끝판왕 쿠션

4. 인용구 사용하기 (유행어, 속담, 격언 등)

우리가 평상시에 자주 사용하는 유행어와 속담, 격언들은 짧은 문장만으로도 강력한 표현수단이 되어준다. 너도 알고 나도 아는 말이기에 굳이 외우지 않아도 된다는 강점도 갖고 있다.

유행어는 일단 재미있다. 그래서 쉽게 받아들여지고 각인되는 장점이 있다. 속담은 속담이 의미하는 바를 바로 전달할 수 있으며 격언은 유명인들의 말이기에 임팩트가 있다.

무조건 쇼호스트의 말로만 한 시간을 채울 필요는 없다. 적절한 인용을 통해 이해를 돕고, 유머와 위트 그리고 메시지를 담아 효과적으로 전달해보자.

	구분	활용
유행어	"로션 하나만 발랐을 뿐인데."	요거트 하나만 먹었을 뿐인데 종일 몸이 가벼워요.
		간장 하나만 바꿨을 뿐인데 음식에 감칠맛이 살아나요.
속담	"소 잃고 외양간 고친다."	지금 치아관리 안 하다 나중에 치과 가면 치료비용에 아차! 하실 거예요.
		귀찮아서 자외선 차단제 안 바르고 다니다 광대에 기미 생기면 비싸게 정액권 끊어 레이저 받으러 피부과 다니셔야 해요.
격언	"시간은 금이다."	지금 우리 아이들에게는 일분일초가 중요한 시기입니다. 지금 이 시기에 영양 관리가 안 되면 과연 나중에 어떻게 될까요?
		여러분 지금 이 귀한 시간에 저와 함께하고 계십니다! 그 귀한 시간을 절대로 헛되이 하지 않을 상품을 소개합니다!

특히 "한 번도 안 먹어 본 사람은 있어도 한 번만 먹는 사람은 없다."라는 문구는 식품부터 화장품, 심지어 가전제품을 팔 때도 많은 쇼호스트들이 인용한다.

예)
한 번도 안 써본 사람은 있어도 한 번만 사용한 사람은 없다.
한 번도 안 발라본 사람은 있어도 한 번만 바른 사람은 없다.

이런 인용구를 고를 때 주의할 점이 있다. 누구든지 알 수 있는 대중적인 인용구여야 한다는 점이다. 정치적인 말이나 특정 집단만 알아들을 수 있는 말, 비속어 등은 자제하자.

그냥 말을 장황하게 하는 것이 아니라 포인트가 있어야 한다.

숫자를 활용하여 신뢰를 주고, 사용하거나 먹었을 때의 모습을 생생하게 상상할 수 있도록 감각적인 언어를 동원하고, 브릿지 언어를 사용하여 멘트의 지루함을 덜어주자. 익숙하고 편한 인용구들을 사용하여 말을 하는 사람도, 듣는 사람도 재미있고 이해하기 쉽게 해주자.

그래야만 평범하고 밋밋한 말이 아니라 살아있는 말, 생동감 있는 말을 할 수 있다.

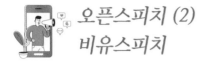

오픈스피치 (2)
비유스피치

비유 스피치

한 마디의 비유가 백 마디의 설교보다 낫다는 말이 있다. 방송도 마찬가지다. 백 마디 멘트보다 익숙하고 쉽게 공감할 수 있는 비유 한 마디가 고객의 마음에 더 와닿는다.

비유법이란 어떤 현상이나 사물을 비슷한 현상이나 사물에 빗대어 설명하는 방법이다.

비유법의 효과 1. 말의 이해가 빨라진다.

비유법의 기본 공식은 "A=B"이다. A를 설명하기 위해서 B를 가지고 오는 것이다.

실제 대상	비유 대상
나는	무지개다.

실제 대상은 "나"이고 비유 대상은 "무지개"다. 일곱 가지 색깔의 무지개처럼 다양한 재주를 가진 "나"를 표현하기 위해 "무지개"에 비유했다는 것을 알 수 있다.

이렇듯 비유법을 적절하게 잘 사용하면 말에 대한 이해가 빨라진다.

비유법의 효과 2. 말하는 사람까지 오랫동안 기억하게 해준다.

예전에 배우 황정민이 수상소감에서 "스태프들과 다른 배우들이 다 차려놓은 밥상에 저는 그저 숟가락만 하나 놓았을 뿐입니다."라며 자신을 숟가락에 비유했다. 이 수상소감 이후 많은 프로그램에서 연예인들이 패러디하면서 이슈가 되었다.

만약 "저는 그냥 출연했을 뿐, 스태프들과 다른 배우들의 역할이 더 컸습니다."라고 말했다면 어땠을까? 황정민의 수상소감이 그만큼 이슈가 됐을까?

이렇듯 좋은 비유는 상품은 물론이고 말하는 사람까지 오랫동안 기억하게 해준다.

비유법의 효과 3. 말에 더 큰 힘이 실린다.

말에 힘을 싣는 마지막 공식은 바로 "왜냐하면"이다. 비유법으로 고객의 이해도를 높인 후 "왜냐하면"을 써서 왜 그렇게 비유했는지에 대한 이유를 붙여주는 것이다. 그렇게 하면 상대방의 이해도가 높아지고 내 생각과 말에도 힘이 실린다. 나의 주장이 들어간 나만의 스토리가 완성되는 것이다.

실제로 영화나 예능프로에서도 많이 발견할 수 있는 게 비유법이다.

「포레스트 검프」에 나온 대사를 보자.

인생은 _____이다. 왜냐하면 _____이기 때문이다.

"인생은 다양한 맛의 초콜릿 상자다. 왜냐하면 집어서 먹어보기 전에는 어떤 맛일지 모르기 때문이다."

이 문장은 "인생은 직접 경험해보지 않고서는 좋은지 나쁜지 모른다."라는 의미를 전해준다.

이와 같이 참가자 자신을 비유하는 표현은 TV 오디션 프로그램에서도 볼 수 있다.

나는 _____이다. 왜냐하면 _____이기 때문이다.

가수 이무진이 싱어게인에서 "나는 노란색 신호등 같은 가수다. 왜냐하면 빨간 신호등과 파란 신호등 사이에서 3초라는 찰나의 순간을 빛내는 노란 신호등은, 반짝일 기회는 적지만 기회가 닿을 때마다 최선을 다해 빛을 내기 때문이다. 그 모습이 감동적이었고 나와 닮았다고 생각한다."라며 자신을 노란 신호등에 비유했다. 그는 이후 "신호등"이라는 음반도 냈다.

이렇듯 비유법은 내 상품을 살려주고 고객이 내 상품과 나를 기억하게 해주는 중요한 도구다.

우리도 한번 연습해보자!

비유법 연습을 하면 상품에 대한 표현력이 좋아질 뿐만 아니라, 라이브방송을 할 때 볼거리와 재미거리도 줄 수 있다.

(상품명 또는 브랜드명)은 _____이다. 왜냐하면 _____이기 때문이다.

◇ 효과적인 비유법 만들기

- 내 상품에 대한 비유법 공식 준비(A=B)
- 1번에 대하여 "왜냐하면" 이유 설명하기
- 1번과 2번을 기본으로 내 상품에 대해 지인들 의견 물어보기

주위 직원들과 가족들에게 위 빈칸을 채우게 해보자. 내 상품을 바라보는 다양한 표현들이 나올 것이다. 그런 표현들은 고객들이 상품을 사용하면서 느끼는 감정과도 비슷할 것이다. 책을 읽다가, 영화를 보다가, 광고 문구를 보다가, 예능을 보다가, 좋은 비유가 나오면 무조건 메모해두자.

상품의 특징과 장점을 고객들에게 각인시키는 비유법! 지금 당장 시작해보자.

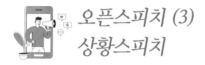

오픈스피치 (3)
상황스피치

　라이브커머스는 방송을 통해 실시간으로 상품을 판매하는 플랫폼이다. 실시간 방송이기에 NG가 나서 다시 찍을 일이 없다. 그래서 라이브를 진행하다 보면 예상치 못한 당황스럽거나 재미난 상황이 발생하기도 한다.

　거실에서 방송하는데 갑자기 초인종이 울리거나 아파트 자체 내 정전 안내 방송이 나오면 좀 당황스럽다. 또 방송 중에 집에서 키우는 반려견이 짖는 경우도 있다. 필자는 방송하면서 유리컵을 깨먹은 적도 있었고 방송 중 핸드폰 배터리가 꺼진 적도 있었다. 또 어떤 날은 음식 관련 방송 중이었는데 가스 불이 나오지 않아서 가스 레인지를 교체해야 하는 상황도 있었다. 그러다 보니 진행자 입장에서 순발력이 굉장히 필요하다. 대비는 할 수 없다. 왜? 예상을 할 수 없으니까.

　하지만 대비는 못 하더라도 대처는 해야 한다. 훈련이 필요한 것이다. 예상치 못한 순간에 순발력 있게 상황을 대처하려면 멘트가 중요하다! 돌발 상황에서도 멘트를 이어 나가면서 대처할 수 있는 능력을 키우려면 상황 스피치 훈련이 중요하다.

지금부터는 순발력을 기르기 위한 스피치 방법을 알려주려 한다.

1. 내 눈에 보이는 대로 말해보는 훈련

운전을 하고 있으면 앞에 보이는 간판부터 차량 번호, 차의 종류, 자동차 색깔까지.

안방에 있으면 안방에 있는 TV, 액자, 탁자, 옷장 등등.

병원에 있으면 병원에 있는 간호사의 유니폼, 온도 측정계 안내 데스크 환자들 모습 등.

까페부터 도서관, 마트 정말 지금의 장소가 어디든지 훈련할 수 있다.

눈을 통해 얻은 정보가 뇌에 저장되고 그것을 말로 표현해 보는 훈련이다.

실제로 연습해보면 눈앞에 보이는 상황도 제대로 설명하기가 쉽지 않다.

나의 왼쪽 앞에는 해바라기 액자 한 개가 있고, 그 오른편에는 화이트 화병에 해바라기가 여덟 송이 있다. 그 앞쪽으로 짙은 회색 칼라의 탁상용 선풍기도 있다.

변화) 나의 왼쪽 앞에는 1년 전 직접 그렸던 해바라기 액자가 세로 형태로 놓여 있다. 그 오른편에는 얼마 전 8천원 주고 구입한 화이트 색상의 도자기 화병 안에 5일째 물을 바꿔주지 않아 시들어 있는 해바라기가 여덟 송이 있다. 지금 글쓰는 작업이 끝나면 물을 한번 갈아줘야겠다. 그 앞쪽으로는 짙은 회색 컬러의 탁상용 선풍기가 있는데 팬은 내 손바닥보다 커서 충전 후 사용하면 굉장히 시원하다.

이 방법은 사물을 보는 집중력과 사물을 보는 표현력을 길러준다.

보이는 대로 말할 때 주의점은 보이는 사물을 말하면서 그 사물의 히스토리나 느낀 점도 같이 이야기해보는 것이다. 주관적인 느낌이 들어가면 내용의 공감력이 커진다.

2. 현장 중계 스피치

지금 나의 상황을 설명하는 것이다. 또는 벌어지고 있는 상황을 설명해도 된다.

스포츠 중계나 리포터의 모습을 상상하면서 연습하면 좋다.

> **예)**
> 남편이 배가 아픈지 화장실을 10번이나 들락날락하는 바람에 잠을 설쳤습니다. 잠을 설쳤더니 아침에 얼굴이 살짝 부어있고 머리가 띵하더라구요~ 살짝 늦잠을 자서 오전 11시 그립 방송을 헐레벌떡 준비했지요~ 1시간 20분 동안 행주 티슈를 판매했습니다. 오랜만에 방송이라 기다리는 고객들이 많았어요~
> 몸은 무거웠지만 300개 이상 판매하면서 좋은 실적을 유지했습니다.

> **예)**
> 버터 식빵 2장을 꺼냈습니다. 접시와 스푼도 초코 잼도 준비했어요. 한 장의 버터 식빵을 오른손에 놓고 스푼으로 초코 잼을 한 스푼 듬뿍 떠서 손에 있는 버터 식빵에 쓱쓱 발랐습니다. 골고루! 그리고 남은 버터 식빵 한 장을 초코 잼이 묻은 식빵 위에 얹었어요. 맛있는 초코 잼 샌드위치가 만들어졌습니다.

식당에서 요리가 나오면 그 요리를 먹으면서 중계해도 되고, 어떤 상황이든지 하나의 소재를 가지고 이야기를 상황에 맞게 풀어나가는 연습을 하자. 솔직히 행동 하나하나를 말로 표현하는 것은 꽹

장히 어렵다.

한창 유행했던 코딩수업에서 샌드위치 만들기를 순서대로 해보는 영상이 TV에 나왔었다. 그걸 나도 해보고 우리 딸들에게도 시켜봤지만 정말 방향, 상황, 위치 이런 것들을 보이는 것과 똑같이 한다는 게 굉장히 어려운 일이라는 것을 알았다.

하지만 언어는 연습하면 연습한 만큼 발전한다. 연습은 절대 우리를 속이지 않는다.

3. 간판부터 이정표 읽기

필자를 비롯해 많은 방송인들이 스피치 연습을 하면서 가장 많이 해봤던 방법이다.

운전하면서, 걸어 다니면서 앞에 보이는 간판을 설명하는 것이다. 발음과 더듬거리는 습관을 개선할 수 있다. 가장 쉽고 기초적인 방법이기도 하다.

우정 빌딩, 1층은 이화 약국, 2층은 이화 산부인과, 3층은 형 한의원, 4층은 리체 피부과, 5층은 스파르타 수학 학원

건물 전체의 간판도 보이는 대로 읽어보고, 앞에 보이는 이정표나 현수막도 읽어보는 등으로 다양하게 시도해보자

이런 스피치 방법을 30초 동안 해보자. 첫 번째와 두 번째의 경우 30초 동안 10개 이상의 단어가 나오지 않는다면 언어능력 훈련을 하는 것이 좋다. 내가 몇 개의 문장을 말하는지, 몇 개의 단어를 사

용하는지도 체크해보자.

세 번째 간판 스피치의 경우 처음 해보면 더듬거리는 나를 발견할 것이다. 책도 소리 내서 읽기 쉽지 않은 상황에서 언제, 어디서든 할 수 있는 가장 좋은 훈련법이다.

4. 일상 스토리텔링

내 딸 가은이에게 "오늘 학교 어땠어?"라고 물어보면 "응 좋았어~"라는 퉁명스러운 대답이 돌아온다. "학교 오늘 어땠어?"라는 질문은 점심은 뭐가 나왔고, 친구들과는 어땠고, 수업시간엔 별일이 없었는지 궁금해 꺼낸 질문인데 그냥 응 좋았어, 라는 답변이 나오면 대화가 끊어진다.

우리가 라이브커머스를 할 때도 마찬가지다. 채팅으로 고객이 "오늘 메밀면 먹었어요."라고 하면 진행자는 "아~ 오늘 메밀면 드셨군요? 정말 맛있죠 메밀면."이라고 대답할 수 있다.

그러나 기왕이면 이렇게 말해보면 어떨까?

"아 며칠 전 저두 먹었어요! 저두 메밀면 좋아해요. 물메밀면 드셨어요? 비빔메밀면 드셨어요? 전 매콤한 맛을 좋아해서 비빔메밀면을 먹었거든요~!"

이런 식으로 단순히 '메밀면을 먹었다'에서 그치지 말고 메밀면의 종류, 메밀면 먹은 장소, 메밀면 맛집 등의 스토리텔링을 해보자. 그러면 고객과 더 가까워지고 방송이 재미있어질 뿐만 아니라 다른 고객들의 참여도 유도할 수 있다.

그런 멘트가 순발력 있게 바로 나오기 위해서는 어떻게 해야 할까? 일상생활을 하면서 스토리텔링 연습을 하면 된다.

> 오늘 하루 종일 있었던 일을 시간 순서대로 나열하기
> 언제, 어디서, 누구와 무엇을, 어떻게, 왜 했는지 정리하기
> 그 경험에 대한 나의 생각으로 마무리하기

1. 전날 늦은 방송으로 아침 9시에 기상 2. 집 안 청소 후 방송장비, 방송 상품 샘플 챙기기 3. 운전해서 부천 친정으로 이동. 방송 세팅, 상품 세팅 4. 부모님과 은솔이 방송에 같이 출연시킴 5. 7시 반에 방송 시작해서 9시 반에 방송 종료 6. 방송 후 집에 도착하니 10시 반	오늘은 친정에서 친정 부모님과 함께 라이브방송을 하기로 했다. 전날 방송이 늦게 끝나서 아침 9시까지 늦잠을 잤다. 일어나서는 집 안을 청소했다. 방송 장비와 방송 상품 샘플을 챙겨 차에 싣고 40분을 운전해 부천에 있는 친정으로 갔다. TV 앞에 테이블을 깔고 방송 장비와 상품을 세팅했다. 7시 반부터 9시 반까지 방송을 진행했는데 친정 아빠와 친정 엄마, 그리고 은솔이까지 출연해 맛있게 먹는 모습을 보여줬다. 방송이 끝난 후 남은 샘플을 부모님께 드리고 집에 도착하니 10시 반! 늦은 시간이어서 피곤했지만, 방송에 출연하는 걸 좋아하시는 부모님의 모습도 보고 맛있는 음식도 직접 만들어서 방송 중에 드릴 수 있어서 굉장히 흐뭇하고 보람된 하루였다. 다음에도 맛있는 식품 방송은 친정집에서 진행해야겠다.

상황스피치를 잘하는 비법도 반복 연습이다

스마트폰 건너편에 있는 고객들이 나와 함께 현장에 있는 느낌을

갖게 해주고, 돌발 상황에서도 나의 방송에 집중할 수 있게 해준다면 그 방송은 진정한 소통방송이 될 수 있다.

이를 위해서는 상황스피치를 잘해야 한다. 말을 잘 못하는 사람도 반복 연습을 하면 충분히 향상될 수 있다.

처음에는 입에 잘 안 붙고 더듬거릴 것이다. 그러니까 더더욱 반복해서 연습하자. 지금 내 눈앞에 보이는 것들부터!

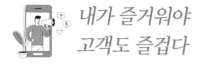

내가 즐거워야
고객도 즐겁다

입담보다 중요한 것

입담이 좋으면 고객들의 발길을 멈춰 세울 수 있다.

하지만 입담은 노력보다 타고 나는 경우가 많다.

나도 유머감각이 부족하다. 그래서 유머 관련 책도 사 읽고 예능에 나오는 연예인들을 따라해 보기도 했다. 하지만 역시 쉬운 일이 아니었다.

입담이 없어도 고객들과 재미나게 소통할 방법이 있을까? 있다. 방법이 없었다면 라이브방송을 하는 진행자들은 전부 개그맨, 개그우먼이었을 것이다.

그 방법은 바로 즐기면서 말하는 것이다.

천재도 즐기는 자를 쫓아오지 못한다고 한다. 내 방송을 내가 즐긴다면 특별한 입담 없이도 고객들과 배꼽 빠지게 소통할 수 있다. 왜냐하면 라이브커머스는 소통 방송이니까! 혼자서만 주구장창 말하는 방송이 아니라 고객과 소통하는 방송이니까!

그러니까 고객과의 소통 속에서 방법을 찾아보자.

즐기면서 재미있게 말하는 방법
첫 번째, 웃자

방송에서 가장 중요한 것은 웃는 표정이다. 단골이 아닌 고객은 나를 모른다. 아직은 신뢰할 수도 없다. 그러므로 우리는 웃음을 잃지 말아야 한다.

일단 웃으면 수백 가지의 근육이 움직이고 엔돌핀이 분비되어 쾌감중추를 자극시킨다.

심리학자 윌리엄 제임스는 웃기 때문에 행복하고 울기 때문에 슬프다고 이야기했다. 행동과 말의 변화가 곧 심리의 변화로 이어진다는 말이다. 우리도 인상 쓰는 사람들보다 웃는 사람과 더 함께하고픈 마음이 든다. 고객도 마찬가지다. 항상 스트레스 받는 현대인들이다 보니 긍정의 기운이 늘 고프다.

잘 안 웃던 사람들이 갑자기 웃을 수는 없다. 그러니 연습하자! 상냥하고 친절한 호감형 목소리를 만들자. 양 입꼬리를 올려서 미소 짓는 표정으로 말을 하면 자연스럽게 만들어진다. 불친절한 말투 때문에 오해를 받아 고민인 사람이라면 '개나리~~위스키~~꾀꼬리~~'와 같은 '발음 늘리는 말하기'를 연습해보자. 입꼬리를 올려서 웃는 표정으로 말하기, 어미 끝을 살짝 올려 말하기 등의 연습을 하는 것도 좋다. 웃는 연습은 방송아카데미나 CS(고객서비스)강의 때 가장 많이 사용하는 커리큘럼이기도 하다.

두 번째, 입만 움직이지 말고 얼굴로도 말하자

고객은 채널에 들어와서 나갈 때까지 진행자를 주시한다. 진행자는 고객을 볼 수 없지만, 고객은 진행자의 얼굴 표정부터 행동, 의상, 상품, 방송에 보이는 주변까지 하나하나 관찰한다.

또한 목소리와 말의 내용뿐만 아니라 표정과 말투까지 함께 느낀다. 고객들은 이러한 과정을 통해 자신만의 기준으로 진행자를 판단한다.

사람의 표정은 말하기의 또 다른 방법이다. 입을 닫고 말을 한마디도 하지 않더라도 우리는 표정만으로 상대방과 소통할 수 있다. 우리의 얼굴은 43개 정도의 근육으로 이루어져 있다. 그 43개의 근육이 7천 가지에서 1만 가지의 표정을 나타낼 수 있다고 한다.

방송을 모니터해보니 눈에 힘이 없다는 생각이 든다면, 눈에 힘을 주는 연습을 하는 것도 좋다. 입꼬리를 계속 올리는 연습, 웃는 연습은 기본 중의 기본이다. 이번 장의 "실전! 매력적인 목소리 만들기"를 참고해서 입 스트레칭을 계속 연습해보자. 꾸준히만 하면 얼굴로 말하기의 기본기가 생길 것이다. 거울을 보면서 아래와 같은 여러 가지 감정들을 표현하는 연습을 해보자. 중요한 것은 꾸준히, 지속적으로 하는 것이다. 꾸준함이 바로 천재성이다.

허탈, 부끄러움, 행복, 기대, 슬픔, 분노, 새침, 짝사랑, 반가움, 짜증, 놀람, 의심, 최고, 유쾌, 황당, 익살스러움

◇ 감정 표현

이것이 만원! (야! 놀랐다) - 놀라움

이것이 만원! (흥 어이 없군) - 경멸

이것이 만원! (아뿔사) - 후회

이것이 만원! (틀렸다) - 절망

이것이 만원! (기쁘다) - 기쁨

이것이 만원! (놀랐는데) - 호기심

이것이 만원! (천만에) - 의심

세 번째, 제스처를 사용하여 밋밋하지 않게 하자

나는 스피치 강의를 할 때 기상캐스터가 제스처 없이 멘트하는 경우와 제스처를 사용해가며 멘트하는 경우를 영상으로 보여준다. 제스처의 중요성에 대해 알리고 강조하기 위해서다.

상대방에게 이야기를 전달할 때 말만 하는 것보다 제스처가 들어가면 훨씬 이해도 빨라지고 설득력이 올라간다. 보고 있는 상대방도 지루해하지 않는다.

그렇다고 부산스럽게 특정 행동을 반복하라는 뜻이 아니다. 제스처는 강조해야 할 때 주로 사용하고, 고객의 채팅에 반응하거나 리액션을 할 때 넣어주면 된다.

예)

정말 최고예요! (엄지손가락을 들어주며)

써보시니 너무 좋았다고요? 너무 감사해요! (박수 치고 환호해가며)

여러분, 이 상품은 꼭 드셔보세요. 자신 있어요.! (카메라 앞으로 다가가 검지손가락을 들어주며)

네 번째, 말에 강약을 주자

완벽한 논리에 맞춰 처음부터 끝까지 설명만 한다면 고객들의 기억에 뭐가 남을까? 말하는 것보다 중요한 것은 고객이 나의 말에 집중하게 하는 것이다. 말의 재미를 위해서는 말할 때 중요한 부분을 강조해야 한다. 처음부터 끝까지 똑같은 톤으로 이야기한다면 고객들의 기억에 남을 수가 없다. 아니, 끝까지 듣고 있지도 않을 것이다.

강조는 밋밋한 말에 생명을 불어넣는다. 중요도에 따라 목소리 톤을 다르게 해보자. 강하게 이야기할 때는 배에 힘을 줘서 목소리를 더 크게 내보자.

예)

높임 강조 - 수백 번의 테스트 끝에 탄생했어요.

낮춤 강조 - 아무리 몸에 좋으면 뭐합니까? 비싸면 꾸준히 못 챙기잖아요.

포즈 두기 - 여기서 가장 중요한 것은! 가족의 건강이라는 거죠.

속도를 늦춘 강조 - 100% 무! 항! 생! 제! 원유만을 사용했어요.

모음을 길게 늘인 강조 - 드셔보세요! 정말 너~~~무 찐하고 꼬소~해요.

다섯 번째, 고객들의 채팅에 열심히 맞장구치자

적절한 맞장구는 말하는 사람을 기분 좋게 하고 말할 의욕을 높여주는 역할을 한다.

평소 무뚝뚝한 표정으로 사람들의 오해를 받았다면, 감정을 이입해서 다음과 같이 맞장구를 쳐보자.

동의 - 네, 그렇네요. 맞아요, 그럼요.

촉진 - 그래서 어떻게 됐지요? 예를 들면요?

정리 - 아~ 이렇다는 말씀이군요. 네~ 잘 알겠어요.

공감 - 어머~ 놀라셨겠어요!. 저런~ 힘드시겠어요.

놀람 - 정말 대단해요. 진짜 놀랍네요.

여섯 번째, 강조하고 싶은 말은 무한 반복하자

방송이 끝날 때까지 고객들에게 상품에 대해서 한 가지만 심어줘도 그 방송은 성공한 것이다. 상품의 가장 큰 특징을 무한 반복하자! 방송 때마다 콘셉트를 나눠서 진행해도 좋다.

방송 중의 판매 조건이나 프로모션도 반복하자. 다시는 못 볼 가격 조건, 저렴한 구성 조건에 대해서도 무한 반복하자. 그래야 고객들이 관심을 갖고 집중할 수 있다.

마음이 통하면 재미있어진다

재미있게 말하는 방법은 어찌 보면 가장 쉽다. 상품에 대한 나의 마음을 그대로 방송에서 전달하면 되는 것이다. 앵무새처럼 상품에 대해 줄줄 읊는 방송은 실격이다. 고객과 자연스럽게 대화하고 소통하는 방송이어야 한다.

고객들이 방송을 진행하는 내 모습에서 진정성과 열정, 그리고 호감을 느낄 수 있게 하자. 그래야 질 좋은 내 상품에도 신뢰와 호감을 보내줄 테니까. 이를 위해서는 가식적인 '장사꾼 멘트'가 아닌 '마음이 통하는 진솔한 소통'이 필요하다.

진실된 마음으로 고객과 소통하자. 고객들도 팔로우와 매출로 화답해줄 것이다.

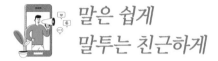
말은 쉽게
말투는 친근하게

어려운 말은 피하자

말을 잘한다는 기준은 무엇일까? 어려운 용어를 자주 쓰거나 말을 길게 한다고 해서 말을 잘한다고 할 수 있을까?

작가로도 유명한 유시민 씨는 이런 말을 한 적이 있다.

> (말이나 글을 어렵게 쓰는 사람은) 남을 설득할 생각이 없는 사람이다. 진정으로 소통하고 싶다면 쉬운 글로 표현해야 한다. (중략) 사기 치려는 사람이 글을 어렵게 쓴다. 뭔지 모르지만 뭔가 있어 보이기 때문이다.

라이브셀러는 말을 쉽게 해야 한다. 상품을 판다는 것은 고객을 설득한다는 것이기 때문이다. 고객을 '설득'해서 '납득'시키지 않으면 판매는 불가능하다. 고객 스스로가 제품의 필요성을 인정하게 만들어야 한다. 그렇지 않으면 아무리 '똥꼬쇼'를 하고 할인을 해도 사지 않는다. 고객이 필요하지 않다고 생각하는 상품을 파는 방법은 오직 하나, 강매뿐이다.

고객을 내 채널의 지박령으로 만들고, 방송을 끝까지 보게 만들고, 기꺼이 지갑을 열게 만들기 위해서는 '설득'하는 수밖에 없다. 그래야 구매자와 판매자 모두 윈-윈 할 수 있다. 고객으로 하여금 상술에 넘어간 게 아니라 자기 스스로 판단했다고 믿게 만들어야 한다. 그래야 다음에도 또 찾아온다. 왜냐? 좋은 제품을 '제안'받았다고 생각하기 때문이다. 그래서 가구나 명품, 패션업계에서는 제품 홍보를 '제안'이라고 표현한다. 〈2022년 가을 패션 제안〉처럼 말이다.

하수는 판매하고 중수는 설득하며 고수는 제안한다. 고수는 고객들이 "마침 꼭 필요했는데, 좋은 물건을 좋은 조건에 살 수 있게 되어서 너무 기뻐요! 감사해요!"라고 외치게 만든다.

그뿐만이 아니다. 쉽고 친근한 말투를 쓰면 방송도 편안하고 고객들도 부담이 없다. 친구처럼 언니처럼 친정엄마처럼, 나한테 꼭 필요한 걸 미리 알고 소개해주는 느낌이기 때문이다. 물건을 안 사도 얼굴만 봐도 재미있고 시간가는 줄 모른다. '내가 너에게 이 물건을 꼭 팔고야 말겠다!'는 분위기를 풀풀 풍길 때마다 매출도 더 좋다.

이런 고수가 되기 위해서는 설득과 제안에 능해야 한다. 설득과 제안을 위해서는 무엇보다 알아듣기 쉽게 말해야 한다. 어렵거나 복잡한 말은 졸음만을 유발한다.

그러므로 항상 명심하자. 쉽게! 솔직하게! 즐겁게! 그래야만 남을 설득할 수 있다.

최근에 인터넷 기사를 보다가 이런 글을 읽었다.

뉴노멀[6] 시대! MZ세대[7]인 제니는 주로 라방에서 쇼핑하며 미닝아웃[8] 소비를 즐긴다. 요즘 젠더 뉴트럴[9] 룩에 푹 빠져있는데 오늘 SNS피드에 올린 OOTD[10]에는 It's so Gucci[11]라는 댓글이 달렸다.

무슨 글인지 이해할 수 있을까? 뉴노멀 무엇이고 미닝아웃은 무엇인지, OOTD는 도대체! 머리가 빙글빙글 돈다. 읽고는 있지만 무슨 말인지 도통 모르겠는 글이다.

◇ 신발을 팔면서 다음과 같이 말하는 셀러가 있다면?

이 구두의 어퍼Upper는 소가죽으로 되어 있고요. 힐카운터Heel Counter는 S라인으로 아슬아슬 섹시하게 보이고요, 인솔은 라텍스로 되어 있어요.

◇ 조끼를 팔면서는 어떨까?

이 조끼는 고급소재에 쓰이는 페어텍스Pertex 소재로 되어 있고, 우라는 통기성 좋은 매시 원단으로 되어 있어요.

---

6 뉴노멀은 2008년 세계금융 위기 이후 나타난 새로운 경제 질서를 지칭하는 용어다. 시대의 변화에 따라 새롭게 부상하는 표준을 뜻한다.

7 MZ세대는 디지털 환경에 가장 익숙한 세대이다. 이들은 태어난 연도로 구분하는데, 1980년대 초반부터 2000년대 초반 출생한 밀레니얼 세대의 M과 1990년대 중반부터 2000년대 초반 출생한 Z세대를 합쳐 MZ세대라고 부른다.

8 미닝아웃Meaning Out은 자신의 신념을 소비를 통해 적극적으로 드러내는 것을 의미한다. '의미'을 뜻하는 '미닝Meaning'과 벽장 속에서 나온다는 뜻의 '커밍아웃Coming Out'이 결합된 말이다.

9 젠더 뉴트럴Gender Neutral은 남녀의 구분을 없애고 중립성을 강조하는 용어이다.

10 OOTD는 "Outfit Of The Day"의 준말로 "오늘의 패션"을 의미한다. 자신의 오늘 옷차림을 촬영해 SNS에 업로드하는 걸 표현하는 단어로서, 연예인들이나 셀럽들의 사복 패션을 볼 수 있어 관심이 높다. 포스트에 주로 OODT라는 해시태그가 달린다.

11 It's so Gucci는 "구찌스럽다"가 아니고 "쿨하다, 멋있다"로 쓰인다.특히 MZ세대가 그렇게 사용한다.

전문용어나 은어가 많아서 일반 고객들이 이해하기 어렵다. 좀 더 읽기 쉽게 수정해보자.

◇ 신발 1안

이 구두는 소재부터 전체적으로 소가죽으로 고급스럽게 디자인되어 있고요. 구두지만 신었을 때의 편안함을 위해서 안쪽에 발이 닿는 부분은 라텍스로 1cm 정도 쿠션감을 주었어요. 심지어 뒤쪽에서도, 옆쪽에서도, 앞쪽에서도 섹시함을 연출할 수 있게 뒷굽을 S라인으로 만들어서 특별함을 더했습니다.

◇ 신발 2안

이 구두는 전체적으로 소가죽으로 감싸서 고급스럽게 디자인했습니다. 또 편안함을 위해 인솔, 즉 구두 안쪽 발 닿는 부분에 1cm의 라텍스로 쿠션감을 주었고요. 뒤에서 봐도, 옆에서 봐도, 앞에서 봐도 아슬아슬 섹시하게 보일 수 있도록 힐카운터, 즉 뒷굽을 S라인으로 디자인하였습니다.

이렇게 1안처럼 전문용어를 사용하지 않고 풀어서 설명하는 방법도 있고, 2안처럼 전문용어를 사용하되 그 용어를 쉽게 풀어 설명해주는 방법도 있다.

◇ 조끼

간절기에 꼭 필요한 조끼 찾으셨죠? 이 조끼는 캠핑이나 등산복 제작에 쓰이는 아주 가벼운 소재, 바로 페어텍스 소재로 되어 있어요. 정말 눈으로 보기에도 가벼워 보이지만 실제로 입으시면 안 입은 느낌이 든다는 게! 여기에 안감도 땀을 배출하고 통기성을 주기 위해 메시 원단으로 제작되었습니다.

◇ 이 · 미용

이 클렌징오일은 마이크로바이옴 기술을 접목시키기 위해 수년간 수백 번의 테스트를 통해 탄생했고, 특허받은 슈팅 쿨러 기술까지 들어가 있습니다.

화장품에 대해 관심이 많거나 그쪽 분야에서 일하는 사람이라면 다 알아듣겠지만, 구매자들은 이해하기 어려운 글이다. 우리는 최대한 쉽게 설명해야 한다.

요즘 화장품 식품 치료제에서 핫한 분야가 바로 인체에 서식하는 미생물 자체를 도와주는 마이크로바이옴 기술입니다. 오늘 이 클렌징오일도 마이크로바이옴 기술이 들어가서 우리 피부 장벽의 유익균에게 힘을 실어주고, 피부 장벽을 탄탄하게 만들어주는 역할을 하게 되는 거죠. 여기에 수년간 수백 번의 테스트를 통해 탄생한 특허기술! 바로 슈팅쿨러 기술까지 들어가 있어요. 슈팅쿨러 기술은 피부 온도를 즉각적으로 낮추는 특허기술입니다. 요즘 같은 여름에, 기온이 올라가서 피부 온도가 올라가는 이 계절에 피부 온도를 낮춰 탱탱함을 유지시켜 드릴 거예요.

이렇듯 말은 일단 짧고 쉽고 간단해야 한다. 여기에 재미까지 더해지면 금상첨화다.

말이 어려우면 듣는 사람은 이해하느라 말을 놓치고 금새 흥미가 떨어지게 된다.

라이브방송은 재미있어야 한다. 재미가 없으면 최소한 무슨 말인지는 알 수 있어야 한다. 무슨 말인지도 모르는데 어떻게 설득이 되고 판매가 되겠느냔 말이다.

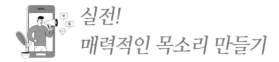

실전!
매력적인 목소리 만들기

타고난 목소리를 바꿀 수 있을까?

불가능은 아니지만 쉽지도 않다. 특히 아나운서나 성우처럼 매력적인 목소리를 만든다는 것은 더더욱 쉽지 않다. 또 소위 '목욕탕 발성'으로 또박또박 정확하게 말을 하기 위해서는 긴 시간과 노력이 필요하다.

하지만 우리의 목표는 아나운서 같은 정확한 발음도, 성우 같은 고운 목소리도 아니다. 고객들에게 호감을 주는 보이스를 만들면 충분하다.

그 방법은 바로 '말투'와 '어투'를 살려주는 것이다.

말투에 따라 전달력이 달라지는 목소리

말투란 말을 하는 버릇이나 모습이다. 말투로 그 사람의 성격을 알 수 있다. 말하는 사람이 있는 장소와 같이 있는 사람들에 따라 말투가 달라지기도 한다. 그리고 말투에는 항상 감정이 실려 있다.

말투와 감정만 잘 컨트롤해도 호감 가는 보이스를 만들 수 있다. 사람은 말의 내용보다 말투에 상처받기도 하고 행복해하기도 한다.

'메러비언 법칙'에서도 첫인상을 결정하는 가장 큰 요소로 말투를 꼽았다. 재미있는 것은 말의 내용은 7% 밖에 되지 않았다는 점이다.

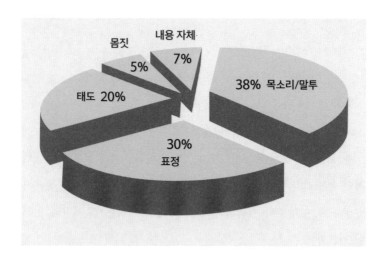

'직장에서 소통을 불통으로 만드는 말투 리서치'를 보면 다음과 같은 예시가 등장한다.

비꼬는 말투와 부정적인 말투
자신감 없이 기어들어 가는 말투
힘없이 뒷말을 흐리는 말투
강하게 감정을 나타내는 말투

이와 같이 말투는 평상시 생활에서도 중요하지만, 라이브커머스를 진행할 때도 신경 써야 하는 부분이다. 자신감 없이 기어들어 가거나 뒷말을 흐리면 일단 신뢰도가 떨어진다. 또 크고, 높고, 빠른 말투는 위화감을 조성할 수 있다. 부정적인 말투가 아닌 긍정적인 말투로 바꾸어보자. 그래야 듣기 불편한 소리에서 듣기 편한 소리로 바꿀 수 있다.

"이렇게 하시면 안돼요"보다는 "이것도 좋지만 지금 이 방법은 어떨까요?"가 낫다. 방송 중에 쉽지 않은 상황을 고객이 요청하더라도 "못해요."가 아니라 "한번 해볼까요?"라고 하면서 도전해보는 게 낫다. 혹시 시연에 실패하더라도 고객들이 긍정적으로 봐주기 때문이다.

입도 스트레칭이 필요하다

운동을 하기 전에 스트레칭이 필요하듯이, 말과 표정을 하기 전에도 스트레칭이 필요하다.

표정을 짓기 전에도, 말하기 전에도 얼굴 근육과 입 근육을 풀어주는 스트레칭을 해야 한다. 말투는 표정과도 연결되어 있기에 표정관리를 기본적으로 하면서 고치면 좋다. 지금부터 표정과 말투, 그리고 발음을 동시에 바꾸어주는 '표정과 입 근육 풀어주는 입 스트레칭'을 소개하겠다.

표정과 입 근육 풀어주는 입 스트레칭

입 스트레칭 1) 입술 돌리기

뽀뽀하듯이 입술을 모아서 앞으로 쭉 빼준다.

쭉 빼준 상태에서 모은 입술을 시계방향으로 3번, 반시계 방향으로 3번씩 원을 그리며 돌려준다.

거울을 보면서 내 입술이 잘 움직이는지 확인하며 스트레칭 한다. 입술이 모아져도 원을 그리기 힘든 경우도 있고, 돌리는 것 자체가 어색한 경우도 있다. 스트레칭을 하고 나서 얼굴과 입이 뻐근하다면, 그것은 내가 그동안 얼굴 근육을 많이 안 썼다는 증거라고 볼 수 있다. 그러므로 하루에 한 번씩, 꼭 스트레칭으로 입을 풀어주는 습관을 가지자.

입 스트레칭 2) 입 크게 벌리기

거울을 보자.

거울을 보고 '아, 에, 이, 오, 우'를 발음해보자.

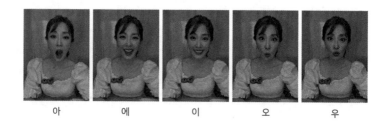

| 아 | 에 | 이 | 오 | 우 |

아는 입을 위아래로 벌려 발음하는 것이고, 에는 입 모양이 양옆으로 살짝 벌어지면서 입속의 혀가 아랫니에 살짝 닿으면서 올라와야 한다.

이는 입이 벌어지지 않은 상태에서 양옆으로 움직인 것이고, 오는 입술이 앞으로 나오되 안쪽으로 모이는 느낌으로, 우는 입술을 밖으로 빼면서 호흡도 같이 뱉으면서 발음하는 것이다.

이게 시작이다. 천천히 '아, 에, 이, 오, 우'를 10번 정도 반복하자. 있는 힘껏 크게 벌리면서 연습하는 게 가장 좋다.

입을 크게 벌려주면 일단 발음이 정확해진다. 입을 크게 벌리려고 하다 보면 말의 속도에도 여유가 생긴다. 그리고 입안에 공간이 생겨서 울림도 생기고, 입을 크게 움직이려고 하면서 표정도 같이 만들어지기 때문에 생동감까지 더해진다.

스피치 강사들은 모음 연습만 잘 해도 정확한 발음에 큰 도움을 받을 수 있다고 이야기한다. 방송 직전에 '아, 에, 이, 오, 우'를 10번에서 20번 정도 연습하고 시작해보자. 발음이 꼬이거나, 목이 잠기거나, 말을 더듬는 현상을 조금이나마 줄일 수 있다.

입 스트레칭 3) 웃는 연습

표정과 입 근육을 풀어주는 세 번째 방법은 '웃는 연습'이다.

웃는 표정이 자연스럽지 않은 사람들은 입 스트레칭 1번과 2번으로 얼굴 근육과 입 근육을 풀어주고 웃는 연습을 하면 훨씬 자연스러워진다.

폴 에크만은 근육 움직임에 따라 미소의 종류를 19가지로 분류했는데, 크게 나눠보면 2종류로 분류할 수 있다고 했다.

그것은 바로 '진짜 미소'와 '가짜 미소'다.

진짜 미소는 눈과 입이 같이 웃는 미소이고, 가짜 미소는 입은 웃고 있지만 눈은 웃지 않는 미소이다.

가짜 미소_입만 웃는 경우　　　　　진짜 미소_눈과 입이 같이 웃는 경우

　　진짜 미소를 "뒤센 미소"라고 한다. 18세기 프랑스 심리학자 '뒤센(Duchenne)'의 이름을 딴 것이다.

　　입술 끝이 위로 당겨지고, 두 눈이 호선을 그리고, 눈가에 자연스러운 주름과 광대가 올라가는 게 바로 진짜 미소다.

　　가짜 미소는 억지로 웃는 가식적인 미소를 뜻한다. 미국 팬 아메리카 항공 승무원들의 미소로 유명하다.

　　우리는 방송을 하면서 고객들을 반기고 환영해야 한다. 팬 아메리카 미소 말고 뒤센 미소를 사용하자. 눈과 입을 같이 사용해서 진짜 미소를 보여주자.

　　웃는 연습을 위해 많이들 추천하는 방법은 "~~~이" 또는 "~~리"로 끝나는 단어로 연습하는 것이다. 제일 많이 하는 단어가 "개나리

~ 미나리~ 개구리~ 보따리~"인데, ~리로 끝날 때 살짝 어미 끝을 올리면서 5초 정도 길게 끌어주는 것이 좋다.

미나리~ 개나리~ 보따리~ 가오리~ (5초유지)
개구리~ 고사리~ 너구리~ 병아리~ (5초유지)
동아리~ 오소리~ 옆구리~ 꾀꼬리~ (5초유지)

위 세 가지 연습은 무조건 해보자! 자연스러운 웃음과 표정, 그리고 상냥한 말투까지 가져갈 수 있는 방법이다.

정확한 발음을 위해서 입술을 푸르르르 떨거나 혀를 움직여서 "똑딱똑딱" 소리를 내는 것도 좋다.

목소리의 톤이 솔 톤이든 미 톤이든 걱정하지 말자. 톤은 개인의 개성이기에 유지하되 말의 속도를 조절하고 강약을 주면 된다. 그러면 충분히 호감 가는 보이스로 만들 수 있다.

"미소는 돈이 들지 않지만 많은 선물을 준다. 어떤 사람에게는 이 세상이 너무 힘들어 미소조차 버거울지도 모른다. 그런 사람에게 당신의 미소를 보내라. 이 미소가 가장 필요한 사람은 아무것도 줄 것이 없는 사람이다."

19세기 독일계 유대인 신학자인 삼손 라파엘 히르시의 말이다.

방송을 하면서 많은 사람들이 우리의 얼굴을 보게 된다. 당신은 어떤 이미지로 보이고 싶은가?

상품이 팔리지 않아도 나의 진짜 미소는 고객에게 그대로 전달되고 기억될 것이다. 구매를 위해 방문하든, 그냥 들어왔든 내 채널에 들어온 이유는 중요하지 않다. 그 고객이 나를 어떤 이미지로 보고 있는지가 훨씬 더 중요하다. 판매는 그 다음이다.

나의 환한 미소가 다른 이들에게 힘이 될 수 있다. 내가 보낸 미소가 돌고 돌아 나에게 돌아올 것이다. 그리하여 슬프고 우울한 날, 지친 나에게 선물 같은 미소로 돌아올 것이다.

그러니까 웃자. 내 채널에 찾아온 모든 분들에게 긍정과 행복의 기운을 나누어주자.

짠순이🧡🧡엄마도 먹이는 아이클...
솜귤탱귤 323

하이라이트 보기   하이라이트 수정

6장
절친과
손놈 사이에서
고객과 소통하기

참새짹짹님이 장바구니에 담았습니다.

둘칫두둠칫 페이코에서 그립쿠폰 다운 받으시고
결제하시면 5%할인 들어갑니다
더불어 페이코 국민이랑 하나카드는 8%까지 할인
들어갑니다
그립 쿠폰 가지고 계신다면 중복할인 적용됩니다

솜귤님 방송에서만 보실 수 있는 구성.
날이면 말마다 오는게 아닙니다.

솜귤탱귤🧡팔로우🧡고맙습니다🧡
유산균1+1 슬기로운면역생활1+1

10   1   4   20844

라이브커머스에서 소통의 중요성은 아무리 강조해도 지나치지 않다.
고객과의 소통이야말로 라이브커머스의 본질이기 때문이다.
소통하지 않는 라이브커머스는 면이 없는 라면, 알콜이 없는 술, 엔진이 없는 자동차
같다고 할 수 있다.

소통의 기본은 진실성과 성실성이다.
사회적 동물인 인간은 몇백만 년 전부터 타인의 미묘한 심리 변화를 재빨리
파악하도록 진화하였다.
그런 스킬을 갖추지 못한 원시인은 도태되었으니, 현재의 인류는 타인의 기분과
생각을 파악하는 데에 도사가 될 수밖에 없었다.

가식적인 미소와 말투, 적당한 응대와 무성의함이 오래 가지 못하는 이유가 바로
여기에 있다.

물론 수많은 고객들을 응대하는 것은 보통 일이 아니다.
엄청나게 어려운 일이고 영혼과 감정을 갈아넣는 일이다. 세상에서 제일 힘든 일이
사람을 상대하는 일이라고 하지 않는가?

하지만 해야 한다. 앞에서 말한 것처럼, 그것이 라이브커머스의 본질이니까.

그러니까 기왕이면 즐겁게 하자. 그래야 고객들도 즐거워한다. 너무나도 진부한
말이지만, 피할 수 없다면 즐길 수밖에.

라이브방송에서 고객들과 소통하는 법

고객은 여우다

0~3세 / 사춘기 / 임산부 / 갱년기 여성

지금 나열한 이들의 공통점은? 바로 예민하다는 것이다.

작은 것에도 예민하고, 먹는 것이 해결 안 되면 짜증을 내고, 아침에 기분이 좋았다가도 오후가 되면 기분이 가라앉고, 햄버거가 먹고 싶다가도 갑자기 삼겹살이 먹고 싶고, 남들에게 공연히 상처받고, 뭐라고 딱히 설명하기 힘들지만 가슴 깊은 곳에서부터 올라오는 예민함!

그렇다. 고객은 예민하다.

왜?

돈을 쓰는 사람이기 때문이다.

예민한 고객에게 서비스란 도미노와 같다. 하나라도 잘못하면 무너지는 도미노 말이다.

하지만 입장 바꿔 생각해 보자.

우리 역시 미용실을 갈 때도, 식당을 갈 때도, 아이들 학원에서도, 마트 안에서도, 심지어 책을 읽고 있는 지금 이 순간에도 끊임없이 누군가의 고객이 되어 고객의 삶을 누리고 있다. 우리도 우리가 낸 돈에 합당한 대우를 원한다.

그렇다면 고객은 예민하기만 할까?

고객은 다양하다!

포근한 날씨를 어떤 고객은 덥다고 느끼지만, 어떤 고객은 따뜻하다고 느낀다.

매콤한 떡볶이를 어떤 고객은 맛있다고 느끼지만, 어떤 고객은 못 먹겠다고 느낀다.

몸에 열이 많은 고객은 얼음물을 시원하다고 느끼지만 몸이 찬 고객은 차갑고 춥게 느낀다.

물고기를 잡는 일이 어부에게는 노동이고 낚시꾼에게는 레저라는 말이 있다. 사람의 마음은 제각기 다르다. 고객의 예민함은 그들의 다양성에서 비롯된다.

하지만 이들에게도 공통점이 있다. 그들을 인정하고 잘 들어주고 맞춰주면 세상 좋아하고 행복해한다는 것이다. 우리는 고객을 이러한 관점으로 바라봐야 한다.

내 것만 챙기려는 여우같은 고객이 얄밉고 예민하다는 생각이 들 것이다. 하지만 이런 고객들을 진심으로 품어주면 오히려 나의 '찐팬'이 된다.

여우같은 고객도 나의 찐팬으로 만드는 방법

첫 번째, 호칭으로 마음을 얻자.

호칭을 친근하게 불러줌으로써 고객과 진행자는 친해진다.

고객님이라고 하지 말고 닉네임으로 불러주며 소통해야 한다. 때로는 언니가 될 수도 있고 때로는 오빠가 될 수도 있다. 나의 채널에 들어와 준 고객이니만큼 친근하게 다가가는 게 당연하다. 그것은 호칭에서부터 시작된다.

필자는 "솜귤탱귤" 채널에 들어온 고객들에게 "우리 ㅇㅇㅇ"라는 표현을 많이 쓴다. 예를 들어 "우리 아딸아 님~", "우리 몽이강이 님~" 이런 식으로 말이다.

'우리'라는 단어를 사용함으로써 한 가족이 된 것 같은 느낌을 줄 수 있다. 진행자인 나뿐만 아니라 고객들에게도 마찬가지다. 이렇게 친밀감을 느낀 고객은 나의 채널에 고정적으로 들어와 주는 찐팬이 된다.

두 번째, 채팅을 읽으며 고객을 기억하자.

필자는 암기를 제일 못한다. 그런데도 내 채널에 들어와 주는 고객들을 기억할 수 있었던 이유는 바로 채팅을 열심히 읽어줬기 때문이다.

라이브커머스의 가장 큰 매력은 바로 고객과의 소통이다. 그 소통은 고객의 채팅을 진행자가 읽어줌으로써 이루어진다. 필자는 웬만하면 채팅은 상품과 관계없는 이야기가 올라와도 다 읽어주려고 한다. 그래서인지 가끔은 남편과 싸운 이야기, 시댁 이야기, 육아 이야기, 드라마 이야기로 꽃을 피울 때도 있다.

이렇듯 나의 물건을 사러 오는 고객도 있지만 나와 소통하기 위해 들어오는 고객들도 있다. 이런 부분이 지금 당장은 매출로 이어지지 않더라도 나와 나의 채널을 고객과 연결해주는 도구가 된다.

고객의 채팅을 열심히 읽어주자!

셋째, 말도 중요하지만, 행동도 중요하다.

고객은 채팅으로 나와 소통하고, 나는 그 채팅을 읽어주고 답하면서 소통한다. 하지만 가만히 앉아서 카메라만 쳐다보고 채팅을 읽는 것은 감정이 느껴지지 않는다.

고객의 채팅을 읽을 때는 항상 리액션이 필요하다. 박수를 친다든지, 고개를 끄덕인다든지, 손짓을 한다든지, 턱에 손을 받치거나 팔짱을 끼면서 심각하게 고민하는 모습을 자연스럽게 보여주자.

이런 리액션은 스마트폰이라는 공간 안에서 서로 대화하는 느낌을 전해준다.

넷째, 고객은 사소한 것에 감동한다.

식당에서 주문한 음식 외에 다른 서비스가 나오면 감동하듯이, 온라인으로 주문한 상품 이외에 머리끈이나 마스크 같은 서비스가 같이 배송되면 그 온라인 샵을 찜하고 재구매로 이어진다. 이렇듯 고객은 나만을 위한 작은 서비스에 감동한다.

누구나 남들보다 싼 가격에 더 많은 서비스를 받길 원한다. 가끔 배송이 늦으면 손편지와 함께 서비스가 배송되는 경우도 있다. 택배사 파업이라 배송이 늦을 수밖에 없었더라도, 명절이라서, 크리스마스라서, 택배 대란이라서 늦어지는 배송을 당연시하지 말고 애교 있는 선물을 준비해보자. 고객들이 나의 채널을 기억해줄 것이다.

방송 중 소통하며 나온 사소한 이야기들을 기억하고 물어봐 줄 때도 고객과 나의 사이가 가까워진다.

"지난번에 막내 열났던 거는 어때요? 괜찮아요?"
"왜 이렇게 오랜만에 오셨어요~? 궁금했어요."
"부산 출장 다녀오신 일은 잘되셨어요?"

얼굴은 모르지만 닉네임과 채팅만으로도 끈끈한 사이가 될 수 있다. 이것이 바로 라이브커머스의 장점이다.

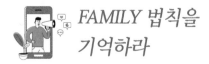

FAMILY 법칙을 기억하라

고객은 나의 힘

세상에서 가장 현명한 사람은
모든 사람으로부터 배우는 사람이며,
가장 사랑 받는 사람은
모든 사람을 칭찬하는 사람이요,
가장 강한 사람은
자신의 감정을 조절할 줄 아는 사람이다.
_탈무드

채널을 운영하면서 가장 중요한 것은 나의 감정을 컨트롤하는 것이다.

「매일매일 긍정하라」라는 책을 보면 다음과 같은 문구가 있다.

"인간은 99%의 착각 속에 산다. 하지만 99%의 착각이 현실의 성공을 만든다."

"성공은 뇌를 속인 사람에게 찾아오고, 실패는 뇌에게 속은 사람에게 찾아온다."

우리는 우리의 뇌를 스스로 조절할 수 있다.

우리가 어떻게 생각하느냐에 따라서 행동이 달라지고, 그 행동은 그대로 고객에게 전달된다. 그러므로 부정적인 행동을 긍정적으로 바꿔보자!

고객과 소통할 때는 답변도 최대한 긍정적으로 해야 한다.

모릅니다 → 제가 알아볼게요.
안 됩니다 → 노력해 볼게요.
못 합니다 → 할 수 있는 방법을 최대한 찾아볼게요.

부정적인 느낌, 기운 없고 처져 있는 채널보다 밝고 활기찬 채널이 낫다. 고객들은 에너지를 얻고 싶어 하기 때문이다.

방송을 진행하다 보면 여러 가지 상황이 발생한다. 몸살을 앓을 수도 있고, 접촉사고가 날 수도 있고, 그밖에 개인적인 스트레스가 있을 수도 있다. 몸살을 앓는다면 그날 방송은 건너뛰는 게 좋다. 개인적인 일로 스트레스가 있는 상태에서 방송을 하다 보면 평상시엔 아무렇지 않게 대응했던 채팅 내용도 예민하게 받아들일 수 있다. 방송 진행자의 감정을 여과 없이 드러냈다가 또 다른 오해를 불러일으킬 수 있는 것이다.

현재 나의 상황에 대해 소통하듯이 이야기를 나눌 수는 있다. 그러나 예민한 감정을 방송에서 고스란히 표현하거나, 지쳐 있는 모습을 보여주는 것은 지양해야 한다. 방송을 보는 고객 입장에서도 쉬운 일이 아니기 때문이다.

FAMILY 법칙을 기억하자!

Family 소통 법칙은 다음과 같다.

F Friendly _ 우호적인 마음으로
A Attention _ 집중해서
M Me Too _ 맞장구쳐주며
I Interest _ 관심과 흥미를 보이며
L Look _ 상대를 바라보며 (상대의 시선에서 생각하며)
Y You are centered _ 대화의 중심이 상대임을 느끼도록 배려하며 소통하자!

서로에 대한 이해와 배려를 통해 상대방의 마음을 알아주고, 사람을 알아 가는 것을 진정으로 즐기는 것! 그것이 매출도 늘리고 고객의 마음도 얻는 비결이다.

즐기면서 방송하자

업무로 방송을 하는 경우든, 방송이 좋아서 하는 경우든, 어쨌든 즐기자!

방송 진행자가 부담감을 느끼면 그 부담감이 그대로 고객에게 전달된다는 것을 잊지 말자.

그러니 부담감을 접고 방송을 즐기자!

상품에 대해 내가 가장 좋아하는 부분을 이야기해주고, 고객의 소리도 들어주고, 나의 경험도 공유하면서 친밀감을 만들어가며 방송하자.

예전에 유산균 판매방송을 할 때였다. 만성신부전으로 투석 중이신 친정아버지가 장 기능이 약해져서 화장실 다녀오시는 걸 힘들어하셨는데, 매일 아침 공복에 유산균을 드시고 많이 좋아지셨다는 이야기를 방송 중에 했다.

그러자 고객들이 자신의 아버지와 어머니에 대해 이야기하기 시작했다. 어떤 지병이 있으시고 어떻게 도와드리고 있다는 등등, 다양한 이야기가 나왔다. 상품 판매와는 살짝 동떨어지는 대화라고 생각할 수도 있겠지만 그렇지 않다! 오히려 고객과 내 사이가 끈끈해지는 계기가 된다.

승자효과를 활용하자

심리학에 승자효과라는 게 있다. '승리가 승리를 낳는 현상'을 뜻하는데, 방송에도 이 효과가 적용된다.

방송을 한 번, 두 번 끝낼 때마다 매출에 상관없이 방송을 무사히 마쳤다는 기쁨을 느끼고 음미해보자. 그러다 보면 승자효과가 내 의식 속에 자리잡히고, 그 결과로 몸속에 테스토스테론이 분비된다. 이러한 경험은 앞으로 내가 방송을 할 때 굉장히 큰 자신감을 심어줄 것이다. 이것은 내가 심리학을 공부하면서, 그리고 실제로 적용해보고 느낀 것이다.

방송지망생들의 스피치를 트레이닝해줄 때도, 아이들의 공부습관을 만들어 줄 때도, 강의를 할 때도, 나는 항상 승자효과를 활용하기 위해 애쓴다.

고객과의 소통도 마찬가지다. 다양한 고객들의 이야기를 들어보고 경험해 봐야 한다. 그래야 소통 스킬을 향상시킬 수 있다.

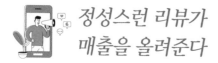

정성스런 리뷰가 매출을 올려준다

정성 있는 리뷰가 매출로 이어진다

마케팅에서 입소문 마케팅(=바이럴 마케팅)은 라디오 광고의 2배, 인적 판매의 4배, 신문 잡지의 7배의 효과가 있다고 한다. 그만큼 강력한 마케팅 수단이다. 예전에는 동네마다 입담 좋은 주부들을 통해서 판매가 이루어졌고, 최근까지도 맘카페를 통해서 상품 판매가 많이 이루어졌다. 요즘에는 그뿐만 아니라 블로그 마케팅, 상품 후기 마케팅, SNS 마케팅 등 다양한 입소문 마케팅이 활용되고 있다.

우리는 썬크림 하나를 사더라도, 영화를 보러 가더라도, 심지어 배달 앱을 통해 음식을 시켜 먹을 때도 무조건 리뷰를 확인한다.

이처럼 고객의 리뷰는 정말로 소중한 나의 자산이다.

배달 앱에서도 종종 리뷰이벤트를 한다. 리뷰를 써주면 리워드를 주는 것이다. 라이브커머스를 하는 우리도 그런 투자가 필요하다.

세상에 공짜는 없다

사진이나 동영상이 곁들여진 리뷰의 신뢰도가 더 높다. 프로모션을 할 때 중요하게 생각해야 하는 부분이다.

리뷰 고객에게 본품 증정 이벤트를 하거나, 베스트 리뷰를 뽑아서 매월 특정한 상품을 제공하는 것도 좋은 방법이다.

리뷰를 쓰는 것이 당연하다는 생각은 금물이다. 나의 상품을 써본 고객들의 찐후기에 감사해야 한다. 아무리 상품이 좋아서 쓴다지만, 고객 입장에서는 시간과 노력을 투자하는 일이다. 고객의 노력과 시간에 감사를 표해야 한다.

긍정적이고 정성스러운 리뷰는 내 상품을 처음 접하는 고객들에게 굉장히 좋은 인상을 준다. 예전에는 많은 상품들이 주부들의 입소문에 의해 팔려나갔다. 밥솥이나 냄비, 프라이팬처럼 말이다.

지금의 리뷰는 더 광범위하고 일상화되어 있다. 주부는 물론이고 10대부터 80대까지, 남녀노소 누구에게나 통하는 강력한 마케팅 툴인 것이다.

리뷰를 적극적으로 활용하자. 내 상품을 홍보하고 매출을 올려주는 가장 중요한 무기가 될 것이다.

1. 리뷰 이벤트 준비
2. 리뷰 유도
3. 리뷰 차곡차곡 쌓기
4. 방송 때 리뷰 공유
5. 리뷰로 매출 성장

나에게 감동을 준 리뷰들

그동안 나를 감동하게 해준 리뷰들을 원문 그대로 소개한다.

솜귤탱귤 님은 항상 믿고 구매합니다.

깐깐하게 따져보고 상품 판매하는 솜귤탱귤 님!

다른 분이 파셔도 꼭 이 상품은 솜귤탱귤 님께 살 거예요!

10차, 20차, 100차까지 앵콜해 주세요!

언니가 가져오는 식품은 정말 찐 맛있어요!

언니 방송 재밌어서 시간 가는 줄 모르겠어요!

라이브커머스 처음 들어와 보는데 너무 재미있어요! 자주 들어올
게요!

기분 안 좋았는데 언니 방송에서 기 받고 가요.

방금 삼겹살 먹었는데 언니 먹는 모습 보니 오리가 먹고 싶어요.

저희 아이들 이름도 기억해주시고 정말 고마워요.

솜귤탱귤 콧구멍 커지면 구매하셔야 합니다.

이번 달 카드값 지출 끝났는데 아! 안 살 수가 없네요~ 구매합니다!

오늘 구매는 안 하지만 언니 보러 왔어요~~ 인사하러 왔어요.

이제는 안 보면 보고 싶어요~

남친이 질투해요~!! 솜귤탱귤 언니냐! 나냐!고요. ^^

언니한테 사는 상품은 후회한 적 없어요!

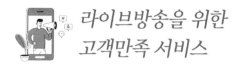

라이브방송을 위한 고객만족 서비스

고객 만족 서비스라고요?

라이브커머스에서 고객 만족 서비스라고?

맞다! 라이브커머스에서도 고객 만족 서비스가 존재한다. 왜냐하면 내 상품과 내 채널에 관심을 주는 고객들과의 소통 공간이기 때문이다.

라이브커머스의 가장 큰 특징이 고객들의 피드백을 바로바로 접할 수 있다는 것이다.

식당에서 서빙하는 직원이 물티슈를 던지듯이 놓거나 눈도 마주치지 않고 고객을 대하면 어떤 생각이 들겠는가? 그 식당에 대한 이미지가 나빠져서 발길을 끊게 된다. 발길만 끊는 게 아니라 혹독한 리뷰로 잠재고객들까지 떨어져나갈 것이다.

라이브커머스도 마찬가지다. 가장 발 빠르게 처리해야 하는 부분! 놓치지 말아야 하는 부분이 바로 고객 만족 서비스다.

라이브방송 고객 만족 서비스 4가지

첫째, 방송에 고객이 입장하면 환하게 웃어주고 환영하기

둘째, 채팅 열심히 읽어주기

이 두 가지는 거듭 강조하지만, 완전 기본이다.

셋째, 1대 1 게시판 문의는 신속하게 처리하자!

보통 1대 1 게시판에 문의글이 올라오면 알림이 뜬다. 묵혀놓지 말고 바로 읽고 피드백하자. 채널만 열어놓고 상품만 등록한 다음, 고객들이 문의글을 남기든 말든 그냥 지나치는 셀러들도 있다. 믿어지지 않겠지만 사실이다.

그래서는 안 된다. 언제든 고객의 궁금증을 해결해줘야 한다. 그래야 나의 채널을 언팔하지 않는다.

넷째, 교환, 반품, 환불도 신속하고 따뜻하게 처리하자

교환, 반품, 환불에는 여러 이유가 존재할 것이다. 판매자의 입장보다 고객 입장에서 생각하되, 교환, 반품, 환불하는 이유를 잘 기억해두었다가 다음번에 그 고객이 들어왔을 때 기억해주고 더 신경쓰는 멘트를 해줘야 한다.

반품과 환불했던 고객을 기억해두면 방송 준비나 프로모션을 준비할 때 고객의 대중적인 특성과는 반대되는 특성을 파악할 수도 있다. 이때 반품과 환불을 진행했던 고객들의 특징까지 메모하여 기억해두면, 다음 방송에서 그 고객의 채팅이 올라오는 순간 딱 맞

는 상품을 추천해줄 수도 있다.

여담이지만 나는 단골 고객들의 특성을 기억하고 있다. 그래서 라이브방송 중에 그 고객에게 맞는 상품을 추천해준다. 매운 것을 못 먹는 고객, 아들이 토시살만 먹는 고객, 달고 짠 자극적인 것을 싫어하는 고객들을 기억하는 것이다. 심지어 단골 고객들은 그들의 자녀 이름까지 기억하고 이름을 불러주며 방송한다. 고객들은 기억하고 환영해주는 것에도 기뻐하지만 자신의 사소한 '팩트'들을 기억해주는 것에 감동한다.

우리는 반품과 환불 고객도 나의 고객임을 잊지 말고 대처해야 한다.

클레임을 거는 고객을 포함해서 굉장히 많은 고객들이 나의 방송을 보고 있다. 심지어 방송은 매번 자동 녹화되어 나의 채널에 차곡차곡 쌓인다.

그래서 멘트를 할 때는 좀 더 신중하게, 고객의 입장에서 해야 한다. 재방송을 보는 고객들도 굉장히 많기 때문이다. 따라서 교환, 환불, 반품을 원하는 고객들과 어떻게 소통하는지가 다른 고객들에게도 영향을 준다. 이 점을 꼭 기억하도록 하자.

진상고객 교환/환불 대처법

1. 교환과 환불 문의가 들어오면 일단 신속하게 고객이 원하는 부분을 해결해준다.

신속하게 1대1 게시판이나 Q&A 확인을 하지 않으면 고객들은 마음이 조급해져서 불만이 커질 수밖에 없다. 매출과 배송 확인을 하면서 무조건 확인하고 또 확인하자. 알림 설정을 해둬서 바로바로 응대할 수 있도록 하자.

2. 상세페이지에 교환과 환불에 대한 단서 조항을 꼼꼼하게 명시한다.
   - 교환과 환불시 반품＋교환 택배비 명시
   - 환불 불가한 상품과 환불 불가 조건 명시(라이브방송 중 거듭 강조 필요)

3. 클레임 고객은 오래 끌지 말고 신속하게 환불해주자.
"고기가 녹아서 도착했다.", "고기가 질기다.", "박스 포장이 파손되어서 왔다."

클레임을 거는 고객들은 이미 나의 상품에 대해 불만이 있는 상태다. 따라서 말도 안 되는 문의가 올라왔다 하더라도 고객과 채팅상에서 실랑이를 하지 말자. 판매자 입장에서는 이기든 지든 상관없이 손해이기 때문이다.

얼마 전에 제주 흑돼지 판매 방송이 있었다. 그런데 고기를 먹어놓고서 고기가 질기다고 환불해 달라는 고객이 있었다. 고기를 에어프라이기에 굽는 온도가 180도 20분이었는데 200도에 20분을 돌려서 드신 고객이었다.

업체와 나는 소통하면서 신속하게 환불을 진행했다.

환불을 해줬다고 해서 끝난 게 아니다. 그 고객에게 메시지를 남겨놔야 한다.

> 안녕하세요. 홍길동 고객님!
> 저희 고기가 입맛이 안 맞으셨나 보네요.
> 최선을 다해서 만들었는데 저희도 너무 안타깝습니다.
> 원하시는 대로 환불 처리는 진행되었습니다.
> 혹시 다음에 구매해주실 기회가 생기신다면 가장 맛있게 드실 수 있는 방법을 따로 동봉해서 보내드리겠습니다. 저희 000을 찾아주셔서 너무 감사하지만, 만족감을 드리지 못해 죄송합니다. 하지만 다음에 찾아주실 때는 좋은 인연으로 만족감 드리고 싶습니다. 좋은 하루 되십시오! ^^

4. 오배송의 경우 신속한 교환처리가 중요하다!

- 고객이 주문한 상품과 다른 상품이 갔을 경우 전화통화로 고객님께 사과의 뜻을 전하고 오배송에 대한 사과의 의미로 작은 사은품과 함께 본상품을 합배해서 배송한다. 또는 기프티콘을 전달하는 것도 좋은 방법이다.
- 신선식품의 경우 오배송된 상품을 다시 수거하면 폐기 처분되기 때문에 고객에게 무상으로 증정하는 게 낫다. 물론 원래 주문한 상품도 다시 배송한다.

5. 고객 클레임 화법 예시

항상 고객의 불편함을 먼저 공감해주는 화법으로 시작해야 한다.

전화통화, 채팅, 문자, Q&A시에 참고하자!

  - 저희 상품(또는 배송 등) 때문에 많이 불편하셨죠?
  - 많이 기다리셨을 텐데 불편 드려서 죄송합니다.
  - 입맛에 안 맞으셨다니 너무 안타깝습니다.
  - 고객님의 입맛에 만족감을 드리지 못해서 죄송합니다.
  - 저희가 좀 더 신경을 썼어야 했는데 불편 드려서 진심으로 죄송
    합니다.
  - 고객님의 불편한 마음 저희가 어떻게 해드리면 좋으실까요?
  - 원하시는 바를 말씀 주시면 신속하게 처리해드리겠습니다.
  - 이렇게 양해해주셔서 진심으로 감사드립니다.
  - 조금 더 꼼꼼하게 준비하도록 노력하겠습니다.
  - 만족감을 드리도록 노력하겠습니다.

 STORE 15

7장
고객들과
셀러들의
목소리

...판매시, 어느는 프리미엄 스코밍으로 든품 100x

핑크moon 몸에좋은 홍삼 좋쥬^^

솝굴탱굴 1명 추첨 결과
둠칫두둠칫님 1명 추첨 당첨!
==================

아니 성인영양제는 방송하는 텀이어떻게대요?

깨지로그 〉〉〉〉

솝굴탱굴❤️팔로우 ❤️감사해요❤️ 세트
구매시 석류콜라겐 1박스 증정 오리진 홍삼... 더보기

1   2   64123

이번 장에서는 내가 직접 고객들과 셀러들, 그리퍼들과 인터뷰한 내용을 담았다.

 인터뷰를 하면서 느낀 것은, 역시 성공하는 사람에게는 성공하는 이유가 있다는 점이었다.

지금부터 고객들의 이야기(고객의 목소리)와 라이브셀러들의 이야기(셀러 이야기)를 꼼꼼히 읽어보고, 행간 뒤에 숨은 노하우까지 내 것으로 만들어보자.

셀러 이야기 (1)

닉네임 : 마삐언니(박민정, 1983년생)

카테고리 : 식품, 건강기능식품 등

· 그립 전속그리퍼 (2021. 6 ~ 현재)

· 일반그리퍼 (2019. 7 ~ 2021. 5)

· 프리랜서 홈쇼핑 전문게스트 (2010. 10 ~ 현재)

· 라라아카데미 라이브커머스 강의 (2021. 6 ~ 현재)

1. 라이브커머스를 진행한 기간은?

2019년 7월에 시작했습니다.

2. 라이브커머스를 준비하면서 마련했던 첫 장비는?

스마트폰 삼각대였습니다. 조명도 없었고요. 주변에 라이브커머스 하는 지인이 하나도 없었습니다. 그래서 무엇을 준비해야 하는지 잘 몰랐었습니다.

3. 라이브커머스 시작 전과 후의 변화

프리랜서 생활을 청산하고 라이브커머스 1등 플랫폼 그립의 전속 그리퍼가 되었다는 점입니다. (마삐언니는 1호 전속 그리퍼다.)

홈쇼핑을 할 때는 방송을 그냥 '열심히' 했었습니다. 그런데 라이브커머스는 '열심히' 하면서 힐링까지 받고 있습니다. 방송 중에 시시각각 올라오는 고객들의 채팅이 힘을 주고 감동을 주기 때문입니다.

4. 라이브커머스에서 이것만은 꼭 준비해라!!

사람들과 소통할 수 있는 진솔함과 판매하는 상품에 대한 자신감을 가져야 합니다.

5. 라이브커머스를 하면서 감동했거나 행복했던 경험

너무 많습니다. 무엇보다도 나를 위해 매일매일 내 채널에 들어와 주는 유저들이 생겼다는 점이 가장 감동적입니다. 친한 친구들도 그렇게 못하거든요.

때론 친구처럼, 언니처럼, 엄마처럼 나를 챙겨주는 유저들이 생긴 것이 가장 큰 감동입니다.

고객들이 본인의 프로필 사진을 마삐언니 사진으로 바꿔서 방송에 참여해 줄 때도 감동이었습니다. 그때는 너무 감격해서 방송 중에 울기까지 했습니다.

6. 힘들었던 경험과 그 경험을 통해 달라진 점

상품을 자신 있게 판매했는데 업체 측의 실수로 상품성이 떨어지는 원물이 고객에게 배송된 적이 있습니다. 저를 믿어주신 고객들에게 실망감을 드려서 정말 죄송했습니다.

그래서 그 뒤로 상품의 퀄리티에 더 신경 쓰고, 업체 관리도 합니다.

7. 팔로워 수를 늘리는 나만의 방법

소통과 좋은 상품이라고 생각합니다.

8. 매출을 올리는 나만의 방법

상품의 장점을 어떻게 끌어올릴 수 있는지를 알아야 합니다. 그 상품의 장단점을 내가 제일 잘 알아야 합니다.

다방면으로 고민하여 솔직한 리뷰를 하는 것도 중요합니다. 아닌 건 아니라고 얘기할 수 있어야 하지요.

이런 행동들이 누적되면 내 표정만 봐도 고객들이 알아봐줍니다.

9. 앞으로 나의 포부

그립에 전속 그리퍼로서 좀 더 다양한 모습과 좋은 제품을 고객분들께 보여드리고 싶습니다.

10. 방송을 두려워하는 소상공인에게 한마디

그립이든 모바일 라이브커머스든, 모바일 라이브를 시청하는 고객들은 상품에 대한 관심과 제품을 바라보는 열린 눈으로 시청해 주십니다.

내 상품을 위해 신뢰감을 쌓아간다면 분명히 성장하실 겁니다. 그러니까 너무 걱정하지 말고 도전해 보세요!

10년 지기 동생 마삐언니는 처음 만났을 때와 지금이 한결같은 친구이다. 사람을 대할 때에도, 방송을 진행할 때에도, 그녀의 마음가짐과 인성이 그대로 화면에 드러난다.

상대방을 따뜻하게 품어주고 함께 고민하고 같이 성장하고픈 그녀의 마음이 나를 포함한 6만여 명의 팔로워들에게도 전해지고 있는 것 같다. (아마 이 책이 출간되었을 때에는 팔로워가 10만이 넘을 것이다.)

홈쇼핑 방송을 하면서 힘들었던 일들을 버텨낸 그녀! 라이브커머스 "그립의 시조새"로서, 전속 그리퍼로서, 날개를 달고 방송에서 훨훨 날아다니는 모습이 너무 대견스럽고 멋지다.

앞으로도 쭉쭉 성장하는 그녀의 모습을 기대한다. 오늘도 열심히 방송하는 그녀에게 박수를 보낸다!

셀러 이야기 (2)

닉네임 : 마녀옷장(한지연)

카테고리 : 의류

1995년 3월 16일 생

국민대학교 경영학과 졸업

· 프로듀스 101

· 쉬드엘 모델

· 옥수수 수염차 CF

· 클론 MV

1. 라이브커머스를 진행한 기간은?

2021년 1월 말쯤~ 10개월 만에 성장해서 셀러 TOP 50에 선정되었습니다.

배우연습생, 뮤지컬배우로 활동했습니다. 로미오와 줄리엣에서 줄리엣 역할을 2년 정도 했습니다. 뮤지컬배우 때는 그립에서 그리퍼로 활동하였습니다. 하지만 내 상품이 아닌 걸 파는 것이 힘들었습니다. 내 상품을 팔아보고 싶어서 셀러로 전향했습니다.

시간 여유 없는 30대 주부들이 자신을 꾸밀 수 있도록, 저렴하고 예쁜 옷을 팔아보자!

고급지고 싼 옷! 그곳이 바로 마녀 옷장이다! 이런 생각으로 시작했습니다.

그동안 정말 많은 라이브커머스를 공부했습니다.

2. 라이브커머스를 준비하면서 마련했던 첫 장비는?

아이폰8 핸드폰, 삼각대뿐입니다. 삼각대는 쿠팡에서 파는 제일 싼 제품이었습니다. 심지어 조명도 없이 시작했습니다. 처음에는 장비가 필요 없습니다.

3. 라이브커머스 시작 전과 후의 변화

너무 바빠서 잠을 못 잡니다. 길게 자야 4시간! 하나부터 열까지 직접 관리해야 하니까요.

특히 CS(고객관리)와 옷 셀렉(선택)은 직접 하고 있어요.

직원이 6명입니다.(아르바이트생 제외)

4. 라이브커머스에서 이것만은 꼭 준비해라!!

"자기 자신을 준비해라!"라고 말씀드리고 싶습니다.

마음만 앞서는 분들을 보면 안타깝습니다. 타인의 성공만 보고 준비 안 된 상태에서 도전하면 후회도 빠르고 포기도 빠릅니다. 우선 자기 자신부터 준비하고, 그 다음에 방송을 준비하세요.

5. 라이브커머스를 하면서 감동했거나 행복했던 경험

"남편도 짜증나고 육아도 힘든데 언니 때문에 힐링돼요~!"라는 말을 들었을 때 기뻤습니다. 고객들이 제 방송에 와서 상품을 구매해주시는 것도 너무 좋지만, 함께 소통하면서 기쁨과 슬픔을 같이 나눌 수 있다는 점도 정말 감동적입니다.

6. 팔로워 수를 늘리는 나만의 방법

신뢰와 진심, 솔직함.

옷에도 진심!

고객에게도 진심!

방송에도 진심!

나에게도 진심!

7. 매출을 올리는 나만의 방법

처음 시작 때에는 하루에 10장씩 판매하다가, 어느 순간 5시간 동안 1800벌을 판매했습니다. 갑자기 매출이 상승한 것입니다.

매출을 올리는 방법은 팔로워 수를 늘리는 방법과 같습니다. 신뢰! 방송을 한 번 할 때마다 티셔츠 1장밖에 못 팔더라도, 방송을 꾸준히 열어서 고객들에게 나와 나의 채널을 알리는 것! 그리고 상품에 대한 나의 진정성을 보여드리는 것! 이것이 팔로워도 늘리고 매출도 올리는 비법이라고 생각합니다.

현재 매출은 방송 당 평균 1500만원이 넘고, 이벤트 데이 때에는 평균 3천만 원 정도 판매합니다.

8. 방송에 임하는 자세

옷에도 생명이 있다고 생각합니다.

"옷아 오늘도 고마워! 넌 오늘도 잘 팔릴 거야!"라고 항상 주문을 욉니다!!

내 앞에 놓인 카메라는 1대 뿐이지만, 항상 카메라 1000대로 방송한다고 생각합니다.

방송을 가볍게 생각하지 않고 진지하게, 진정성을 가지고 임하고 있습니다.

9. 나에게 라이브커머스란?

희노애락!!!

라이브커머스는 휴먼(인간) 그 자체라고 생각합니다. 나에게도, 방송에도, 고객들에게도 이야기가 녹아 있습니다. 스토리가 있는 것입니다.

제 멘토인 엄마는 이렇게 말씀하셨어요.

"마녀옷장이 너의 전원일기라고 생각하고 평생을 방송하렴."이라고요.

장수 프로그램이었던 전원일기처럼 오래 가고 싶습니다.

10. 방송을 두려워하는 소상공인에게 한마디

인생은 로또가 아니죠! 정말 열심히 준비해야 합니다.

라이브커머스 방송에 대해서, 상품에 대해서, 진행자에 대해서, 고객들이 성향에 대해서 공부하고 또 공부하세요!!

마녀옷장은 이름에서 느껴지는 이미지와 달리, 밝고 긍정적이고 소탈한 27세의 젊은 CEO였다.

방송이 시작되자마자 선착순으로 미친 듯이 판매가 이루어지는 방송을 보면서 정말 감탄이 나왔다.

똑같이 동대문에서 사입을 하지만 마진을 줄이고 고객에게 진심으로 다가가서 소재와 디자인이 좋은 옷을 판매하고 있다. 이를 위해 오늘도 마녀옷장은 하루 4시간 밖에 잠을 자지 않고 뛰어다니고 있다. 노력 없이 얻는 결과는 없다고 당차게 말하는 그녀에게는 자신감과 확신이 넘쳤고, 그녀와 전화로 이야기하는 1시간 내내 나의 마음에도 전율이 흘렀다!

어린 나이라고 느껴지지 않을 정도의 생각과 진심, 그리고 고객에 대한 그녀만의 신념이 마녀옷장의 성공비결이라고 느껴졌다.

셀러 이야기 (3)

닉네임 : 양말오빠야(안오찬)

카테고리 : 의류(양말)

1981년 생

최대 매출 : 약 5천만 원

평균 매출 : 평균 3천만 원

기획전 시 양말로만 1600만원 (7시간 방송)

3시간 방송 시 양말로만 매출 850만원

· 클럽DJ 경력 15년

· 창업상담사

· 중국공산품 수입 도소매

· 노점상 경험 7년

· 현재 유니크컴퍼니 CEO (직원 4명)

· MBC 폐업요정 출연(2021)

1. 라이브커머스를 진행한 기간은?

2021년1월 9일에 시작했습니다.

2. 라이브커머스를 준비하면서 마련했던 첫 장비는?

스마트폰 거치대였습니다.

3. 라이브커머스 시작 전과 후의 변화

노점상을 7년 정도 운영하다가 그립을 알게 되어 들어왔습니다.

노점을 할 때는 양말 하나만 보고 했는데, 라이브커머스를 하고 나서는 뭐라도 팔수 있다는 자신감이 생겼습니다.

노점상은 고객이 보고 그냥 가버리지만 라이브커머스는 충분한 시간을 확보할 수 있습니다.

4. 라이브커머스에서 이것만은 꼭 준비해라!!

마음의 준비!

내가 과연 말을 잘 할 수 있을까, 고객들이 안 들어오면 어떻게 할

까에 대한 두려움이 있습니다. 이것은 누구나 마찬가지입니다. 이
두려움만 이겨내면 도전할 수 있습니다.

그리고 스스로를 컨트롤 할 수 있어야 합니다. 심리적인 준비를
해야 하는 셈입니다.

5. 라이브커머스를 하면서 감동했거나 행복했던 경험

1) 고객들이 우리 상품을 구매해서 좋은 후기를 남겨주고 응원해
   줄 때 가장 고맙습니다.

2) 소상공인들이 그립에 입점해서 시작하는 모습을 보면 짠~해
   요. 그래서 소상공인을 돕고 싶습니다.

6. 힘들었던 경험과 그 경험을 통해 달라진 점

모두가 나를 좋아할 수는 없습니다. 나에 대한 호불호는 사람마
다 다릅니다. 나를 좋아하지 않는 분들을 내 고객으로 만드는 것은
아주 힘든 일입니다. 상품판매와는 별개의 이야기입니다.

방송을 하면서 수많은 오해와 편견이 답답했습니다. 하지만 고객
과의 소통을 하면서 고객의 스트레스를 풀어주다 보면 나의 스트레
스도 풀립니다.

7. 팔로워 수를 늘리는 나만의 방법

SNS 등을 통한 마케팅이 필요합니다.

이벤트를 하자! 홍보비를 아껴서!!

자발적으로, 적극적으로, 나만의 마케팅을 하자!!

콘텐츠를 준비하자!

100만원을 벌면 30만원은 고객들 이벤트로 쓰자!

8. 매출을 올리는 나만의 방법

중국에서 다른 과정 없이 직접 가져와서 중간 마진 없이 판매합니다. 그래서 인터넷 최저가보다 쌉니다.

팔로우 이벤트를 할 때보다 판매 방송을 할 때 팔로워가 더 많이 늘어납니다.

9. 앞으로 나의 포부

다양한 공산품들을 코로나 시기에 최저가로 드리는 게 목표입니다.

양말오빠야 브랜드를 만드는 것이 목표입니다.

저와 같은 소상공인들이 코로나 때문에 많이 무너지고 있습니다. 그분들이 나라의 도움을 받아서 라이브커머스 컨설팅을 받고, 이를 통해 라이브커머스에 데뷔해서 매출을 올릴 수 있게 도와드리고 싶습니다.

10. 방송을 두려워하는 소상공인에게 한마디

모두들 똑같이 말합니다. 내가 "할 수 있을까요?"라고요.

하지만 "할 수 있다!"와 "할 수 있을까요?"는 천지차이입니다.

오프라인에서 실제로 고객을 만나는 것보다 카메라로 방송하는 것이 더 쉽습니다.

그러니까 "할 수 있다!"라고 생각하고 도전하세요!

두려워하지 말고 해보세요! 될 때까지 하면 됩니다!

양말오빠야의 방송을 보면 항상 정이 넘친다. 구수한 포항 사투리에 항상 인자한 눈웃음을 짓는 그의 모습! 그 모습을 보고 있으면 뭐든 다 들어줄 것 같은 편한 옆집 오빠! 옆집 삼촌! 같은 느낌을 받곤 한다. 인터뷰를 하는 동안에도 그 느낌 그대로를 느낄 수 있었다!
양말오빠야는 노점상을 시작으로 힘들게 창업을 했다. 그의 방송 시작도 쉽지 않았다. 그러나 양말오빠야 특유의 긍정과 따뜻함 덕분에 라이브커머스에서 탄탄한 고정팬을 보유하고 있다.
상품을 구매하지 않더라도 소통하고 싶고 함께 하고 싶은 양말오빠야! 소상공인들이 라이브커머스를 잘 준비해서 방송을 꾸준히 할 수 있게 도와주고 싶다는 그의 인간성과 진정성이 진하게 느껴졌다.

셀러 이야기 (4)

닉네임 : 소문난홍어언니

카테고리 : 식품

최대 매출 : 약 250만 원

평균 매출 : 50만 원

1. 나에게 라이브커머스란?

우리 상품을 알리게 된 첫 목적지입니다.

2. 라이브커머스 준비하면서 마련했던 가장 첫 장비는?

핸드폰 거치대와 조명, 그리고 마이크가 전부였습니다.

3. 라이브커머스 시작 전과 후의 변화

저는 저희 매장 상품에 대한 확신이 있었습니다. 그래서 따로 광고를 하지 않고 '어떻게 하면 우리 상품을 알릴 수 있을까?' 하고 고민하고 있었습니다. 그런데 배우인 친구가 라이브커머스를 하고 있었고, 그 친구의 추천을 받게 되었습니다. 저는 이렇게 시작하게 되었지요.

이제 저희 상품을 많이들 아시게 되었고, 직접 드신 분들은 저희 상품에 신뢰를 갖게 되셨습니다. 그래서 입소문도 나게 되었습니다.

95% 정도는 더 많이 뛰고, 더 많이 방송해야 할 것입니다. 저희 상품을 알리게 되어서 좋고 고객님들이 맛있는 걸 드시니 많이 행복합니다!

4. 라이브커머스에서 이것만은 꼭 준비해라!!

고객님들께 상품의 신뢰와 믿음을 드리는 것이 제일 중요한 것 같습니다.

상품에 대해서 더 많이 공부하고 누구보다 더 잘 설명할 수 있는 자세도 중요한 것 같습니다.

5. 라이브커머스를 하면서 감동했거나 행복했던 경험

어느 고객님께서 세 가족이 같이 캠핑을 가게 되었는데 세 가족

모두 각자 홍어무침을 가져왔다고 합니다. 1번 가족은 줄 서서 살 수 있는 곳, 2번 가족은 진짜 유명한 곳, 3번 가족은 우리 상품! 근데 1번, 2번 가족이 가지고 오신 홍어무침은 안 드시고 3번 우리 홍어무침이 진짜 맛있다며 다들 드셨다고 해요!

우리 홍어무침이 WIN이었던 거죠! 그때가 정말 행복했고, 잊지 못할 감동이었지요.

6. 힘들었던 경험과 그 경험을 통해 달라진 점

저희 음식은 처음부터 끝까지 쉽지 않은 레시피를 가지고 있습니다. 원래 이런 일을 안 해봤기 때문에 처음에는 너무 힘들었습니다. 하지만 그 힘든 작업을 다 견뎌내니 지금 우리 홍어무침을 찾아주시는 고객님들이 생겼습니다. 그래서 저는 매일매일 늘 행복합니다.

7. 팔로워 수를 늘리는 나만의 방법

저는 호불호가 갈리는 음식인 홍어무침을 하기 때문에 팔로우 수를 늘리기가 너무 힘들었습니다. 그래도 끊임없이 고객님들께 믿음과 신뢰를 드렸기 때문에 팔로우가 늘었던 거 같아요. 팔로우가 안 늘어서 힘들었던 적도 있었지만 크게 신경 쓰지 않았습니다. 맛으로 팔로우를 늘릴 거예요.^^

8. 매출을 올리는 나만의 방법

맛, 포장, 위생, 세 가지를 위해 계속해서 노력하고 고객님께 만족을 드리는 것! 그것이 가장 중요합니다.

9. 앞으로 나의 포부

한번 홍어무침의 칼을 들었으니 홍어무침 쪽에서 1인자가 되어 보고 싶어요. 이를 위해서 항상 초심을 잃지 않고 더 맛있게 음식을 업그레이드할 것입니다.

10. 방송을 두려워하는 소상공인에게 한마디

저도 처음에 방송했을 때 달달~~ 떨었습니다. 내가 무슨 말을 하는지도 몰랐어요.

하지만 자신을 가지고 하다 보니 지금은 잘 하게 되었습니다. 자신의 제품을 알리고자 하는 포부가 있으시면 꼭 도전해보세요.

모든 소상공인 분들 힘내세요! 파이팅!

셀러 이야기 (5)

닉네임 : 비긴어게인
카테고리 : 의류
평균 매출 : 방송당 평균 50~100만 원

1. 나에게 라이브커머스란?

자영업은 언제든 하락기가 찾아온다고 생각합니다. 그럴 때를 대비해서 준비를 하는 것이라 생각합니다.

2. 라이브커머스를 준비하면서 마련했던 첫 장비는?

라이브 촬영을 위한 핸드폰 거치대였습니다.

3. 라이브커머스 시작 전과 후의 변화

코로나19로 인해 매출이 떨어지기 시작하면서 여러 가지로 고민을 많이 했습니다.

음식점이면 배달이라도 하겠는데, 의류는 기존 인터넷쇼핑몰과 같은 형태로 해야 하기 때문에 경쟁이 너무 심하고, 한 번 자리를 잡으려면 시간이 꽤 오래 걸리는 일이라 망설이고 있다가 그립을 알게 되었습니다. 라이브로 팔기 때문에 즉시 매출이 일어날 거라 확신하고 바로 실행했습니다.

그래서 일단 매출을 올리고 수익이 조금 나고 있다는 점이 달라진 점이고요.

저희의 평소 소신이 "내 눈에 예쁜 옷이 예쁜 옷이 아니라 잘 팔리는 옷, 고객이 만족할 수 있는 옷이 예쁜 옷이다."이기 때문에 그렇게 생각하고 운영을 하고 있습니다. 그립을 시작하고 그런 점을 좀 더 깊이 고민하게 되었고, 그런 제품을 선별하려 노력하다 보니 매장 전체의 상품이 더 나아졌다고 생각합니다.

4. 라이브커머스에서 이것만은 꼭 준비해라!!

무엇보다도 마인드라고 생각합니다.

모든 사업이 그렇겠지만 내가 팔고자 하는 것이 무엇이며 장점이 무엇인지, 소비자에게 어떻게 보여드리고 팔 것인지를 먼저 고민하고 시작해야 한다고 생각합니다.

5. 라이브커머스를 하면서 감동했거나 행복했던 경험

저희는 리뷰를 남기시면 보답해드리는 이벤트조차 안 하고 있습니다. 죄송하죠. 하지만 그럼에도 자발적으로 물건 받아보신 고객분들이 리뷰를 정성스럽게 올려주시며 매우 만족해주실 때 가장 행복한 거 같습니다.

6. 힘들었던 경험과 그 경험을 통해 달라진 점

방송을 시작하고 며칠 동안, 방송을 2시간을 했는데도 주문이 없었던 날이 있었습니다.

그때 가장 힘들고 멘붕이 왔었죠.

하지만 그런 경험이 조금 더 우리를 돌아보는 계기가 되었습니다. 상품이 문제인지 아니면 방송하면서 멘트가 문제인지 상의했고, 다음엔 조금 더 좋은 상품을 준비해야겠구나 하는 생각들을 많이 했습니다.

어차피 눈이 쌓이려면 땅도 얼어야 하고 여러 가지 조건들이 갖추어져야 한다는 걸 알고 있었기 때문에 좌절하진 않았습니다.

7. 팔로워 수를 늘리는 나만의 방법

특별한 방법보다는 그냥 꾸준히 방송하려고 노력하고 있습니다.

8. 매출을 올리는 나만의 방법

마찬가지입니다. 꾸준함이죠.

소비자가 받아보셨을 때 매우 만족하실 수 있는 상품을 꾸준히 방송하는 것입니다.

9. 앞으로의 나의 포부

일단 팔로우 500명, 1000명, 2000명 꾸준함으로 테크트리를 올리고 싶습니다.

한 단계, 한 단계 가다 보면 언젠간 맨 위에 올라가 있는 그러한 셀러가 되고 싶고.

이전보다 빠르게 세상이 변화하고 기술도 발전하고 있습니다. 도태되지 않기 위해 라이브커머스를 시작한 이유도 있습니다. 라이브커머스 시장이 얼마나 성장할지 또 얼마나 빠르게 성장할지는 모르지만, 나중엔 저희만의 플랫폼을 만드는 게 꿈입니다.

10. 방송을 두려워하는 소상공인에게 한마디

저희도 라이브로 상품을 판다? 이건 정말 생각지도 못했습니다. 처음엔 우리가 정말 할 수 있을까? 경험도 없는데? 무슨 말을 해야 하지? 이런저런 고민이 많았습니다.

하지만 그냥 용기를 내었고 그냥 부딪혀 보지 뭐, 누가 못하면 욕이라도 하겠어? 이런 무모한 생각으로 처음 방송을 했던 거 같습니다.

두려움은 머릿속의 고민일 뿐 행동을 이기지 못합니다.

용기를 내시라고 말씀드리고 싶습니다.

셀러 이야기 (6)

닉네임 : 우성물산새우짱

카테고리 : 식품

인스타그램 : https://instagram.com/woosungtrading?utm_medium=copy_link

자사몰 : http://www.woosungtrading.com/

그립 : https://grip.show/woosung

우성수산 스토어 : https://smartstore.naver.com/woosungfisheries

1. 나에게 라이브커머스란?

코로나19로 인하여 비대면 언택트 시장이 급성장하고 있습니다. 앞으로는 단순히 텍스트, 이미지에 의한 쇼핑보다 실시간 소통을 하면서 판매자, 고객님, 플랫폼 모두가 윈윈할 수 있는 라이브커머스가 대세라고 생각합니다.

온라인으로 실시간 소통이 잘된다는 장점, 라이브방송 때만 혜택을 드릴 수 있는 타임딜 모두 라이브커머스의 매력이라고 생각합니다.

매일매일 방송하다 보니 물건을 안 사더라도 그냥 놀러 오시는 고객님들이 많은데, 단순히 판매자, 구매자가 아닌 저랑 취미가 비슷한 동네 언니, 옆집 친구 같은 느낌이 있어서 SNS와 비슷한 역할을 하기도 합니다.

2. 라이브커머스 준비하면서 마련했던 가장 첫 장비는?

첫 장비는 ASMR 마이크입니다. 식품을 판매하다 보니까 어떤 맛인지 말로 표현하는 데 어느 정도 한계가 있는 것 같습니다. 먹방 유튜버처럼 맛있게 먹으면 제품의 판매에 도움이 될 것 같아, 줌 H1 ASMR 마이크를 해외직구로 첫 장비를 마련했습니다. 바삭한 튀김 요리, 오돌뼈, 청어알젓 이런 소리가 나는 음식은 확실히 ASMR 먹방을 하면 라이브 채팅창에 댓글이 많아집니다.

라이브커머스는 고객님들이 오랫동안 재미있게 보실 수 있게 콘텐츠에 신경을 많이 써야 하는 것 같습니다. 저희도 계속해서 새로운 아이디어 콘텐츠를 만들려고 부단히 노력하고 있습니다.

3. 라이브커머스에서 이것만은 꼭 준비해라!!

라이브커머스를 비롯한 모든 커머스의 기본, 즉 "One Thing"은 바로 "서비스 마인드"라고 생각합니다! 오롯이 고객 입장에서 고려하고 고객님들의 만족도를 향상시킬 수 있도록 서비스에만 집중하면 꼭 성장할 수 있을 거라고 생각합니다.

4. 라이브커머스를 하면서 감동했거나 행복했던 경험

고객님들께서 정성 들여 작성하신 리뷰를 볼 때마다 큰 힘을 얻었습니다. 누구나 쉽게 만들 수 있는 간단하면서도 고급스러운 맛을 낼 수 있는 레시피를 개발하여 고객님들의 식탁의 품격을 높여

드려야겠다는 다짐으로 쿡방을 도전했습니다. 매번 제가 고객님들께 공유해 드렸던 레시피 대로 요리하여 올려주신 후기를 볼 때마다 큰 힘을 얻습니다.

5. 힘들었던 경험과 그 경험을 통해 달라진 점

우성물산은 국내 최대 새우젓 수입업체인 (주)영창인터내셔널의 자회사입니다. 영창인터내셔널은 10년 동안 연간 평균 300 컨테이너 이상을 수입해 왔습니다.

저희의 주 사업영역은 업소용 젓갈 및 식자재를 유통(B2B)하는 것입니다. 가성비 좋은 상품을 판매하고 있어서 코로나 시기임에도 불구하고 영업매출은 계속해서 꾸준한 성장을 하고 있습니다.

코로나로 인해 언택트 시대로 접어든 것을 바로 감지하고 작년 2020년 7월부터 그립 및 네이버 N쇼핑에서 라이브커머스를 통하여 가정용 식품을 판매하기 시작하였습니다.(B2C)

1년을 하루 같이 매일매일 방송하는 것은 저에게 쉬운 일은 아니었습니다. 저는 퇴근하고 편한 시간대에 매일 저녁 9:30-10:00정도에 방송을 시작해서 한 시간 동안 집에서 방송을 하였습니다. 라이브커머스를 시작하고 처음 2개월 동안 1일 1방을 한다는 것은 저에게 정말 너무 어려웠습니다. 내면의 게으른 자아와 부지런한 자아가 격렬하게 싸우는 것을 자주 경험하다가 어느 순간 부지런한 자아가 늘 이기면서 지금은 1일 1방이 습관처럼 돼 버린 것 같습니다. 오히려 특별한 일이 있어 방송을 못 하게 되면 하루가 미완성된 느낌이 듭니다. 스스로 통제할 수 있는 행복! 여러분도 한번 경험해보시는걸 추천 드립니다.

6. 라이브커머스 시작 전과 후의 변화

1년 전 라이브커머스를 시작하기 전에는 매일 퇴근 후 SNS나 유튜브를 보면서 시간을 보냈는데, 지금은 퇴근 후 신나게 준비 및 방송하는 과정을 통해서 고객님에게서 긍정적인 에너지를 받아들이고 있다는 느낌이 들었습니다.

이렇게 방송 중 고객님들과 소통을 하면서 받아들인 에너지는 저희 주 사업인 업소용 식자재 판매사업에도 도움이 되는 느낌을 받았습니다.

7. 팔로워 수를 늘리는 나만의 방법

무료 샘플 나눔 및 명절선물 이벤트와 같은 단기성 이벤트 행사는 팔로우를 늘리는 데 도움이 됩니다. 예를 들면 할로윈 시즌에 백설공주 꽃단장을 하고 선착순게임이나 주사위게임으로 캔디 나눔 이벤트를 진행하면, 아이가 있는 집에서는 아이와 같이 방송을 보면서 게임에 참여도가 높아지고 팔로우를 늘릴 수 있습니다.

8. 매출을 올리는 나만의 방법

다른 채널과 차별화된 서비스를 제공하는 것이 매출을 올리는 데 많은 도움이 되었습니다. 저희 채널은 60~70종의 식자재를 합배송해 드리고 있어, 5만 원 이상 구매 시 오징어 젓갈 150g을 서비스로 증정하고 있습니다. 젓갈을 서비스로 드리는 맛집으로 고객님 마음

속에 자리매김하고, 신제품을 더 많이 런칭하면 매출은 따라서 성장할 것 같습니다.

9. 앞으로 나의 포부

한 개라도 도매가격으로 판매하는 것이 우성물산의 목표입니다. 그럽에서 모든 회원들에게 알려진 종합 식자재 회사로 성장하는 것이 우성물산 향후의 큰 꿈입니다.

10. 방송을 두려워하는 소상공인에게 한마디

누구나 시작한다고 해서 다 잘되는 것은 아니지만, 시작하지 않으면 영원히 성공할 수 없는 법입니다. 그러니 고민하지 말고 지금 당장 시작하십시오!

고객의
목소리

고객의 목소리 (1)

ID : 아딸아

1. 라이브커머스 쇼핑은 어떻게 시작하셨나요?

게임광고를 보고 시작했습니다.

2. 라이브커머스 플랫폼 중 가장 자주 가는 곳과 가는 이유

(예: 네이버쇼핑라이브 : 조건이 좋아서 등등)

그립입니다. 왜냐하면 소통하면서 쇼핑하기 편하니까요.

3. 어떤 방송 위주로 클릭하는가?(난 이런 방송이 좋더라)

일상적인 소통이 가능한 방송을 좋아합니다.

4. 주로 쇼핑하는 상품군은?

음식, 주방용품, 생필품 등입니다.

5. 라이브커머스 진행자!! 이것만은 안 했으면…

상품에 대한 과대 홍보를 안했으면 좋겠습니다.

6. 언팔하는 채널의 이유는?

이유 없이 고객을 언팔하거나, 방송 중 비속어나 욕설을 하는 경우에 언팔합니다.

7. 내가 제일 좋아하는 프로모션은?

1+1 상품 행사를 가장 좋아합니다.

8. 구매 후 후회한 적은?

없었어요.

9. 내가 좋아하는 진행자 스타일은?

고객과 소통하고 공감할 줄 아는 사람이 좋습니다.

10. 라이브커머스 이래서 좋더라?

눈으로 보고, 입으로 물어보고, 테스트하는 장면을 보고 구매할 수 있다는 점이 좋습니다.

11. 라이브커머스로 쇼핑하는 월 지출 금액은 얼마 정도?

15~40만 원입니다.

고객의 목소리 (2)

ID : 몽이강이

1. 라이브커머스 쇼핑은 어떻게 시작하셨나요?

유튜브 광고를 보고 시작했습니다.

2. 라이브커머스 플랫폼 중 가장 자주 가는 곳과 가는 이유

(예: 네이버쇼핑라이브 : 조건이 좋아서 등등)

그립을 애용합니다. 라이브커머스 중에서 소비자가 이용하기에 가장 편리하게 되어 있으니까요.

3. 어떤 방송 위주로 클릭하는가?(난 이런 방송이 좋더라)

소통이 재미있는 방송, 내가 관심 있는 제품이 있는 방송을 좋아합니다.

4. 주로 쇼핑하는 상품군은?

음식, 생활용품, 옷을 구입합니다.

5. 라이브커머스 진행자!! 이것만은 안 했으면…

안 좋은 표정, 사실과 다른 과장 홍보, 과잉구매 유도 등을 지양해 주세요.

6. 언팔하는 채널의 이유는?

팔로우 이벤트로 팔로우했으나 관심 없는 제품을 판매하거나, 나와 맞지 않는 경우 언팔합니다.

7. 내가 제일 좋아하는 프로모션은?

무료배송, 특가이벤트, 1+1 이벤트를 선호합니다.

8. 구매 후 후회한 적은?

있습니다. 방송 설명만큼 맛이나 효과가 마음에 안 드는 경우에 후회가 됩니다.

9. 내가 좋아하는 진행자 스타일은?

소통이 잘되고 유쾌한 방송, 재미있는 방송을 좋아합니다.

10. 라이브커머스 이래서 좋더라?

궁금한 점을 직접 물어볼 수 있고 소통을 할 수 있기 때문에 좋습니다.

11. 라이브커머스로 쇼핑하는 월 지출 금액은 얼마정도?

평균 50만 원을 유지하려고 하고 있습니다.

고객의 목소리 (3)

ID : Sia 아빠

1. 라이브커머스 쇼핑은 어떻게 시작하셨나요?

페이스북에서 우연히 광고 보고 시작했습니다.

2. 라이브커머스 플랫폼 중 가장 자주 가는 곳과 가는 이유

(예: 네이버 쇼핑라이브 : 조건이 좋아서 등등)

그립 : 다양한 상품을 저렴하게 실시간으로 접할 수 있어서, 소통
　　　 하면서 구매 가능

쿠팡 : 빠른 배송

3. 어떤 방송 위주로 클릭하는가?(난 이런 방송이 좋더라)

명품, 고가 브랜드보다는 실생활에 자주 사용하는 제품을 판매하
면 클릭합니다.

4. 주로 쇼핑하는 상품군은?

영유아가 있다 보니 아기들 용품과 먹거리 자주 구매합니다.

5.라이브커머스 진행자!! 이것만은 안 했으면…

셀럽 분들이 이벤트 진행하실 때 불만이 많은 아이디는 락(제한)
걸었으면 좋겠어요.

예를 들어서 유상무 님이 가끔 이벤트를 크게 하시는데, 당첨이

안 되어서 불만이 가득한 사람들의 채팅은 적당히 읽어주셨으면 합니다. 불만 없는 다수의 사람들이 너무 피해를 보니까요. 그리고 물론 방송 전에 최저가를 맞추기 위해 여러 노력을 하시는 것 잘 알아요. 채팅창에 "어디가 더 싸요!" 같은 채팅은 과감히 패스하든지 강퇴해 주세요.

6. 언팔하는 채널의 이유는?

10가지 제품 중 원하는 제품이 한 가지 정도밖에 없을 때, 한 개의 방송에 알림이 3개 이상 올 때. 명품만 판매할 때 등입니다.

7. 내가 제일 좋아하는 프로모션은?

아이 용품을 세트로 저렴하게 판매하는 프로모션입니다.

8. 구매 후 후회한 적은?

제가 춘천 살지만, 닭갈비 너무 좋아해서 주문했는데 너무 퍽퍽한 살이 올 때가 있었습니다. 고기가 저렴해서 구매했는데 냄새가 날 때도 후회했습니다.

9. 내가 좋아하는 진행자 스타일은?

솜귤탱귤 님처럼 에너지 넘치고 밝은 기운을 주시는 분을 좋아합니다.

10. 라이브커머스 이래서 좋더라?

고객층의 니즈를 바로바로 파악, 분석하여 라이브 중에 반영시켜 주실 때.

예) 이렇게~ 해서 무배해 주시면 안 되나요? 등등

얼마 이상 구매하면 서비스 주세요 같은 귀여운(?) 투정을 반영해 주실 때.

11. 라이브커머스로 쇼핑하는 월 지출 금액은 얼마 정도?

월 30~60만 원입니다.

고객의 목소리 (4)

ID : 마이스윗 바닐라

1. 라이브커머스 쇼핑은 어떻게 시작하셨나요?

21년 4월 신세계 백화점에서 나이트 쇼핑 라이브 방송을 했는데, 할인 쿠폰을 받으려면 그립을 가입해야 한다고 해서 시작하게 되었습니다.

2. 라이브커머스 플랫폼 중 가장 자주 가는 곳과 가는 이유

(예: 네이버 쇼핑라이브 : 조건이 좋아서 등등)

그립 : 적당한 트래픽의 소통 채널로 궁금한 점을 바로 해소하면서 물건을 구입할 수 있는 곳이라 자주 이용합니다. 이따금 라이브 방송 쿠폰을 주는 것도 구매력을 높여줍니다.

3. 어떤 방송 위주로 클릭하는가?(난 이런 방송이 좋더라)

생산자가 판매자인 채널 위주로 시청합니다.

상품을 엄선해서 판매하는 MD 채널도 애청합니다.

4. 주로 쇼핑하는 상품군은?

음식입니다.

5. 라이브커머스 진행자!! 이것만은 안 했으면…

친분이 생긴 특정 팔로워의 글만 읽는 행동은 안 했으면 좋겠습니다.

6. 언팔하는 채널의 이유는?

5번과 같은 이유입니다. 그리고 판매 수익 목적으로만 라이브 방송하는 모습이 보일 때 언팔하는 것 같습니다.

7. 내가 제일 좋아하는 프로모션은?

구매자 대상 프로모션이면 어느 것이나 좋습니다.

8. 구매 후 후회한 적은?

안 맵다고 해서 구입했는데, 내 입맛에 너무 매웠을 때 후회한 적이 있습니다.

9. 내가 좋아하는 진행자 스타일은?

소통 잘하고 성의껏 솔직하게 답변해주는 그리퍼가 좋습니다.

10. 라이브커머스 이래서 좋더라?

라이브커머스 때만 가져가는 혜택들이 있어 좋습니다. (추가 할인 쿠폰, 추가 증정 이벤트)

11. 라이브커머스로 쇼핑하는 월 지출 금액은 얼마 정도?

6월 지출 금액이 150만 원이었습니다.

고객의 목소리 (5)
ID : 인천큰손

1. 라이브커머스 쇼핑은 어떻게 시작하셨나요?

인스타그램에 개그맨 유상무 님을 팔로우하고 있는데, 유상무 님이 그립이라는 어플에서 최저가로 판매 활동을 하고 있다는 소식을 접하고부터 시작했습니다. 그립 라이브방송을 시청하며 판매자분들과 소통하다가, 다른 채널에서도 판매한다는 이야기를 들었습니다. 이때 네이버 라이브도 있다는 걸 알게 되었습니다.

2. 라이브커머스 플랫폼 중 가장 자주 가는 곳과 가는 이유

(예: 네이버쇼핑라이브 : 조건이 좋아서 등등)

처음 라이브커머스 플랫폼을 접하게 된 곳이 그립이라서 그립에

갑니다. 현재까지 그립이 가장 손에 익었고 썸네일이 한눈에 들어와서 시청하기 편리합니다.

3. 어떤 방송 위주로 클릭하는가?(난 이런 방송이 좋더라)

라이브방송의 특성상 많은 구매자들과 댓글로 소통해야 합니다. 그래서 판매자가 댓글을 꼼꼼히 읽어주며 소통하려 해주시는 모습에 친근감을 느끼게 됩니다.

시청자가 많아서 댓글이 읽을 수 없을 만큼 많이 올라오는 곳에서는 금방 흥미를 잃는 것 같습니다.

4. 주로 쇼핑하는 상품군은?

주부여서 그런지 생활용품이나 식품, 아이들 용품을 가장 많이 구매합니다. 그 다음으로는 여성복이 많습니다.

5. 라이브커머스 진행자!! 이것만은 안 했으면…

여러 방송을 보다 보면 판매자 분들마다 자신만의 방식이나 규칙이 있다는 것을 느끼게 됩니다. 많은 구매자들의 요구를 논리적이고 합리적으로 중재해야 방송이 원활히 진행되는데, 일부 판매자들은 여러 댓글의 요구사항을 다 들어주려 하다 보니 방송에 많은 방해를 받는 것 같습니다.

6. 언팔하는 채널의 이유는?

구매자와 판매자 이상의 관계가 형성되어 있어서, 남의 이야기

자리에 내가 낀 듯한 느낌을 받게 되는 곳이 있었습니다. 판매자가 일부 단골들과 돈독한 것은 좋지만 라이브방송에서 과하게 사적인 얘기들이 들리면 들어가 보지 않게 됩니다.

방송 알람이 지속적으로 뜨는 경우에도 언짢게 됩니다.

7. 내가 제일 좋아하는 프로모션은?

아무래도 할인율입니다. 다양한 구성을 많이 주는 것보다는, 최저가보다 저렴한 금액에 쿠폰까지 더해서 많은 할인율을 보이는 곳에서 구매하게 됩니다.

8.구매 후 후회한 적은?

가장 후회되는 점이 많은 품목은 의류입니다.

온라인 특성상 직접 보거나 만져보지 못하는 단점이 있는데도 불구하고, 판매자가 솔직하고 다양한 방면으로 제품을 설명해주면 방송을 시청하며 믿음을 갖고 구매합니다. 하지만 일부 판매자는 많은 상품을 빨리 판매하는 데 급급해서 설명이 미흡한 경우가 있습니다.

9.내가 좋아하는 진행자 스타일은?

판매자들을 향해 의문을 던지거나 흐지부지하게 말끝을 흐리는 진행 방식이 아니라, 명쾌하고 정확한 대답을 해주고 제품에 확신을 가지고 설명해주는 진행자가 좋습니다.

10. 라이브커머스 이래서 좋더라?

코로나 때문에 내가 가고 싶은 쇼핑몰에 마음 편히 갈 수 없게 되었습니다.

라이브커머스는 집에서 핸드폰만 들면 시청 가능하고, 필요한 것을 구매할 수 있다는 것이 큰 장점이라고 생각합니다.

평소 사려고 계획 중에 있던 용품이나 소진되어 구매 시기가 된 식품의 방송 알람이 떴을 때 흥미와 재미가 배가됩니다.

오프라인으로 구매할 때는 무이자 할부, 어쩌다 행사로 진행하는 '일정 금액 구매 시 상품권 지급' 정도가 혜택의 전부입니다. 그런데 라이브커머스는 무이자 할부는 물론 쿠폰을 사용할 수 있는 점, 할인율이 높다는 점, 카드사와의 프로모션으로 할인을 더 받을 수 있다는 점, 그리고 네이버의 경우 포인트까지 챙길 수 있는 점이 장점인 것 같습니다.

그리고 TV 돌려보듯 내 입맛대로 흥미로운 방송을 그때그때 돌려볼 수 있다는 점이 좋습니다.

집에서 육아와 살림만 하며 따라가지 못했던 유행이나 다른 사람의 취향도 엿볼 수 있어 좋습니다.

11. 라이브커머스로 쇼핑하는 월 지출 금액은 얼마 정도?

그립을 처음 접하고 얼마 동안은 월 50만 원 미만으로, 마트에서 샀을 용품과 식품을 그립으로 구매하는 정도였습니다. 그것은 생활비로 충당이 되었기에 부담도 없었습니다. 점점 그립을 보는 시간도 늘고 많은 방송을 알게 되었으며, 많이 구매할 때는 월 120만 원

가량의 지출이 있기도 했습니다. 가계에 부담이 된다는 것을 스스로 느끼고 요즘은 불필요한 지출은 줄이고 있습니다. 그래서 월 50만 원 미만으로 유지되고 있는 것 같습니다.

고객의 목소리 (6)
ID : 별이 진다네

1. 라이브커머스 쇼핑은 어떻게 시작하셨나요?
친구가 먼저 그립으로 유상무 랜덤박스 이벤트에 참여하고 있었는데, 그 친구의 권유로 그립을 시작하게 되었습니다.

2. 라이브커머스 플랫폼 중 가장 자주 가는 곳과 가는 이유
(예: 네이버쇼핑라이브 : 조건이 좋아서 등등)
그립에 가장 자주 갑니다. 네이버 쇼핑라이브에 비해 사람이 많지는 않지만, 오히려 너무 많으면 소통이 어렵기 때문입니다. 그립은 사람 수도 적당해서 소통도 원활하게 할 수 있고, 가격도 나쁘지 않은 편이라서 그립 어플로 자주 구매합니다.

3. 어떤 방송 위주로 클릭하는가?(난 이런 방송이 좋더라)
내가 꼭 사고 싶었던 제품들, 먹어보고 싶었던 제품들 위주로 방송을 클릭하게 됩니다. 그 이후에는 팔로우하고 있던 그리퍼들의 방송을 보게 됩니다. 진행자가 소통도 많이 해주고, 괜찮은 물건과 가격을 팔고 있으면 혹해서 들어가 보기도 합니다.

4. 주로 쇼핑하는 상품군은?

식품류 (특히 냉장/냉동식품류)

5. 라이브커머스 진행자!! 이것만은 안 했으면…

다른 그리퍼에 대해 험담을 하거나, 구매자들을 우습게 보는 행동을 하지 않았으면 좋겠습니다.

6. 언팔하는 채널의 이유는?

아직 언팔하는 채널은 없으나 너무 자극적인 행동들, 시선을 끌기 위해 하는 자극적인 행동들은 보기 싫습니다. 앞에서도 말했듯이 다른 그리퍼의 험담을 하거나, 구매자들에 대해 쉽게 생각하는 곳들도 싫습니다. 그러한 곳들도 언팔한다기보다는 들어가기 자체를 하지 않습니다.

7. 내가 제일 좋아하는 프로모션은?

적당한 이벤트입니다. 이벤트가 너무 많으면 소통이 어려울 정도로 사람들이 많이 참여하고, 이벤트만 노리는 사람들이 있어서 싫습니다. 최고의 프로모션은 좋은 가격과 상품의 질 그 자체라고 생각합니다.

8. 구매 후 후회한 적은?

첫 번째는 그리퍼를 믿고 샀는데 상품의 질이 영 아닌 경우입니다. 두 번째는 통장 잔고나 카드 내역서를 봤을 때입니다.

9. 내가 좋아하는 진행자 스타일은?

꾸준한 소통을 함께해주고, 방송을 즐겁게 해주는 사람입니다.

본인 할 말만 하는 사람은 딱히 좋아하지 않습니다.

질문했을 때 정말 잘 대답해주는 사람, 설명할 때 누가 봐도 정말 상품에 대해 열심히 공부했구나 하고 느껴지는 사람도 좋습니다.

10. 라이브커머스 이래서 좋더라?

홈쇼핑에 비해 적게 구매가 가능한 점이 좋습니다.

실시간 소통을 하기 때문에, 질문을 했을 때 답을 바로 받을 수 있습니다. 이런 점들이 가장 큰 장점이라고 생각합니다.

11. 라이브커머스로 쇼핑하는 월 지출 금액은 얼마 정도?

정확한 가격은 잘 모르겠으나 최소 30, 많게는 50 정도 됩니다. 평균은 3-40만 원 정도 될 듯합니다.

고객의 목소리 (7)
ID : 소믈리에르

1. 라이브커머스 쇼핑은 어떻게 시작하셨나요?

TV홈쇼핑으로 시작했다가, 지인을 통해 그립을 알게 되어 시작하게 되었습니다.

2. 라이브커머스 플랫폼 중 가장 자주 가는 곳과 가는 이유

(예: 네이버쇼핑라이브 : 조건이 좋아서 등등)

TV홈쇼핑과 그립입니다.

이유는 라이브에서 느끼는 생생함과 쿠폰의 매력 때문입니다.

3. 어떤 방송 위주로 클릭하는가?(난 이런 방송이 좋더라)

음식 방송, 가전제품 방송, 옷, 화장품 방송입니다.

4. 주로 쇼핑하는 상품군은?

음식 방송, 옷 방송입니다.

5. 라이브커머스 진행자!! 이것만은 안 했으면…

무조건 좋다는 방송은 안 해줬으면 좋겠습니다.

분명히 장단점이 있을 텐데 장점만 얘기하는 경우가 있습니다. 그런 상품들은 구입하고 나서 실망하는 경우가 많았습니다.

6. 언팔하는 채널의 이유는?

좋은 상품으로 다가오는 경우도 많지만, 처음의 시작과 다른 방송을 할 때도 많습니다. 그럴 때 언팔합니다. 그리고 가격을 올려서 파는 경우, 억지 상품을 끼워 파는 경우에도 언팔합니다.

7. 내가 제일 좋아하는 프로모션은?

음식 방송입니다. 사지 않아도 보는 것만으로도 대리만족을 느낄 때가 많기 때문입니다.

8. 구매 후 후회한 적은?

음식이 방송한 것과 다를 때가 많습니다. 옷도 방송과 다를 때가 많아요.

9. 내가 좋아하는 진행자 스타일은?

솔직하게 방송하시는 분을 좋아합니다.

어떤 분들은 방송 내내 장점만 부각시키다가, 소비자가 "혹시 이런 단점은 없나요?" 하고 물어보면 안 읽고 넘어가는 경우가 있습니다. 장·단점에 솔직하면 단점이 커버되더라도 사는 경우가 있는데, 장점만 너무 부각시키면 사기 싫어집니다.

10. 라이브커머스 이래서 좋더라?

쏟아지는 소비자들의 질문에 열심히 소통하시는 모습을 볼 때 좋습니다.

11. 라이브커머스로 쇼핑하는 월 지출 금액은 얼마 정도?

한 달 50만 원 선으로 하려고 합니다. 넘으면 힘들어서요.

에필로그

라이브커머스에 대한 책을 쓰겠다는 목표가 처음부터 있었던 건 아니었습니다.

그립에서 일반 셀러들이 방송하시는 걸 보면서, "얼굴 표정을 조금만 신경쓰시면 좋을 텐데." "사과를 보여줄 때는 이렇게 보여주시면 좋을 텐데." "고객 채팅이 올라오면 이런 리액션을 하시면 좋을 텐데."라는 아쉬움이 조금씩 생겼습니다.

그러던 중에 희망재단 소상공인 강의를 진행하게 되었습니다. 라이브커머스를 하고 싶어하는 소상공인 대표님들과 직원들이 많다는 것을 알게 되었지요. 그래서 누구든지 라이브커머스를 할 수 있다는 것을 책을 통해 알려드리고 싶었습니다.

한 챕터씩 써내려나면서 많은 생각을 했습니다. 방송을 해보지 않았던 분들이 좀 더 쉽고 재미있게 접할 수 있게 써내려가고자 했습니다. 한 줄 한 줄 쓸 때마다 그렇게 쓰고 있는지 꼼꼼하게 체크했습니다. 그러한 과정을 통해서, 많은 분들에게 라이브커머스 실전 지침서가 될 수 있도록 최선을 다했습니다.

이렇게 책을 쓰기까지 저를 믿고 도와주신 분들이 너무 많기에 이 자리를 빌어 감사인사를 드리고 싶습니다.

팔로워 수가 0임에도 불구하고 그립에서 상품을 팔 수 있게 상품을 주신 정주연 피디님. (전 현대홈쇼핑 CP)

개인채널에서 경쟁력을 가지려면 좋은 상품으로 앵콜방송을 하는 것이 중요한데, 꾸준히 19차 앵콜 방송까지 되도록 함께 해준 ㈜올밀크 박현진 팀장님.

항상 "솜귤탱귤님 파이팅!" 하며 방송 때마다 어마어마한 프로모션을 주시는 KM통상 정석훈 팀장님과 김미정 매니저님.

처음부터 지금까지 항상 한결같은 맛과 정성으로 식혜를 만들어 주시는 빛들식혜 대표님.

뛰어난 컨설팅 능력과 상품개발을 하고 계시는 태현푸드 박태현 대표님.

아이 셋을 키우는 주부로서 주부가 편한 주방, 요리하기 편한 주방용품을 만드시는 "리빙아이콘"의 정경연 대표님.

처음부터 지금까지 의리와 인연으로 함께 해주고 계시는, 카리스마 넘치는 광동제약(주) 홍민아 대리님.

매출과 낮은 뷰로 힘들어할 때 솜귤탱귤이 버틸 수 있게 응원해주신 그립 이민욱 팀장님.

그립에서 상품매칭과 스케줄 조정에 항상 힘써주고 솜귤탱귤의 편이 되어주시는 양금지 팀장님과 김새영 매니저님, 그리고 박전혜 매니저님.

"이솜귤 강사님밖에 없어요."라면서 소상공인 프로젝트 때마다 응원해주고 찾아주시는 비즈온에듀의 고아라 팀장님.

"오늘도 역시 반응이 좋아요"라는 칭찬과 함께 소상공인 강의에 박차를 가하게 해주신 소상공인 희망재단 김혜정 매니저님.

부탁하지도 않았는데, 얼굴을 본 사이도 아닌데, 매일매일 솜귤탱귤 방송에 들어와서 응원해주고 상품설명도 도와주시는… 그래서 이제 솜귤탱귤 채널에 매니저가 되어 준 아이셋의 엄마 "아딸아" 님. 그리고 항상 솜귤탱귤 이미지에 신경써주시는 "이런조랭이떡같은" 님.

솜귤탱귤의 첫 팔로워이면서 지금까지 한결같으신 "마뻬사랑 정자매맘" 님

그 밖에 부드럽고 섬세하게 채팅해주시는 "무화과 타르티네" 님, 워킹맘인데도 항상 꾸준히 함께해주시는 "세윤세빈마미" 님, "구름위의 삶" 님…

바쁜 와중에도 너무나도 흔쾌히 인터뷰에 응해주신 마녀옷장, 양말오빠야, 소문난 홍어언니, 비긴어게인 주인장, 우성물산 새우짱 님.

6년 전 함께 강의를 들으며 친해진 후, 지금까지 인연을 이어오면서 이 책이 나올 수 있게 함께 힘써주신 미디어 콘텐츠 브랜딩 그룹 iamscc 이지연 대표님, 최원대 작가님.

이 책을 출간할 수 있게 물심양면으로 도와주시는 씽크스마트 김태영 대표님.

마지막으로 제일 고마운 사람!!!

10년 전 인연을 시작으로 솜귤탱귤로 자리 잘 잡을 수 있게 진심으로 도와주고 지금도 신경써주는 의리녀!! 박민정!! 마삐언니!!

(솜귤탱귤이라는 이름도 마삐언니가 만들어줬어요.)

잘 들리는 보이스와 나이보다 어린 외모로 태어나게 해주신! 항상 딸을 위해 기도해주시는 엄마와 아빠!

바쁜 엄마! 부족한 엄마!이지만 너무나도 밝고 맑게 잘 자라주고 있는 두 딸, 가은이와 은솔이!

안으로 밖으로 방송모니터링부터 정신적 지주 역할까지, "솜귤탱귤"로 활동할 수 있게 자존감과 자신감, 그리고 아낌없는 사랑을 주시는 JH!

너무너무 사랑하고 감사합니다!!!!

지금까지 라이브커머스 쇼호스트 솜귤탱귤이었습니다!

부록

방송 규정

라이브커머스는 TV홈쇼핑만큼 심의규제가 강하지 않다. 아직까지 라이브커머스 법률 규정도 없다. 하지만 라이브커머스 플랫폼이 많아지면서 각 플랫폼마다 나름의 기준과 경고 사항을 만들고 있다. 소비자들에게 좀 더 안전하고 정확한 정보를 제공하기 위해서다.

심의가 없다 보니 다른 채널을 비방하기도 하고, 정확하지 않은 정보를 이야기해서 고객들에게 혼란을 주기도 한다. 심지어 소통 방송이다 보니 고객과 트러블까지 일어나는 등, 정말 다양한 상황이 발생하고 있다.

이러한 일을 방지하기 위해 각 플랫폼의 방송 규정과 방송 관련 법률을 준수할 필요가 있다. 방송 겸 판매를 하는 사람들이 시청자 겸 소비자들에게 갖춰야할 기본 매너라고 생각하면 좋겠다.

나의 잘못된 행동으로 인해 경쟁업체 또는 소비자에게 고소를 당할 수도 있으니 알아서 주의하면 좋을 것 같다.

〈표시·광고의 공정화에 관한 법률 제3조〉와 상품별 주의해야 할 규정들, 그리고 방송하면서 주의할 점들을 다음과 같이 여섯 가지로 정리해보았다.

첫 번째, 거짓·과장 표시와 광고에 대한 법률
두 번째, 경험적 사실에 부합해야 한다.
세 번째, 방송 중 명예훼손 금지
네 번째, 위법행위 금지
다섯 번째, 청소년 유해방지
여섯 번째, 개인정보 유출 금지

읽어보면 어렵지 않다. 한 번쯤은 꼭 읽어보고 참고하고 숙지하자!

첫 번째는 거짓·과장 표시와 광고에 대한 법률이다.

(표시·광고의 공정화에 관한 법률 제3조)
- 거짓·과장의 표시·광고 : 사실과 다르게 표시·광고하거나 사실을 지나치게 부풀려 표시·광고하는 것
- 기만적인 표시·광고 : 사실을 은폐하거나 축소하는 등의 방법으로 표시·광고하는 것
- 부당하게 비교하는 표시·광고 : 비교 대상 및 기준을 명시하지 아니하거나 객관적인 근거 없이 자기 또는 자기의 상품이나 용역을 다른 사업자 등의 상품 등과 비교하여 우량 또는 유리하다고 표시·광고하는 것
- 비방적인 표시·광고 : 다른 사업자 등 또는 다른 사업자 등의 상품 등에 관하여 객관적인 근거가 없는 내용으로 표시·광고하여 비방하거나 불리한 사실만을 표시·광고하여 비방하는 것

두 번째, 경험적 사실에 부합하는 광고여야 한다.
- 직접 사용한 경험이 없음에도 사용 경험들을 언급하면서 제품의 효과를 광고하는 경우
- 다이어트 식품 광고에 출연하여 다이어트 효능을 강조하였으나, 실제로 제품복용 이외에도 지방 제거, 식이요법, 운동 등을 통한 감량이 포함되었을 경우
- 의사가 소화제 광고에 출연하여 제품의 효능에 대해 전문적 견해를 언급하였으나, 해당 의사가 치과의사인 경우
- 허위/과장/기만 광고 - 상품 상세페이지 및 방송에서 사실과 다른 자극적인 문구, 과대 및 과장 문구를 사용하는 행위
- 사실을 은폐하거나 축소하는 등의 방법으로 표시·광고하는 행위
- 비교 대상 및 기준을 명시하지 아니하거나 객관적인 근거 없이 자기 또는 자기의 상품이나 용역을 다른 사업자 등의 상품 등과 비교하여 우량 또는 유리하다고 표시·광고하는 행위
- 의약품이 아닌 상품의 효능 등을 객관적 근거 없이 의약품의 효능이 있는 것처럼 사실과 다르게 소비자를 오인시킬 우려가 있는 표시·광고 행위

세 번째, 방송 중 명예훼손 금지
예를 들어,
- 장애인 비하. 신체적, 정신적 장애를 가지고 있는 장애인 또는 장애인 관련

자에게 모욕감을 주거나 비하, 멸시, 비판하는 발언 또는 비하를 유발하는
발언을 하는 행위
- 타인 비하. 방송에서 타 채널 비방, 타 상품 비방, 고객(닉네임 등)을 비방하
는 행위
- 방송 제목, 공지사항 등에서 특정인을 언급하여 당사자에게 불쾌감을 주는
행위
- 특정 지역/종교/인종/성차별 등의 발언이나 연상되는 행위

네 번째, 위법행위 금지

1) 허위사실 유포 : 타인, 타 상품에 대하여 사실이 아닌 내용을 유포하는 행위
2) 운전 중 방송 : 직접 운전하며 방송하는 행위
3) 도박 : 불법 사설 온라인 스포츠 배팅, 도박 영업 홍보하는 행위
4) 사칭 : 특정 회사에 임직원이나 특정 서비스와 관련한 운영진을 사칭하여
고객을 속이거나 이득을 취하는 등 피해와 혼란을 주는 행위
5) 저작권 침해 : 방송·음원·사진·영상·게시물 등 타인의 저작물을 당사자의
동의 없이 공유하거나, 불법적인 경로로 획득할 수 있는 정보나 방법을 제공
하는 행위
6) 상표권 침해
- 상표에 대한 권리가 없는 판매자가 상품을 판매하는 경우
- 상표 패러디 상품을 판매하는 경우
- 사은품 및 구매 유도 상품이 가품인 경우
7) 불법상품 판매금지- 불법 제품 또는 인터넷에서 판매 금지된 물품을 방
송·판매·홍보하는 행위

**다섯 번째, 청소년 유해방지를 위해 방송 중 흡연이나 음주 금지(담배, 술병
노출 금지), 욕설(비속어) 또는 음란성 언행 자제**
- 방송 의상, 썸네일도 주의

여섯 번째는 개인 정보 누출 금지
- 특정인의 개인정보(닉네임, 이름, 휴대폰 번호 등)를 언급하는 행위
- 고객의 동의 없이 개인정보를 마케팅용으로 이용하는 행위
- 고객의 동의 없이 고객 번호를 개인적으로 저장하는 행위(PC, 핸드폰 등)
- 제삼자의 목소리 및 사진 등이 동의 없이 방송에 나가는 경우

이밖에 반품 혹은 교환 요청 시 거절하는 행위법률

[전자 상거래 등에서의 소비자 보호에 관련 법률獻조]에 의하면 소비자에게 불리한 규정(주문 취소나 반품 금지 등)이 포함된 구매 계약은 효력이 없다고 나와 있다.
* 주문 제작 상품(수제 상품)은 예외(상품 등록 시 설정 필요)

또한 코로나 이후에는 코로나 방영수칙을 위반하는 방송도 자제해야 한다.
예) 5인 이상 집합금지 위반

지금까지 상품을 판매하면서 기본적으로 숙지해야 하는 법률규정을 알아보았다.
플랫폼별 금지 및 경고 사항도 이 틀에서 벗어나지 않는다고 보면 된다. 참고로 네이버 쇼핑라이브는 다음과 같은 라이브방송을 금지하고 있다.

1. 음란물 또는 잔인/폭력/혐오 등 청소년에게 부적합한 라이브(즉시 영구 정지 및 형사고발 조치)
2. 지적재산권 침해, 저작권에 위배되는 라이브
3. 공공질서 및 미풍양속에 위배되는 저속, 음란 라이브
4. 불법적인 내용 또는 범죄 관련 직접적인 위험이 확인된 라이브
5. 매매부적합상품을 노출 또는 판매하는 라이브
6. 타인에게 공포심, 불안감 또는 불쾌감을 주는 라이브
7. 라이브 제목과 내용에 불법, 음란, 비속어 등을 표현하는 라이브
8. 타인의 라이브를 허락 없이 중계하는 라이브
9. 장난전화 및 타인에게 피해를 주는 라이브
10. 타 라이브 및 기타 외부 방송 프로그램, 진행자에 대한 비방 언행 등이 포함된 라이브
11. 자신 또는 타인 개인 정보를 화면, 채팅에 노출하는 라이브
12. 미취학 아동이 단독 출연하는 경우

참고 법률

표시·광고의 공정화에 관한 법률 제3조
식품 등의 표시·광고에 관한 법률 제8조
화장품법 13조
의료기기법 제24조
약사법 제68조
『정보통신망 이용촉진 및 정보보호 등에 관한 법률』, 『청소년 보호법』, 『전자 상거래 등에서의 소비자보호에 관한 법률』 등 관련 법령에 근거하여 청소년

보호 정책도 수립·시행하고 있다.

1) 식품의 경우 주의할 점

- 질병의 예방·치료에 효능이 있는 것으로 인식할 우려가 있는 광고 금지 (질병 또는 질병군에 대한 예방·치료 효과, 특징적인 징후 또는 증상에 대한 예방·치료 효과, 질병·징후 또는 증상과 관련된 제품명, 학술자료, 사진 등을 활용하여 질병과의 연관성을 암시하는 광고)
- 식품 등을 의약품으로 인식할 우려가 있는 (i)의약품에만 사용되는 명칭을 사용하거나, (ii)의약품에 포함된다거나, (iii)의약품을 대체할 수 있다거나, (iv)의약품의 효능 또는 질병 치료의 효과를 증대시킨다는 내용의 광고
- 건강기능식품이 아닌 것을 건강기능식품으로 인식할 우려가 있는 광고
- 식품 등의 명칭·제조방법·품질·영양표시, 식품이력 추적표시, 식품 또는 식품첨가물의 영양가·원재료·성분·용도와 다른 내용의 광고
- 제조연월일 또는 유통기한을 사실과 다르게 표시한 경우 소비자를 기만하거나 오인·혼동하게 할 우려가 있는 표시·광고
- 허가, 등록 또는 신고한 사항과 다르게 표현하는 광고
- 식약처장이 인정하지 않은 기능성을 나타내는 건강기능식품의 광고
- 식품 등의 명칭·제조방법·성분 등을 표시할 때 사실과 다른 내용으로 표현하거나 신체의 일부 또는 신체조직의 기능·작용·효과·효능에 관하여 표현하는 광고
- 정부 또는 공인기관의 수상·인증·보증·선정·특허와 관련하여 사실과 다른 내용으로 표현하는 광고
- 원재료나 성분의 효능·효과를 해당 식품 등의 효능·효과로 오인·혼동하게 하거나, 체험기 등을 이용하거나 '한방', '특수제법', '주문 쇄도' 등 표현으로 소비자를 현혹하거나, 의사, 치과의사, 한의사, 수의사, 약사 등이 제품의 기능성을 보증하거나 제품을 지정·공인·추천·지도 또는 사용하고 있다는 내용의 광고, 과학적 근거 없는 추상적인 용어로 표현하는 광고 등 중요한 사항에 대해 소비자를 기만하는 광고(소비자의 체험기 또는 후기에 허위·과장이나 실증되지 않은 내용이 포함되어 있거나 기타 그 내용이 위법한 경우에는 그러한 후기, 체험기를 이용한 광고는 금지됩니다)
- 다른 업체나 다른 업체의 제품을 비방하는 광고 : 비교 표현을 사용하여 다른 업체의 제품을 간접적으로 비방하거나 다른 업체의 제품보다 우수한 것으로 인식될 수 있는 광고
- 객관적 근거 없이 다른 영업자나 다른 영업자의 식품 등과 부당하게 비교하는 광고(비교대상 및 비교기준이 명확하지 않거나, 비교내용 및 비교방법이 적정하지 않은 내용 등)

- 사행심을 조장하거나 음란한 표현을 사용하여 공중도덕이나 사회윤리를 현 저하게 침해하는 광고(식품 등의 용기·포장을 복권이나 화투로 표현한 표 시·광고, 성기 또는 나체 표현 등 성적 호기심을 유발하는 그림, 도안, 사진, 문구 등을 사용한 표시·광고 등)
- 어린이 기호식품을 판매하는 경우, 식품이 아닌 장난감이나 그밖에 어린이 의 구매를 부추길 수 있는 물건을 무료로 제공한다는 내용이 담긴 광고

2) 건강기능식품의 경우

- 질병 또는 질병군의 발생을 사전에 방지한다는 내용의 광고
- 질병, 질병군 및 질병의 특징적인 징후·증상에 효과가 있다는 내용의 광고
- 제품명, 학술자료, 사진 등을 활용하여 질병과의 연관성을 암시하는 표시· 광고
- 허가 받은 사항이나 신고한 사항 또는 수입신고한 사항과 다른 내용
- 식약처장이 인정하지 않은 기능성을 나타내는 내용
- 수상·인증·선정·특허와 관련하여 사실과 다른 내용
- 각종의 감사장 또는 체험기 등을 이용하거나 "주문 쇄도", "단체추천" 또는 이와 유사한 내용을 표현하는 광고
- 의사, 치과의사, 한의사, 수의사, 약사, 한약사, 대학교수 또는 그 밖의 자가 제품의 기능성을 보증하거나, 제품을 지정·공인·추천·지도 또는 사용하고 있다는 내용의 광고
- 외국어의 사용 등으로 외국제품으로 혼동할 우려가 있거나 외국과 기술 제 휴한 것으로 혼동할 우려가 있는 내용의 광고
- 해당 제품의 제조방법·품질·영양소·원재료·성분 또는 효과와 직접 관련이 적은 내용을 강조함으로써 다른 업소의 제품을 간접적으로 다르게 인식하게 하는 광고
- 비교 표시·광고의 경우 그 비교 대상 및 기준이 명확하지 않거나 비교 내용 및 방법이 적정하지 않은 내용

3) 농·축산물 광고

- 판매회원 또는 그리퍼가 그립 서비스 내에서 농·축산물 관련 광고를 하는 경우 아래와 같은 광고를 지양하여야합니다.(식품 등의 표시·광고에 관한 법률 제8조)
- 농산물의 검사 또는 농산물의 검정 등에 있어서 검정결과에 대한 거짓 또는 과대광고
- 친환경농업육성법 상 인증품이 아닌 농산물을 친환경농산물로 하는 광고 또

는 친환경농산물인증을 받은 것과 다른 내용의 광고

- 축산물의 명칭, 제조방법, 품질·영양표시, 원재료 또는 성분, 그밖에 해당 제품의 사실과 다른 내용의 표시·광고
- 안전관리인증기준(HACCP) 지정을 받지 않았음에도 지정을 받은 것으로 오인할 우려가 있는 내용의 광고
- 소비자를 기만하거나 오인·혼동하게 할 우려가 있는 표시·광고
- 가축이 먹는 사료·물에 첨가한 성분이나 축산물을 가공할 때 사용한 원재료 또는 성분의 효능·효과를 해당 축산물의 효능·효과로 오인 또는 혼동하게 할 우려가 있는 표시·광고
- 제조방법에 관하여 연구 또는 발견한 사실로서 산가공학·영양학·수의공중보건학 등의 분야에서 공인된 사항 외의 표시·광고
- 외국어의 사용 등으로 외국제품으로 오인할 우려가 있는 표시 광고
- '최고', '가장 좋은' 또는 '특' 등의 표현이나 '특수 제품' 등의 모호한 표현의 표시, 광고
- 각종 감사장·상장 또는 체험기 등을 이용하거나 인증, 보증 또는 추천을 받았다는 내용의 광고
- 한방, 특수제법, 주문 쇄도, 단체추천 또는 이와 유사한 내용을 표현하는 표시 광고

4) 화장품의 경우

- 의약품으로 잘못 인식할 우려가 있는 내용, 제품의 명칭, 효능·효과 등에 대한 표시·광고
- 기능성화장품, 천연화장품 또는 유기농 화장품이 아님에도 불구하고 잘못 인식할 우려가 있는 표시·광고
- 의사·치과의사·한의사·약사·의료기관 또는 그 밖의 자가 이를 지정·공인·추천·지도·연구·개발 또는 사용하고 있다는 내용이나 이를 암시하는 등의 표시·광고 금지(실제로 의사·치과의사·한의사·약사·의료기관 등이 화장품 개발에 참여했다 하여도 이러한 내용 또는 이를 암시하는 내용의 광고는 금지됩니다)
- 외국제품을 국내제품으로, 국내제품을 외국제품으로 잘못 인식할 우려가 있는 표시·광고
- 외국과의 기술제휴를 하지 않고 외국과의 기술제휴 등을 표현하는 표시·광고 금지
- 배타성을 띤 "최고" 또는 "최상" 등의 절대적 표현의 광고
- 사실과 다르거나 부분적으로 사실이라고 하더라도 전체적으로 보아 소비자가 잘못 인식할 우려가 있는 광고

- 품질·효능 등에 관하여 객관적으로 확인될 수 없거나 확인되지 않았음에도 이를 광고하는 행위
- 화장품의 범위를 벗어나는 광고
- 저속하거나 혐오감을 주는 표현·도안·사진 등을 이용하는 광고
- 사실 유무와 관계없이 다른 제품을 비방하거나 비방한다고 의심이 되는 광고

5) 의약품의 경우

- 품질 또는 성능이 일정한 수준에 해당하지 아니함에도 불구하고 당해 수준에 해당한다고 하거나 당해 수준에 해당하는 것처럼 표시·광고하는 행위
- 성능이 발휘될 수 있는 판단기준을 명시하지 아니하고 막연히 일정 성능을 발휘한다고 표시·광고하는 행위
- 일부 또는 부분에 관련되는 품질 또는 성능을 전체에 관련되는 품질 또는 성능인 것처럼 과장하여 표시·광고하는 행위
- 표시·광고된 상품의 성능이나 효능이 객관적으로 확인될 수 없거나 확인되지 아니하였는데도 불구하고 확실하게 발휘되는 것처럼 표시·광고하는 행위
- 의약품이 아닌 상품의 효능 등을 객관적 근거 없이 의약품의 효능이 있는 것처럼 사실과 다르게 소비자를 오인하게 할 우려가 있는 표시·광고행위

6) 의료기기 광고

- 판매회원 또는 그리퍼가 그립 서비스 내에서 의료기기 관련 광고를 하는 경우 아래와 같은 광고를 지양하여야 합니다.(의료기기법 제24조)
- 의료기기의 명칭·제조방법·성능이나 효능 및 효과 또는 그 원리에 대한 거짓 또는 과대 광고
- 의료기기의 부작용을 전부 부정하는 표현 또는 부당하게 안전성을 강조하는 표현의 광고
- 절대적 표현, 효능·효과의 보증 등을 사용한 광고
- 사실 유무와 관계없이 다른 제품을 비방하거나 비방하는 것으로 의심되는 광고
- 의사·치과의사·한의사·수의사 또는 그 밖의 자가 의료기기의 성능이나 효능 및 효과에 관하여 보증·추천·공인·지도 또는 인정하고 있거나 그러한 의료기기를 사용하고 있는 것으로 오해할 염려가 있는 기사를 사용한 광고
- 의료기기의 성능이나 효능 및 효과를 암시하는 기사·사진·도안을 사용하거나 그 밖에 암시적인 방법을 사용한 광고
- 효능이나 성능을 광고할 때 사용 전후의 비교 등으로 그 사용결과를 표시 또는 암시하는 광고

- 의료기기에 관하여 낙태를 암시하거나 외설적인 문서 또는 도안을 사용한 광고
- 의료기기의 효능·효과 또는 사용 목적과 관련되는 병의 증상이나 수술 장면을 위협적으로 표시하는 광고
- 허가 또는 인증을 받지 아니하거나 신고한 사항과 다른 의료기기의 명칭·제조방법·성능이나 효능 및 효과에 관한 광고

**의약품, 의약외품 광고
- 의약품의 경우, 한국제약협회의 의약품 광고 심의를 거치지 않은 광고
- 의약품 등의 명칭·제조방법·효능이나 성능에 관하여 거짓광고 또는 과장광고
- 사용 전후의 비교 등으로 사용결과를 표시·암시하거나 적응증상을 위협적인 표현으로 표시 또는 암시하는 광고
- 사실이더라도 다른 제품을 비방하거나 비방하는 것으로 의심되는 광고 금지
- 감사장 또는 체험담을 이용하거나 구입·주문이 쇄도한다거나 그 밖에 이와 유사한 표현을 사용한 광고 또는 현상품·사은품 등 경품이나 (상품을) 무료로 제공하는 방법의 광고
- 노래 가사에 제품명을 사용한 광고, 제품명을 계속해서 부르는 방법에 의한 광고 또는 저속하거나 혐오감을 주는 표현을 사용한 광고
- 오남용 우려 광고
- 절대적 표현, 효능·효과의 보증 등을 사용한 광고
- 부작용을 부정하는 표현 또는 부당하게 안전성을 강조하는 표현의 광고
- 광고대상을 특정 대상자로 한정하여 해당 대상자의 오남용 우려가 있는 광고
- 의약품을 의약품이 아닌 것으로 오인하게 할 우려가 있는 광고
- 아동을 대상으로 하는 방송에서의 소아용 의약품 광고
- 효능이나 성능에 관하여 의사·치과의사·한의사·수의사 또는 그 밖의 자가 보증한 것으로 오해할 염려가 있는 기사를 사용한 광고
- 효능이나 성능을 암시하는 기사·사진·도안, 그 밖의 암시적 방법을 사용한 광고
- 의약품 효능·효과와 관련되는 병의 증상이나 수술장면을 위협적으로 표시하는 광고
- 주성분 아닌 성분의 효능·효과 표시 광고
- 품목허가 등을 받지 아니한 의약품등의 명칭·제조방법·효능이나 성능에 관한 광고
- 전문의약품, 전문의약품과 제형, 투여 경로 및 단위제형당 주성분의 함량이 같은 일반의약품, 원료의약품에 관한 광고